·白青山财经系列·

典藏版
第5集

民间股神

白青山 著

顶尖高手　熊市翻倍

深圳出版社

图书在版编目（CIP）数据

民间股神：典藏版·第5集，顶尖高手 熊市翻倍 /
白青山著. --深圳：深圳出版社，2023.7
　　（白青山财经系列）
　　ISBN 978-7-5507-3699-3

　　Ⅰ.①民… Ⅱ.①白… Ⅲ.①股票投资－经验－中国
Ⅳ.①F832.51

中国版本图书馆CIP数据核字(2022)第211122号

民间股神：典藏版·第5集　顶尖高手　熊市翻倍
MINJIAN GUSHEN: DIANCANG BAN · DI 5 JI　　DINGJIAN GAOSHOU　XIONGSHI FANBEI

出 品 人　聂雄前
责任编辑　涂玉香
责任校对　熊　星
责任技编　陈洁霞
封面设计　元明设计

出版发行　深圳出版社
地　　址　深圳市彩田南路海天综合大厦（518033）
网　　址　www.htph.com.cn
订购电话　0755-83460239（邮购、团购）
设计制作　深圳市斯迈德设计企划有限公司（0755-83144228）
印　　刷　深圳市汇亿丰印刷科技有限公司
开　　本　787mm×1092mm　1/16
印　　张　24.25
字　　数　36.4千
版　　次　2023年7月第1版
印　　次　2023年7月第1次
定　　价　78.00元

谨以此书　献给那些

在中国证券市场上
奋力搏击的
万千投资者

1	2
3	4

图 1：采访落升（左）
图 2：采访东莞小文（左）
图 3：重访东莞小文（左）
图 4：采访阿杜（右）

5 | 6
7 | 8

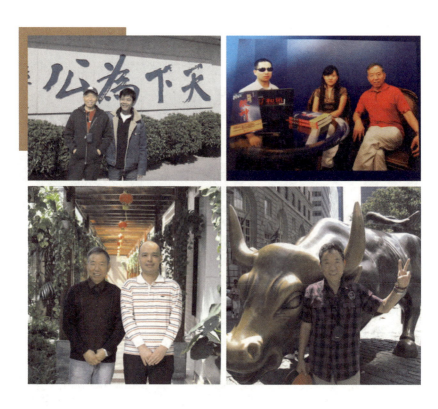

图 5：采访麦挺之（右）

图 6：和讯网财经频道采访翻倍黑马（左一）和作者（右一）

图 7：采访君山居士（右）

图 8：作者 2008 年于华尔街

难忘那，
23年的流金岁月……

——写在《民间股神》（典藏版）出版之际

这是《民间股神》（典藏版）的总序言，也是我发自内心，向热爱《民间股神》的千万读者吐露我23年来采写《民间股神》系列心路历程的告白书！

当凝聚着万千投资者多年企盼和我23年的艰苦历程，伴随着沪深股市风雨在证券一线采写的《民间股神》（典藏版）由深圳出版社精心编辑并面市时，我驻足南海之滨，面对波涛汹涌的大海，激越的心潮如海浪一般翻滚着，久久不能平静……

23年了，弹指一挥间！

自1999年1月开始采写第一本《民间股神》至今，我在中国证券采访一线整整耕耘了23个春秋了。

当年，我从一个脱下"战袍"的新华社军事记者、解放军大校，到如今已近耄耋之年的"老兵"，在这条原本陌生的、充满荆棘和"硝烟"的征途上，已艰难奋进了23年！ 23年的流金岁月啊！

那是一条多么坎坷的路！它充满着无数的艰辛，洒满了我辛劳的汗水，也留下了我终生难忘的记忆——

23年前的1999年年初，我刚脱下"戎装"准备安享军休生活，时任新华社江苏分社的一位朋友，见我还"年轻"，想让我发挥余热，便邀请我到新华社主办的《经济早报》（现《现代快报》）当编审。那时，恰逢沪深股票市场最低迷的时刻，熊途漫漫，千万股民伤痕累累。好友邀请我为报纸上的证券专版撰写稿件，以激励投资者，并专门为我开辟一个专栏《走进大户室》，每周写一个专访，报导一位投资高手。为了给迷茫中的股民寻觅到一些股市赚钱制胜的本领，我，一个曾上过前线的战地记者，背负着广大投资者的希望与信任，在中国证券这片新生的沃土上，开始了默默而艰难的耕耘之旅。从那时起，我决意把自己的"夕阳红"岁月全部挥洒在这条艰难的"淘金"路上。

当时，许多采访对象大都还比较保守，不愿出名，更不愿把自己炒股制胜的"绝招"和"看家本事"公布于众——那可是他们多年来用金钱和智慧换来的宝贵经验啊。

我已记不得多少次碰壁，多少次采访遭拒绝。那种尴尬、难受的滋味，并不亚于保险公司的跑单员上门推销被人拒之门外的境况。有多少次，我真的想打退堂鼓了。但，新兴的证券业对我的吸引力实在太大了。一想到千千万万可敬可爱的投资者在股海搏杀的艰难情景，想到我采写的《民间股神》出版后，他们爱不释手、争相阅读的感人场面，我的内心就禁不住在震颤！我多么想为他们多做点事，若能通过自己的努力，从成功的高手那里多淘到一点"真经"奉献给他们，纵有千难万难，也是我一个老新闻工作者最大的快乐和追求。

就这样，怀揣着这种信念，我一直默默地坚守在中国证券一线进行采访。一年又一年，不论风急浪险，我从未间断。

回首往事，8300多个昼夜，我的一颗心，无时不环绕着沪深股市在跳动。没有星期天，没有节假日，23个中秋佳节，我没有一个是与家人团聚的。为了取得高手的"真经"，我与他们同吃同住同操作，常常一"泡"就是一两个月，有的甚至跟踪数年，艰辛与困苦时时伴随着我。几乎每出一集书，我都累得住一次医院。记得《民间股神》第4集出版首发后，我出国探亲期间，日积月累的疲劳一下子暴发了，让我躺在床上起不来，原定的旅游之行变成了无奈的养病之旅……

"都古稀之人了，这样卖命，图啥？"不少人这样问我。

"中国股民太苦了。为了多给他们送点'经'，我累点，也认了，因为值得！"

基于此，23年来，我迎着困难，足迹踏遍大江南北：从鸭绿江畔到西北黄土高坡，从东海之滨到南疆的金融之都，我竭力寻觅着一个又一个的民间高手，真诚地和他们交朋友，亲眼见证他们博弈股海创造的"奇迹"，分享他们的快乐。同时，我也为我在艰苦采访中能给千万投资者提供更多的操盘技艺而感到欣慰。"民间股神"系列，多次获得"全国优秀畅销书"等奖项，这是千万投资者对我长年付出的一种回报。一位热心的读者在一封感谢信中这样写道："念君辛苦，故为君作诗《可爱青山》一首，望继续为中国股民服务。"

民间高手多如是，潜入江湖无处寻；
神龙见首不见尾，默默操盘默默赢；
幸有青山发宏愿，不忍散户血淋淋；
心诚所至群英动，惊天绝技世方闻。

深圳的廖先生在微信上说："白老师，您好！今天一口气读完您的《民间股神之冰海奇迹》至凌晨，真是受益匪浅。书里既有技术分析的高手，又有价值投资少年，更有征战华尔街的中国选手，真的是丰富多彩、精彩纷呈，实在是沪深股市的一本难得的经典之作，特别是对价值投资理念和具体方法的分享，您用生动活泼，深入浅出并附以成功实战图表的形式展示出来，让股民朋友们深切体会到价值投资的魅力，真正给广大股民上了生动的一堂启蒙课，可谓功德无量。我实在佩服白老师深邃的思想，感谢您的辛勤付出！"

成都一个姓王的读者，也曾给我发微信："白老师，您好！前几天刚拜读完您的'股神'系列，也看了您的《股票投资高手100招》。虽然已经时隔多年，但放在今日来说，依然让人受益匪浅。10多年了，市场在变，热点在变，轮回在变，而这些博弈的智慧却从来没有变过。您在书中如同朋友一般讲述,隐含了大道至理。透过书本,我真心能感受到您在落笔写书时的真诚与真心,以及您对市场的一腔热忱和无比眷念。感谢您的书写,记录了这个时代。感谢您的付出,成就了经典。祝您身体健康,万事如意!祝经典永流传!"

…………

千万读者的拥戴,无时不在激励着我。可以说,他们的热爱和呼唤,是支撑我多年坚持前行的唯一动力。2007年《民间股神》第3集出版之后,有不少读者来信说,他们希望我能把已出版的几集书中关于民间高手炒股的绝技提炼精编一下,以方便他们学习应用。但由于紧张的采访一直没有停歇,直到2008年《民间股神》第4集出版后,我趁着赴美探亲的半年时间,才开始做这件事。然而不久,在世界金融风暴中惨烈下跌的股市和无数伤痕累累的投资者的呼唤,再次把我召回了寻找熊市高手的采访一线。这一拖,几年又过去了。我在2013年春节后下决心着手完成自己和读者多年的心愿时,却意外地病了,而且,这一病,似乎"无法回头"了。

3月,本是最美丽的季节,然而,我却在2013年的3月同时被几家医院确诊得了"重症"。短短20天,我3次躺在了手术台上。老伴一直向我隐瞒真相,但我从她脸上无法掩饰的泪痕,读懂了一切。

人生如梦。没料到前几天还赴深圳风风火火采访的我,这么快就进入了人生的"倒计时"。无影灯下,我眼里盈满泪水:不知能否再醒来?是否能平安逃出死神的魔掌?

多年未了的夙愿——尚未整理完的书稿,成了我当时最大的一桩憾事!

…………

老天似乎明白我的心,也眷顾着我,让我与死神擦肩而过。当重新获得自由后,我似飞出笼的小鸟,又欢快地翱翔在证券一线采访的蓝天里。为了把市场变化新形势下高手们的经验奉献给广大读者,我珍惜生命的一分一秒,飞深圳,赴上海,到杭州,奔茂名……在搁笔几年之后,先后出版了《民间股神:传奇篇》《民间股神:绝招篇》《民间股神:冠军篇》和《民间股神：短线交易系统》，并于2018年和2020年又相继出版了《寻找中国巴菲特》（"民间股神"系列第8集）和《民间股神之冰海奇迹》（"民间股神"系列第9集）。

与此同时，由于"民间股神"系列前4集近年一直没有再版，几乎处于绝版状态，许多读者无法买到并学习，他们不断打来电话询问，想系统学习民间高手的智慧与操作技艺。为满足读者的要求，深圳出版社与我沟通，希望对已出版的各集内容进行修订，出版一套《民间股神》（典藏版），尽快奉献给广大读者。

十多年过去了，我再次叩响昔日采访过的高手的"家门"，并在重访沟通中，请他们尽量增补一些近年来的新理念、新案例和新技艺，以满足读者多年的殷殷盼望。

如今与读者见面的这套《民间股神》（典藏版），收录了我从23年来采访过的数百位民间高手中，精选出的近60多位各路证券英杰的传奇故事。其中有痴迷巴菲特投资理念、业绩创造千倍甚至万倍奇迹的价投成功高手，也有追逐强势股的短线"擒龙"猎手和众多投资者津津乐道的"涨停王""黑马王"，以及"波段王"等股林各路绝顶"杀手"。书中真实地再现了他们在股海风云中博弈的翔实过程，展现了众英杰一招一式的神奇操盘技艺，其精彩纷呈，令人难忘。

在近两年的修订过程中，作为作者的我，尽力寻访当年的民间高手。尽管如此，由于时间逝去已久，加上通信方式的不断变化，书中高手已无法全部联系到，不能在此次修订时做到对全部高手都增补新的内容，这是让我略感遗憾的一点。另外，也有少数采访过的高手在《民间股神》出版之后，经历了一些变故，遭到了一些挫折。但，考虑到他们当年在股市风浪中博弈的"撒手锏"如今依然有效，不少投资者在实战中仍然在应用他们当年独创的一些操盘绝技，为尊重历史，在修订过程中，我们仍将其保留在册，以飨读者。

如今，当你捧读这套《民间股神》（典藏版）图书时，面对众多的证券英杰，许多读者可能感到真有点"目不暇接"。"白老师，您采访了这么多股林高手，究竟哪位的'武艺'最为高强？"23年来，我不知听到多少读者这样问我。我听后，只能笑答："通向成功的方法，各人有各人的秘招绝技。而适合你的，应该说，就是最好的。"

在这里，就涉及一个"我们向高手学什么"以及"如何学习"的问题。其实，这个问题，在之前出版的各集图书的《序言》和《后记》以及多次的"投资报告会"中，我曾不止一次重点提及。

如果说，众多高手都有什么共同特征的话，我认为有4点最为突出：一是他们都有一个正确的投资理念；二是都有一套自己独特的盈利模式；三是都有一种执着追求、永不言败的精神；四是都有一个投资的好心态。

在23年的漫长岁月里，我和书中采访的对象同吃同住同操作，天天"泡"在一起，少则二三十天，多则追访数月甚至长达几年时间。如果问，高手们最让我感动的是什么？我的亲身感受是：不仅是他们在股市博弈中创造的那惊人的"辉煌"，更是他们在任何"势道"中，都表现出的对股市的那份执着追求。尤其是在极其艰难惨烈的逆境中，他们往往以坚强的毅力和韧性，经受着常人无法忍受的考验，甚至在失败面前，他们也从不言败。记得当年《金陵晚报》记者在了解到我采写《民间股神》的历程后，发表了一篇对我的长篇专访，大标题就是《失败造就民间股神》。那正是我的心声。

股市风雨飘摇，险浪滔滔。没有人会一帆风顺，也没有人不曾经历过失败。对于战绩卓著的高手，也是如此。在采访中，他们从不讳忌失败。在他们看来，成功是财富，失败同样是一笔难得的巨大财富！

投资是一辈子的事。也许有的人过去经历了失败才走向了成功；也许有的人走向成功后，会再次遭受挫折。这一点并不奇怪，因为市场是无情的，是无时无刻不在变化的。高手们要做到一劳永逸保持成功，都是一件很难的事，更何况普通投资者了。

关键是面对失败，投资者应持有什么样的态度。我以为，重要的是，"步子乱了时，要停下来调整好再走！"在投资失利时，应该冷静地审视自己的投资理念是否正确，投资方法是否适合自己和适应时代的潮流。切不可在向高手学习时，抱着急功近利的心态，一门心思想着走捷径，想学个一招一式来实现一夜暴富的幻想。多年来，就曾有不少投资朋友在经历挫折后向我吐露出这种"急切扳回损失"的心态。其实，凡事欲速则不达。如果没有端正好心态，没有正确的投资理念支撑，只图快速致富，只会适得其反。有高手说，投资是一个做人和修炼心性的过程，我们只有付出巨大努力，不断追求，长期修炼，才会一步步走向成功！

············

一晃，23年过去了。取"经"之途，路遥坎坷，一言难尽。年复一年采访时的一幕幕，一桩桩，如在眼前，那么令我难忘。那是流金的岁月啊！也是无悔的岁月！

"路曼曼其修远兮，吾将上下而求索。"如今，时代在变迁，金融改革在向深度发展，市场也正在走向国际化。未来十年将是中国财富管理行业全面提速、走向成熟的关键阶段；银行、资管、保险、券商、信托、第三方财富管理平台等机构纷纷基于自身资源参与竞争。随着A股市场制度的不断完善及注册制的推广普及，机构参与市场占比和趋势将逐渐加大，对大中小投资者而言，有限的交易经验将面临巨大挑战！以往的绝招和经验，也因市场格局、大数据时代的来临已经或即将面临是否有效的考验！总而言之，投资者要与时俱进，顺势而为，不断探索出适应新形势的投资道路！这里，我真诚希望投资者们顺应时代发展的趋势，多层次、多维度探索，找到属于自己的盈利模式，资产天天收大阳！

在《民间股神》（典藏版）隆重出版之际，我要再次向我书中采访过的民间高手们真诚地说声"谢谢"！是你们无私的奉献和超人的智慧，铸就了《民间股神》的灵魂，也是多年来这套书得以长销的一个重要原因。同时，我要向一直厚爱着我的千万读者表示真诚的感谢！没有你们的鞭策和激励，我走不到今天。在23年的流金岁月里，有你们的企盼，有你们的支持和无尽的关爱！尽管在漫长的日子里我做了一些事，吃了不少苦，但一切都是值得的。

由于自己能力和涉猎的范围有限，所采写作品可能不尽完美，会有不少瑕疵和错误，还望广大读者多多指正。

伟大强盛的中国在飞速发展，中国的资本市场正迎来无限的生机。在此，我向《民间股神》的忠实读者和千万投资朋友庄重承诺：我，作为在中国投资界采访一线上耕耘了23年的"老兵"，一定会"老骥伏枥，壮心不已"，把自己的毕生心血，毫不保留地挥洒在中国证券这块沃土上，把更多的精彩献给千万读者，献给股市更加美好的春天！

白青山

2022年12月于深圳

寒冬中，
那怒放的迎春花

——写在本书出版之际

冬日。好冷，好冷。

我置身女儿的美国住宅里，凭窗眺望，不远处的那片林子，是我每天都徜徉漫步的地方。昔日，一片苍翠，一片斑斓，如今光秃秃的树枝，寒霜连连，一片枯败的景象。每日常见出没其中的野鹿、可爱的松鼠，此刻都没有了踪影……

2008年的冬天，伴随着那席卷全球的金融风暴，似乎来得如此之早，也如此之"惨烈"！

我读着当日的《美利坚新闻》。一则《金融风暴中的华尔街故事》吸引了我。那是一个家喻户晓的"古老故事"的新编：

一个中国老太太和一个美国老太太在天堂相遇，中国老太太感慨地说，我终于在临终的前一天，攒够了买房子的钱；而美国老太太则说，我终于在临终的前一天，还清了买房子的钱，但这之前我在房子里已经住了好几十年。

不过，如今这个故事的结局发生了变化：美国老太太在还清贷款之前自杀了！这并非文人的杜撰。一个居住在俄亥俄州的90岁高龄的美国老太太，曾试图开枪自杀，原因是：断供导致丧失房屋赎回权之后，她面临无家可归的窘境。这只是美国次贷危机的一个缩影。可以想象，正是越来越多的像这个美国老太太一样失去月供能力的人出现，引爆了这次震惊世界的次贷危机……

说实在的，来美之前，在中国证券一线采访多年的我，最想见识的是那座牵动世界的白宫和那条亿万人瞩目的华尔街。

当我登临华盛顿纪念碑，俯瞰着白宫，当我亲自踏上那用"金子"铺就的华尔街，驻足在著名的华尔街金牛旁，我心中波涛起伏，思绪万千：美国，华尔街，究竟给世界带来了什么？

次贷危机，雷曼兄弟破产，华尔街五大投行只剩下两家……在世界金融风暴中心，我亲历了这场给全球带来毁灭性灾难的风暴。

半年来，白天，我目睹道琼斯指数和纳斯达克指数的疯狂暴跌；夜晚，我看着沪深股市"一江春水向东流"，在冰一般的世界里无情狂泻，心如刀绞……

"伊妹儿"里，漂洋过海飞来的那一封封撕心裂肺的"求救"信和那肝肠寸断的倾诉，时时刺痛着我的心：在这场百年一遇的金融风暴中，中国遭遇了18年来前所未有的"股灾"！华夏股坛，满目疮痍，千万投资者亏损累累，A股市场总市值缩水20多万亿元，人均亏损达13万元，真是触目惊心！

"尊敬的白记者：今天当我怀着非常沉重的心情给您写信的时候，心里的滋味真的是无法形容的痛苦和难过……您看看我附件的三个账户亏损的状况就知道了！在股市凶猛的暴跌中，我亏了200多万啊，一生的积蓄全没有了！"

"白老师：我是2007年10月刚入市的新股民，在连K线都不知道是什么的时候就被一个朋友拉进了股市。过去我是做实体的，我把多年辛苦积蓄的几百万元全部投入股市中，现在就剩下20多万了，亏得太惨了。我不知道该怎么办，前途茫茫，路在何方？真想一死了之，可我还有一对未成年的儿女，我不甘心啊……"

"我是浙江的一个新股民。入市不久，正好遇上多年不遇的股市暴跌，作为新一代股民，我犯了太多的错误，致使亏损高达80%。面对低迷的股市和严重缩水的账户，我寝食难安，曾经一度要走上绝路。白老师，我知道，凭己所学要想短期回本根本是不可能的事。请您慈悲为怀，施以援手帮帮我吧！"

"白老师：我如饥似渴地拜读了您所著的"民间股神"系列，真诚感谢您不辞辛劳、费尽大量心血为我们中小投资者所做的奉献。我是一个小散，在2008年这波残酷的下跌行情中，我146万的本金，一直跌到今天的37万……心痛不言而喻。我努力学习炒股技术，可是苦学无门！如今看了白老师您写的《民间股神》，几乎是一边流泪一边将书读完的！面对暴跌不止的股市，我是多么盼望您能写一部熊市高手专辑，指导我们大家在熊市中生存、获利。我们期待着……"

…………

读着一封封炽热的来信，我夜不能寐。我仿佛看到大洋彼岸那一双双期待的眼睛。我能为华夏大地正在煎熬着的万千投资者做些什么呢？

腥风血雨的沙场，严寒无眠的冬夜，到底该如何生存呢？

在这场突如其来的金融风暴中，就连世界著名的投资大师巴菲特都难以幸免。在他一生的投资生涯中，也首次遭遇了滑铁卢，一年间市值缩水115亿美元。难道，在熊途漫漫之中，还会有奇迹发生？还能有不畏"严冬"的高手涌现？我迷惘着，疑惑着，寻找着……

在连续关注股市一段日子后，我突然惊奇地发现就在这"冰天雪地"的惨烈行情中，却有一家证券营业部屡擒牛股，频频"上榜"。它，来自浙江。那是中国炒股最凶悍的一块区域，是"敢死队"出没的地方。我凭着几十年的新闻敏感与执着，终于找到了那位神秘的股海"弄潮儿"——落升。

尤其是当我了解到，从2007年10月16日始，大盘自6124高点跌至2008年10月28日1664点，跌幅高达72.8%，有80%以上的投资者都出现严重亏损的情况下，落升的账户却在不断翻倍时，我为之惊叹与震撼！通过越洋电话，我不断追踪着这位创造"熊市神话"的奇人。当我回国后，于2009年3月终于见到被人们誉为"江南神鹰"的落升时，他的账户资产与大盘6124点时相比，已足足增值了5倍之多！

在半个多月的朝夕相处中，我终于挖掘到了他熊市狂赚5倍的最大秘密——捕捉热点，擒贼擒王！2008年股市虽然熊气弥漫，但市场涌现出的所有大热点，落升以敏锐的洞察力和超强的市场敏感度，几乎无一缺失地抓到了。那长达一年多的熊市行情，给大多数股民带来的是灾难与痛苦，而对于落升来说，竟变成了一个局部牛市，带给他的全是欢乐！

此外，在采访落升的日子里，我还发现了他成功的另一个秘密，那便是甘于寂寞。他本是一个网上名气不小的"红人"，但在4年前，他退隐了。他选择了寂寞，到一个滨江小城"躲"了起来，潜心做起股票。他不用手机，不下棋，不打牌，不进歌厅，整天面对电脑，一杯清茶，思考探索着繁杂的股市风云。他忍受着常人难以忍受的寂寞，他成功了。他对我说："不孤独，不寂寞，我怎么能感受到大盘的呼吸？又怎么听得到热点的呼唤？"至今，他这句深刻的话语，一直回荡在我的心头……

熊市中投资者生存极其困难，赚钱就更不易了。广东"东莞小文"和浙江"猎豹"阿杜的"熊市生存术"给我留下了极深的印象。东莞小文采取"麻雀叼食，积小胜为大胜"的熊市制胜方略和偷袭"六公里"股票屡屡得手的骄人战绩，充分展现了他短线操作的高超技艺。而超级短线高手阿杜，则以"以逸待劳，雷霆出击"，追击涨停的绝活，把"猎豹"迅猛的风采展现得淋漓尽致。

翻倍黑马和阿麦，也是我在美国探亲期间就一直跟踪采访的对象。翻倍黑马曾是广东省12届实盘大赛的冠军。在2006年全国首届"金元杯"实盘赛中，他曾一举夺冠，开走了"宝马"。东方财富网在2008年熊市中举办的有10多万人参加的炒股大赛中，他又脱颖而出，凭着独特的选股绝技，在10多万人的角逐中，过关斩将，屡擒黑马，夺得了初赛和决赛的"双料冠军"，开走两部轿车，真正成为熊市中"牵金牛"的人。阿麦，是我在2008年年底回国后采访的第一人。当时，时差还没倒过来，我就背负着读者的期望，急匆匆地踏上了寻找熊市高手的征程。在广东省中山市小榄镇，我和拥有着多个实体的"小老板"阿麦相处了一段日子，探索他熊市翻倍的秘密。

接下来，我便踏上羊城的将军山，对隐居在这里的君山居士进行了近一个月的深入采访。那是一段快乐的日子。我在采访中，遇到了全国各地专程来广州看望他的"弟子们"。在历经沪深股市诞生18年来最惨烈的这轮熊市中，君山和他的"弟子们"不仅保住了牛市的胜利果实，而且在熊市中也没有受到丝毫的伤害。每次大顶，都被他神奇地准确预测，并八次吹响撤退的"集结号"，且以95%的胜算率，带领"弟子们"20余次成功抄底。他的"弟子们"自豪地对我说："如果说许多人在2008年都不敢说自己是炒股的，那么，我们这些来自全国的十几个朋友，都敢自豪地说，2008年，我们是炒股人！因为我们在这一年很快乐，并赚到了钱！"这是多么令人振奋的话语啊……

　　整整3个月过去了，我马不停蹄，飞越大江南北，进行紧张的采访。尽管此时股市依然熊步沉沉，但我无时无刻不在感受着快乐。因为，我书中采访的这6位民间高手，均是在惨烈的熊市中获得翻倍收益的英杰。沧海横流，方显英雄本色。如果说，在牛市中赚到大钱的人是英雄，那么，这些不仅在牛市中赚到大钱，而且在熊市中同样赚到大钱的人，才是真正的顶尖高手，是名副其实的股市英豪！他们，犹如那寒冬中怒放的迎春花，冒着严寒，顽强地生存着、绽放着！

　　黑夜不会永远黑暗，寒冬总有终结的一天。在股市黎明前的寒夜里，尽管仍有风吹雨打，但那怒放的迎春花，正在华夏大地上传递着春的信息。她们正引领着百花吐艳，昭示着寒冬里迷茫的人们，向着春天，向着光明前行……

　　迎春花开了，开得那般璀璨！

　　我坚信，严冬必将过去，股市春天的脚步，离我们越来越近。让我们共同期待着，那明媚灿烂百花盛开季节的早日到来！

白青山

2009年4月于羊城将军山　初稿

2022年12月　修订

第1章　一个寂寞高手的熊市传奇
——记"江南神鹰"落升熊市狂赚5倍的传奇故事 / 003

他，隐居在美丽江南，博击于股市，仿佛一只孤独的神鹰，翱翔于股海上空，明察秋毫，一旦"猎物"出现，便会以闪电般的速度俯冲而下，一击中的。凭着超人的热点捕捉能力，三年来，他的资产增值百倍以上，其中，自2007年10月至2009年2月，其资产增值5倍多。其间，大盘跌幅高达62.5%。

他是如何做到的？他有什么秘籍？

第2章　走近"短线王"
——记"东莞小文"股海制胜的超级短线技艺 / 053

在风雨无常的股市中，在短兵相接的"激战"中，他采用"麻雀啄食"的策略和娴熟的超短线技艺，在漫漫熊途中屡创佳绩。他的成功秘诀和短线技巧是什么呢？让我们一起走近他——

第3章 "猎豹"阿杜
——记职业操盘手阿杜熊市翻倍的赚钱术 /085

漫漫熊途中，他，一个象棋冠军，将多年来制胜"残局"的棋艺，融会贯通于股市，以猎豹般的迅猛，快、准、狠地狙击飙涨牛股，在熊市暴跌的"残局"中，神奇地实现了利润翻倍的佳绩！

第4章 神秘冠军
——记东方财富网炒股大赛冠军翻倍黑马 /111

在跌宕起伏的股海，他从一个"童星"，到"百万梦"的破灭，又从股市的一个"悲情乞儿"，到4年间夺得12次炒股大赛冠军，称霸中华股坛。他成功的奥妙何在？"翻倍"的秘诀又是什么？

第5章　熊市"猎手"
——记麦挺之在熊市中创造翻倍收益的股市传奇 / 179

曾经迷失熊市的阿麦，历经12年股市腥风血雨的磨砺，凭借几度在熊市"烈火"中炼就的股市制胜利剑，成为一名身怀绝技的熊市猎手。在熊步沉沉的2008年，他，一个业余股民，竟谱写了翻倍收益的奇迹，令众人惊叹与瞩目。

第6章　解读"君山股道"密码
——记羊城股坛奇人"君山居士"股市制胜绝技 / 213

在最惨烈的一轮熊市中，他和他的许多"弟子"却没有受到丝毫的伤害。每次"大顶"，都被他神奇地准确预测，并八次吹响撤退的"集结号"，且以95%的胜算率，带领"弟子"们20余次成功抄底。他的"独门暗器"——"君山股道"，究竟隐藏着怎样的秘密……

后　记 / 349

落 升:

" 小成靠智，大成凭道！ "

他，隐居在美丽江南，搏击于股市，仿佛一只孤独的神鹰，翱翔于股海上空，明察秋毫，一旦"猎物"出现，便会以闪电般的速度俯冲而下，一击中的。凭着超人的热点捕捉能力，三年来，他的资产增值百倍以上，其中，自2007年10月至2009年2月，其资产增值5倍多。其间，大盘跌幅高达62.5%。

他是如何做到的？他有什么秘籍？

投资简历

个人信息

落升，男，1968 年 8 月 23 日生，大学文化。

入市时间

2000 年。

投资风格

静若处子，动若脱兔；擒贼擒王，波段操作。

投资感悟

热点，就是股市里的提款机！

第1章

△

一个寂寞高手的熊市传奇

——记"江南神鹰"落升熊市狂赚5倍的传奇故事

【篇首按语】

10多年过去了，但在心底，我每时每刻都抹不去对他的记忆。可以毫不夸张地说，在我20多年采访过的众多民间高手中，他，中国股市的奇才落升，当属优秀者。

自《民间股神》在全国热销以来，落升，这个一直隐居在江南滨江小城的股票投资奇人，便走进了千千万万投资者的心中。在2008年极其惨烈的大熊市中，落升竟逆势擒拿了数十只飙涨大黑马，神奇地取得资产翻5倍多的战绩，让人们惊叹、震撼。

这是一个传奇！一个神话！它轰动了整个华夏股坛！

人们在赞叹"传奇"的同时，也一直在寻觅着他创造这一传奇的秘密。几年来，他那敏锐捕捉市场热点、"静若处子，动若脱兔，擒贼擒王"的彪悍投资风格，也被市场上许许多多的投资人所传承。有人说他是"影响了一代年轻人的投资人"，更多人则为他能无私地向全国投资者袒露自己的投资绝技而感动，赞誉他"功德无量"，称他是当之无愧的"股神"。

10多年来，尽管行情跌宕起伏，但许多人在学习落升的操作方法后，投资生涯都发生了蜕变。上海一位投资者专职炒股七八年了，整体亏损，眼看老婆和孩子的生活费都成了问题，急得整夜睡不着觉。得到《民间股神》一书后，他把写有落升的那部分撕下来揣在身上，反复阅读，反复琢磨，并用于实战，然后于2010年取得了6倍的收益，让全家人过上了无忧无虑的生活，特地向落升致谢。

同样，10多年来，落升也没有一刻停止续写新的传奇。他创造出了一个又一个辉煌业绩，一直令人瞩目和惊喜。

这是为什么？

其实，阳光下并没有秘密可言。正如落升在2012年新春给我的信中所坦言的："我那时在书中所讲的内容都是我操作模式中的精华。直到现在，我也还是那样做的。这几年，我基本上过着和以前一样的生活，没有再接受任何人的采访，因为平静的生活本就是我的追求。投资方面，很顺利，资金又比之前增加了不少。2011年被公认为股市的'艰难之年'，但我依然赚了几千万元。这进一步验证了我在书中所讲的方法是经得起考验的。也就是说，我们一起为有缘的股民做了一件有益的事。"

他的执着，他的专注，他的孤独，他的寂寞，他独特的投资模式……所有这些，无不是他走向成功的秘诀。

榜样的力量是无穷的。本书仍把《一个寂寞高手的熊市传奇》作为新版本首篇，就是想让更多的投资人从我当年对落升原汁原味的叙述中，学习他操作方法的精髓，感悟他获得成功的真谛。

去追寻成功者的足迹，学习他的方法，实现你的梦想吧！

在此，也借落升的吉言，愿更多的有缘者，从投资的困境走向成功的坦途，成为第二个落升、第三个落升……

这是发生在中国股坛的一个真实故事。

这也是流传于中国江南地区股市的一个"熊市神话"。

如果，将这个故事告诉世人，恐怕没有一个人不咂舌称奇。这，绝没有一丝一毫的夸张。

2008年，世界金融风暴掀起滔天巨浪，各国股市遭受百年一遇的重创，就连股神巴菲特在他的投资生涯中，也首次遭遇了"滑铁卢"，一年间市值缩水115亿美元。

而在同样遭遇前所未有的"股灾"，90%以上的投资人都亏损累累的中国证券市场，却有一个被人们誉为"江南神鹰"的神秘之人，在腥风血雨的大熊行情中，不仅毫发无损，而且资金账户逆势拉出"长阳"，狂赚5倍！

他叫落升。他所创造的熊市传奇，发生在江南的一个滨江小城。

引子："白捡"一套别墅和一辆"大奔"

2009年3月1日，绵绵春雨。

当我飞抵杭城时，落升来接机。稍作停顿后，他开着"大奔"带着我，迅即离开美丽的"天堂"杭州，消失在通往滨江小城的雨雾之中……

与落升见面虽是第一次，但我与他在电话里，早已成为老朋友，结成了"忘年交"。他进入我的视线，是自2007年10月始，沪深股市进入18年来前所未有的暴跌中。他所在营业部的席位，出人意料地在熊市惨淡迷茫的行情中，经常抓到大牛股，频频"上榜"。凭着几十年新闻工作的经验，尽管当时我在大洋彼岸的美国，但我很快找到了这个神秘的"高人"——落升。

其实，中国的投资者对"落升"这个名字，并不陌生。在2003年和2004年的漫漫熊市中，他就是一个当红"明星"了。那时，只要他的文章在网上一贴，一夜间就会有数万人点击。

2005年底，就在大牛行情来临前，落升走了。他离开了网络，离开了成千上万热爱着他的"粉丝"。尽管，在国内一个著名的财经网站上，曾发起过一个"万人签名留落升"的活动，但人们却没有留住他。

他消失得无影无踪。

从此，电台里没有声，电视上没有影，网站论坛里，再也看不到他的撼人文章了。

他到哪儿去了呢？

原来，他隐居到了江南一个没有多少人注意的滨江小城。

他选择远离喧嚣，与寂寞相伴，因为，"他要听到大盘的呼吸"，因为，他要做一个寂寞高手，搏击股市，实现他的理想。

他做到了。消失的3年间，他的资金竟翻了百倍以上。

……………

"落升，在飞机上我听邻座说，你们那个城市的房价在江浙一带是很便宜的，是吗？"行进在高速公路上，我们的话匣子就此打开。

"是。"

"没趁便宜买一套？"

"买了一套别墅。"

"多少钱？"

"便宜，260多万。"

说到这儿，落升给我讲了一件有趣的事儿。

那是2008年1月1日。他准备按约定一次性全额付清买别墅的房款。可是，在交款前，他从电视上看到万科老总王石发表了著名的房地产价格"拐点论"。为了避免买在最高价，聪明的他脑子一转，和开发商重谈付款方式：先交110万元，留下150万元年底交清，几轮谈判后，开发商同意了。

他把暂时"节省"下来的150万元，竟全部投进了当时已开始暴跌的股市。原来，他要用这150万元去股市里挣一笔钱，以弥补可能出现的房价下跌而造成的损失。

这是在玩火呀！这时，股市已从1000点涨到6000多点，行情已由单边上涨变成震荡下跌了。亲朋好友对他这一举动实在不能理解，纷纷为他捏了一把汗。

但到了年末，大家惊愕地发现：他那150万元，竟神奇般地变成400多万元！真不可想象！不可想象！

"我等于白捡了一套别墅。还有这辆奔驰，也是股市给报销的。"落升手握着崭新"大奔"的方向盘，开心地说。

"你真是个奇才，要是换成别人，别说赚套别墅和一辆奔驰车了，恐怕，到年终，还要倒欠下还不清的债呢！"我把钦佩的目光投向身边这位身藏绝技的股市奇才。

车，飞奔着。我越发想早点到达那个遥远的神秘小城，好早点挖掘到中国股市在熊市里发生这一神奇传说的"奥秘"！

一幅动人心魄的曲线图

从2006年4月到2009年2月，他的资产3年增值112倍，以火箭般的速度递增。那幅资产与大盘走势背道而驰的"喇叭口"形曲线图，令人震撼，动人心魄。

三年赚取112倍

我的面前摆放着证券营业部提供的数百页的交割单，它详细地记录着落升从2006年到2009年2月的每一笔交易。

证券部的老总向我提供了落升资金账户几个重要时点的详细"演变"过程（为保护隐私，以X代替实际金额）：

2006年4月28日（1440点）：X

2007年10月16日（6124点）：20X

2008年10月28日（1664点）：61X

2009年2月13日（2320点）：112X

3年，大盘大涨又大跌，终点几乎回到了起点，可落升的账户却在单边大涨，大赚112倍！（图1.1）

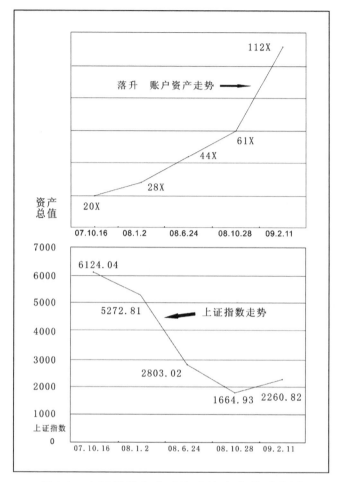

图1.1　上证指数与落升账户资产走势对比图

"他的资产增值太神速了！这是我在广东、江南等地营业部从事多年管理工作所未看到过的。可以说，是前所未有的。从2007年10月始，大盘大跌，他的市值却在大涨，这种与大盘走势呈现如此大的反差，直线向上的增值斜率，也许在中国上亿的投资者中也是罕见的事。"

证券部的老总一边用笔画着落升这个VIP客户的资产曲线与大盘暴跌走势的对比图，一边赞不绝口："落升是我们的骄傲，也是投资者的一个榜样。我们营业部的将才不少，而落升，在股市中纵横驰骋，颇有大家风范，我称他为帅才；在生活中，他文质彬彬，待人谦和，做人低调，像他这样的一个股市奇才，真是难得，真是少见！"

对于2006年4月到2007年10月在牛市期间资产增值20倍的辉煌业绩，落升并不是很看重。在他看来，熊市的这段经历更有价值。

看着这幅动人心魄的图表，谁又能不为之由衷折服？

若从大盘自2007年10月暴跌算起，到2009年2月，在如此惨烈的熊市行情里，落升仅用16个月，就让自己的资产增值了5倍多，而其间大盘跌幅高达62.5%。

这，不能不说是个"神话"！

这，不能不说是中国股市里的熊市奇迹！

"盈利模式"是制胜根本

当初次看到落升熊市账户翻5倍的交易清单，我心里一直在打鼓：

他是运气好，还是捂对了一只超级大牛股，还是有什么"内部消息"？不然，他怎么能如此神奇！

"不！关键是他有自己的一套盈利模式。"营业部的老总对我说，"如果没有一套制胜的盈利模式，是很难在熊市中生存的。况且，2008年以来的操作环境真是太残酷了。更难的是，他已经是超级大户的资金规模，这种资金要盈利已经十分困难，更不要说翻几倍了！"

落升身边的另一位在熊市里获得翻倍收益的短线高手对我说："我跟落升在一起几年了。我知道，他炒股没有任何内幕消息，完全是凭着他自己的'道'做股票的。"

那么，落升获取如此骄人战绩的盈利模式，究竟是什么呢？

"是捕捉市场热点。"落升坦诚地对我说，"准确把握市场热点，是我盈利模式中最核心的内容，也是我的账户资金在熊市中能如此快地增值的最核心秘密。我做股票不是靠捂对或蒙对几只飙涨牛股获利的，也不是靠运气，而是靠分析，靠不断地挖掘市场热点。2008年和2009年初，虽是一轮前所未有的熊市行情，但这一年多来市场上涌现出的主流热点板块，如农业、创投、迪士尼、奥运、基建、新能源等，我几乎都做到了。而且，都是在启动之初介入的。所以，对于我来说，这轮大熊市，就相当于变成了一轮局部的牛市行情。我充分享受着它给我带来的快乐！"

捕捉热点是股市最大的掘金术

他为何能在熊市中获取巨额利润？为何能先知先觉一次又一次地提前捕捉到市场将要启动的热点？他对案例的分析，将为人们解开心中的谜团。

2008年到2009年2月，是落升大获丰收的一年多，也是他创造奇迹的一年多。这一年多来，他以超强的市场敏感度，先后捕捉到了市场涌现出的七大热门板块，几乎无一漏网和踏空。

如果说，一个高手在实战中抓到一两个热点板块，倒也不足为奇，而落升这只"江南神鹰"却靠他灵敏的嗅觉、锐利的目光，一直翱翔在热点的天地里，捕捉到了一个又一个的热门牛股。这确实是最难也最令人称奇的事。

揭秘热点个股的挖掘过程

落升打开他的账户历史成交记录，为我展示他操作过的一只只熊市牛股，并详细地述说他捕捉的过程与当时介入的理由。

创投板块

对"创投板块"热点的捕捉操作，是落升在2008年1月实现的"开门红"。

2008年1月中旬，大盘自5522.78点的高位开始暴跌，而在这波猛烈的下跌中，复旦复华（600624）、龙头股份（600630）和同济科技（600846）等具有"创投概念"的股票，在市场将要推出创业板的传言中，逆势上扬，成为熊市寒夜中闪亮的明星。落升以鹰一般的眼光及时捕捉到市场中的这一亮点，连擒"三雄"，在大盘暴跌中，他却首战告捷。

实战案例：复旦复华

买入时间：2008年1月22日

买入理由：

其时，推出创业板的传言开始在网上流传，创投板块想象空间大，具有极强的市场号召力。

大盘经历了一波疾风暴雨式的下跌，短期风险释放很充分，有望迎来一段时间的稳定期。未来两周市场温度有望维持在50以上（"市场温度"是市场做多氛围的一个量化指标。落升建立这一指标时，以满分100为估算单位。他认为50以下，市场热点行情很难被发动起来，高于50他才考虑进场操作。——作者注）。

该股在大盘暴跌时能连拉两个涨停板，走势极为凶悍，市场认同度很高，已初具"牛股相"，突破了9元的强阻力区，回抽是极好的买入机会。

结论：成为大热点的预估概率值为90%。

结果：2008年1月22日下跌时买入，1月25日卖出后，2月21日换成创投板块的另外两只股票同济科技和龙头股份。这3只股票成为2008年初创投板块的"三驾马车"。（图1.2～图1.4）

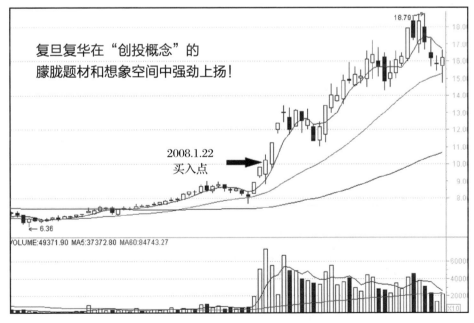

图1.2　复旦复华走势图

图1.3 同济科技走势图

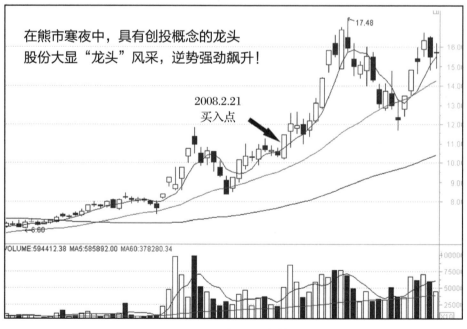

图1.4 龙头股份走势图

农业板块

这是落升"放眼世界抓热点"的一组典型案例。

2008年初，一场百年不遇的雪灾，降临中国大地。它直接威胁到了粮食作物的生产。当时报载：湖南告急、江西告急、贵州告急……整个中国南部的传统产粮区都处于低温、暴雪和冷冻之下，大约40%的中国粮仓都在危险之中，农业生产遭到破坏几乎成为定局。

与此同时，世界性的粮食危机正在发生。据报道，世界上已经有30多个国家开始采取粮食限制性出口，其中包括世界上各大主要产粮国阿根廷、美国、加拿大、澳大利亚、乌克兰、印度、中国等，国际市场上粮价节节攀高。

电视里国外饥饿的人们为买一个面包而排几个小时队的情景，国内农产品市场鸡蛋、肉类食品价格的大幅上涨，产米大国泰国、越南为保护本国市场严格限制甚至一度禁止出口大米的一系列政策，引起了落升的深思。他深深地感到"民以食为天！"面对世界粮食危机的现状，"三农问题"必将成为中国政府的头等大事，农业板块成为市场热点的条件已经成熟。

实战案例：丰乐种业

买入时间：2008年2月15日

买入理由：

农产品价格飙涨。

"两会"临近，"三农问题"比任何一年都备受关注。

大盘经历了一波急跌，两周内有望保持横盘，市场近期温度有望高于50，预测农业板块的市场认同度高于80。

丰乐种业（000713）在大盘暴跌阶段极为抗跌，一旦涨停，形态极为完美。

结论：成为近期持续性热点的预估概率值为80%以上。

结果：2008年2月15日在11.5～12元大量买入，得到市场的高度认同，当日涨停。之后，该股13个交易日最高涨至20.47元，上涨途中卖出，获利颇丰。（图1.5）

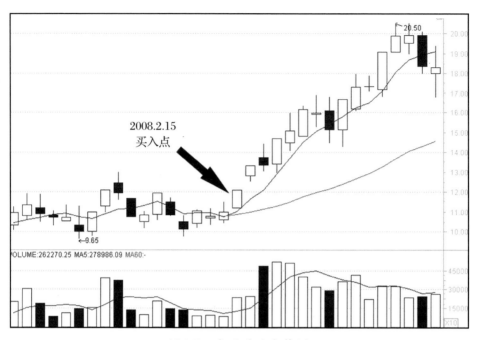

图1.5　丰乐种业走势图

实战案例：隆平高科

买入时间：2008年4月14日

买入理由：

部分国家米价大幅上涨，预感此情况将蔓延开来，解决米价大涨的有效手段就是增加产量，袁隆平被称为"杂交水稻之父"，该公司有望从中获益。

大盘偏离60日均线太多，近期继续大幅下跌的可能性偏小，市场温度近期有望达到50，预测这一题材的市场认同度近期为60，如果米价继续上涨并影响到国内，市场认同度将超过90。

隆平高科（000998）已突破中短期均线，底部形态完美。

结论：成为近期持续性热点的预估概率值为80％以上。

结果：2008年4月14日在17.70元附近买入部分仓位，后加仓买入，一段时间后，爆发世界性的粮食危机，3周后最高涨到47元，成为当时最耀眼的明星股。（图1.6）

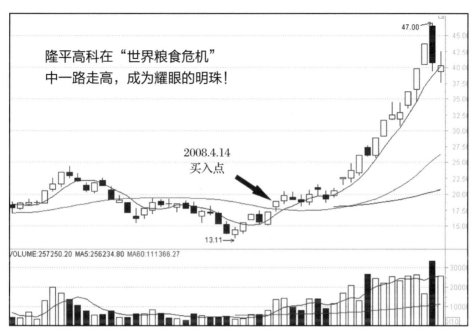

图1.6　隆平高科走势图

奥运板块

这是落升在2008年全仓重拳出击的一个板块。

2008年6月18日，大盘在连跌数月并出现罕见的十连阴后，终于迎来了暴风雨后的第一道"彩虹"。就在这一天，落升开始全线出击世人瞩目的奥运板块股票，以"四两拨千斤"的战术，在冰冷的A股市场，点燃了"奥运之火"。

实战案例：中体产业

买入时间：2008年6月18日

买入理由：

上证指数一波暴跌了近30%，近期十连阴，风险已得到充分释放，距奥运会开幕不到两个月，奥运开幕前大盘不可能继续大幅下跌，市场温度预计高于60。

随着奥运会临近，奥运热开始升温，奥运题材一定会成为市场认同度最高的题材。细分奥运板块，直接受益的中体产业（600158），从事电视转播的中视传媒（600088）以及奥运后仍然持续受益的旅游股北京旅游（000802，现名：北京文化）、中青旅（600138）和国旅联合（600358）是关注的重点。

结论：奥运板块成为近期热点的预估概率值90%。

结果：2008年6月18日开盘买入中体产业。之后，于2008年6月24日分别买入中视传媒和中青旅。6月27日，在跌停板附近买入北京旅游；8月1日，在该股进行第二波启动之际再次介入。（图1.7～图1.10）

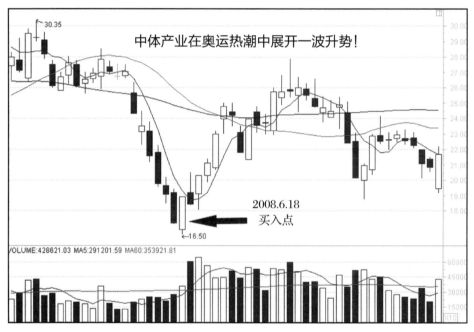

图1.7　中体产业走势图

落升两次操作的北京旅游是2008年奥运行情中最大的牛股。他所在的营业部也因多次在该股成交席位中出现而一战成名。

迪士尼板块

这是2008年给落升带来利润最多的一个板块。在这一年，落升曾多次轮番出击迪士尼概念股，在不同的时间段，他准确地擒拿到了这一板块不断切换的不同"龙头"。

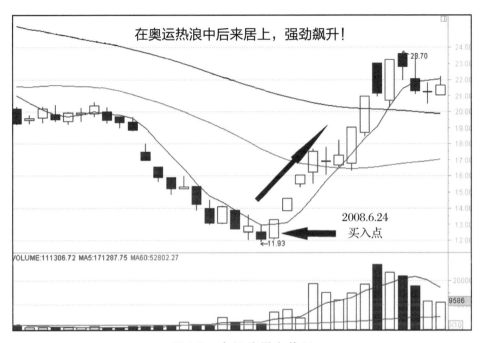

图1.8 中视传媒走势图

图1.9 中青旅走势图

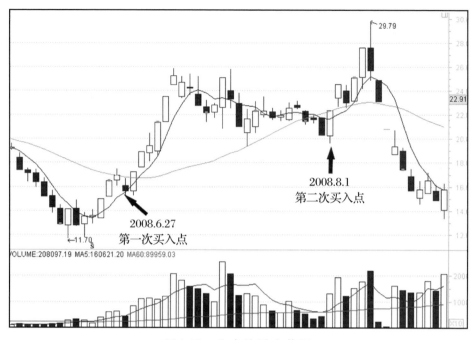

图1.10　北京旅游走势图

采访中，在这一板块中获得暴利的落升，风趣地对我说："迪士尼概念股，炒来炒去，到现在还没有完。这一题材仍处于朦胧传言期。在股市里，朦胧是一种美，越朦胧就越有吸引力。相信这个题材还会被反复炒作。"

实战案例：界龙实业

买入时间：2008年6月26日

买入理由：

迪士尼乐园选址川沙的传言再起，迪士尼题材已有很好的群众基础，该题材想象空间极大。

奥运开幕前大盘将以"维稳"为主，市场温度指数高于60。

界龙实业（600836，现名：上海易连）因迪士尼建在川沙所得到的好处很大，但难以量化，这为炒作这只股票提供了很大的想象空间。且因有了2008年1月初的炒作效应，预测本次市场认同度将超过80。该股2008年6月26日若涨停将形成W底突破。

结论：成为大热点的概率评估值为70%。若随后传言不断，概率评估值将上调至90%。

结果：2008年6月26日大举买入，该股次日因大盘暴跌回调，后一路上涨，其间做了一些波段，最后于2008年7月24日全部卖出，获大利。2008年11月10日开始再度连续重仓买入该股，直至11月24日开始卖出，再获大利。（图1.11）

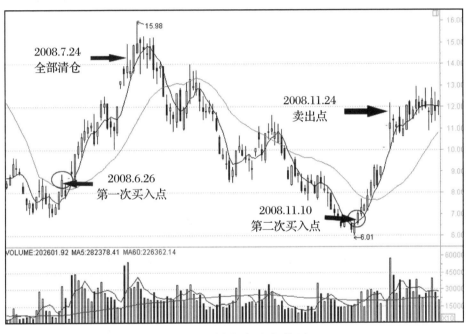

图1.11　界龙实业走势图

实战案例：外高桥

买入时间：2009年1月9日

买入理由：

随着界龙实业和中路股份（600818）成为明星股，迪士尼概念已深入人心。

传中方组建股份公司与迪士尼合资，外高桥参与其中。

外高桥（600648）尚未大涨过，一旦涨停，将形成W底突破。

当时9元左右的价格与大股东定向增发的认购价格16元相比便宜了很多。

大盘处于平衡状态，市场温度指数高于60。

结论：外高桥成为迪士尼又一只黑马的概率评估值为85%。

结果：2009年1月9日一路买到涨停板，该股随后4天连拉涨停，最大涨幅达40%。（图1.12）

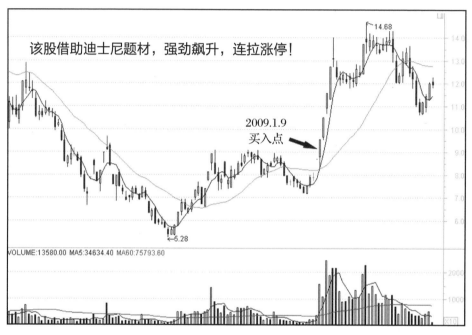

图1.12　外高桥走势图

实战案例：亚通股份（600692）

买入时间：2009年1月9日

买入理由：

迪士尼概念一直是市场持续炒作的一个热点。

当时对迪士尼乐园选址出现争议，有的传建在上海川沙，有的传是建在崇明岛。这种争议本身就是一种炒作题材。而亚通股份（600692）是崇明岛上唯一的上市公司。借着此争议的朦胧题材，该股一路逆势狂涨，成为熊市中的一颗明星。（图1.13）

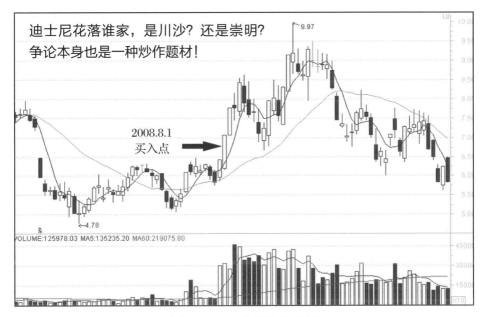

迪士尼花落谁家，是川沙？还是崇明？
争论本身也是一种炒作题材！

9.97

2008.8.1
买入点

4.78

VOLUME:125978.03 MA5:135235.20 MA60:219075.80

图1.13　亚通股份走势图

实战案例：陆家嘴

买入时间：2009年2月2日

买入理由：

市场盛传迪士尼落户上海的最新方案是：迪士尼公司占股47%，中方公司占股53%，而陆家嘴集团出资40亿元，是中方公司中的"龙头老大"。（图1.14）

基建板块

发端于美国的金融危机波及全球，对中国经济的冲击超出了预期。为阻止经济下滑，2008年11月初，国家正在酝酿出台强有力刺激经济的政策。落升经过对1997年亚洲金融风暴中中国政府的应对之策的研究，以及对近期出台的一些政策（如加大铁路建设投资力度等）的分析，将目光锁定在基建板块，重点是水泥、路桥、工程机械。他介入路桥、水泥板块的时间，比国务院宣布新增4万亿元基建投资的时间早了3～4天。对这一热点板块的提早介入，充分体现了他对国家宏观经济政策的准确把握和前瞻眼光。

图1.14　陆家嘴走势图

实战案例：四川金顶

买入时间：2008年11月6日

买入理由：

经济增速下滑太快，铁道部新增2万亿元铁路建设投资，预感国家将加大基建投资力度，出台强有力的经济刺激方案。

四川金顶（600678）作为地震灾区的水泥类上市公司，双重受益，市场认同度预测值为85以上。

大盘刚经历了一个月的暴跌，充分释放了风险，有望迎来一段时间的反弹或横盘，市场温度预测值高于60。

结论：水泥板块成为大热点的概率评估值为85%。

结果：2008年11月6日买入，次日晚间国务院宣布4万亿元投资刺激经济的方案，水泥板块成为最大热点，连续大涨。（图1.15）

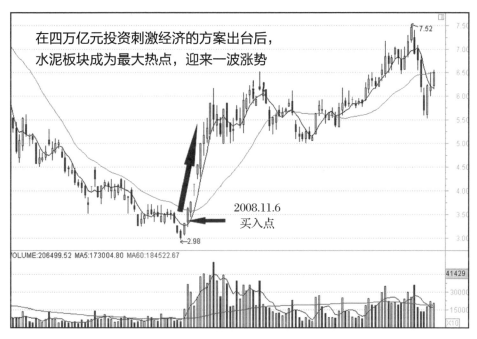

图1.15　四川金顶走势图

稍有遗憾的是，选股目标稍有偏差，第一目标股应该是太行水泥（600553，现已退市）。

实战案例：路桥建设（600263，现已退市）

买入时间：2008年11月5日开盘就开始买入

买入理由：同"四川金顶"（图1.16）

实战案例：山河智能（002097）

买入时间：2008年11月12日开盘即买入

买入理由：同"四川金顶"（图1.17）

新能源板块

从3G手机对锂电池的大量需求的思考，到美国总统奥巴马上任后把发展新能源作为振兴经济的首要措施，再到国家在汽车振兴规划中明确提出把新能源汽车作为重点扶持对象的一系列政策的出台，以及巴菲特看好新能源汽

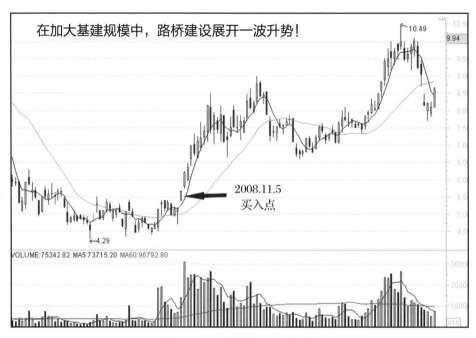

图1.16　路桥建设走势图

图1.17　山河智能走势图

车，18亿港币投资比亚迪的举动，落升敏锐地觉察到了新能源概念将成为市场的一个中长期热点。

实战案例：沃尔核材

买入时间：2008年11月13日

买入理由：

国家调整能源结构，核电规模比原规划增加一倍，这将为核电题材的炒作提供难得的机遇。

大盘处于大级别反弹之中，市场温度高于70。

当时，锁定两只核电题材的股票：一只是中核科技（000777），可惜11月13日因该上市公司开股东大会而停牌；另一只沃尔核材（002130）也是不错的选择，预估市场认同度很高。

结论：沃尔核材连续收出3个涨停板的预估概率值为80%。

结果：2008年11月13日开盘前以涨停板价格挂单买入，一个账户通吃了当天90%的抛单，此股连收5个涨停板。（图1.18）

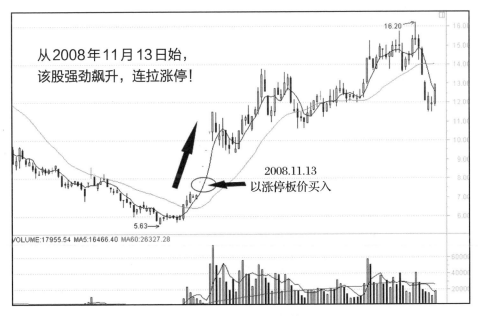

图1.18　沃尔核材走势图

实战案例：杉杉股份

买入时间： 2009年1月14日、15日

买入理由：

国外，巴菲特看好新能源汽车，投资比亚迪18亿港币，美国总统奥巴马也把发展新能源作为振兴经济的首要措施；国内，汽车振兴规划中明确提出把新能源汽车作为重点扶持的对象。

大盘处于横盘震荡阶段，热点不断，市场温度高过75，适合大胆参与热点。

杉杉股份（600884）是锂电池板块的龙头企业，走势上已形成大双底突破之势，市场认同度预估值为90。

结论： 锂电池板块成为市场主流热点的概率预估值为90%。

结果： 2009年1月14日买入杉杉股份，次日开盘前挂涨停价追买加仓。锂电池板块成为持续了很长时间的主流热点。（图1.19）

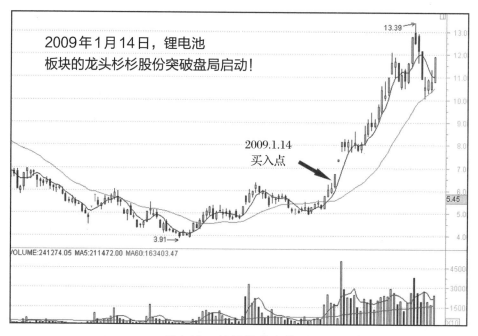

图1.19　杉杉股份走势图

实战案例：安凯客车

买入时间： 2009年2月10日

买入理由：

从奥运会闭幕式上惊艳亮相的伦敦双层环保客车，到奥运村中运行的新能源客车，再到国内各个城市正在兴起的新能源公交车，近年来新能源客车逐步向我们走来，国家在汽车振兴规划中明确提出把新能源汽车作为重点扶持的对象。而在无污染客车的研发中，安凯客车（000868）更是成绩斐然。

国家出台了新能源汽车补贴办法，重点补贴城市公交车，每辆补贴最高可达60万元，这个补贴幅度为世界之最，显示出中国对于发展新能源汽车的决心之大。

安凯客车的新能源客车已经下线并接到了30辆订单，该股股价低，股本小，已经有两个涨停板，市场认同度极高。

大盘逼空上涨，市场温度高于85。

结论：安凯客车这一波上涨行情有6个涨停板的预估概率为80%。

结果：2009年2月10日买入，又涨了3个涨停板后被交易所停牌，若不是强行停牌，该股可能有8个涨停板。（图1.20）

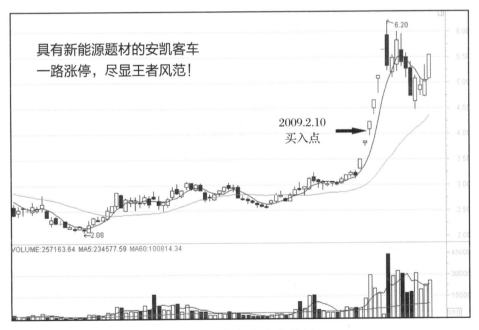

图1.20　安凯客车走势图

重大事件

2008年至2009年初，国家及证券市场都发生了许多重大事件，落升紧紧抓住这些重大事件给投资带来的机会，成功地操作了三元股份（600429）和三联商社（600898，现名：国美通讯）等市场热门股，获得了丰厚利润。

实战案例：三元股份

买入时间： 2008年9月19日、22日、23日

买入理由：

三聚氰胺事件致使乳业格局发生剧变，三鹿集团倒下了，蒙牛、伊利等巨无霸遭受重创；而三元牛奶未被检测出三聚氰胺，产品一时供不应求，企业因此迎来发展壮大的重大机遇。

2008年9月18日，股市迎来双向收取交易印花税改为单向收取、汇金公司增持三大银行股的重大利好，大盘有望大幅反弹，市场短期温度超过75。

结论： 三元股份连续收出6个涨停板的概率预估值为80%。

结果： 2008年9月19日起，连续3天开盘前以涨停板价格挂单排队买入，该股最终拉出9个涨停板。（图1.21）

实战案例：三联商社

买入时间： 2009年2月3日

买入理由：

国美强行召开股东大会，解除了原公司董事会，接管了公司，这将为市场炒作该股提供难得的题材。

大盘处于强势横盘期，热点不断，市场温度高于70。

该股一旦涨停，将突破长达3个月的潜伏底，技术形态堪称完美，预估市场认同度超过90。

结论： 该股连续6个涨停的预估概率值为75%，连续3个涨停板的预估概率值为95%。

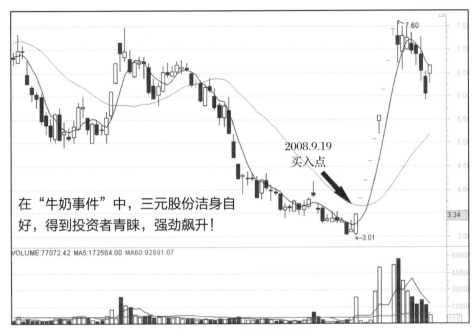

图1.21 三元股份走势图

结果：2009年2月3日开盘前以涨停价挂单买入，引来数百万股跟风盘，后该股连拉6个涨停板，遗憾的是，2月3日开盘前落升账户中只有370万元可用资金，若有2000万元可用资金，当日该股的所有抛单将全部成为他的囊中之物。（图1.22）

两个失败的案例

2008年以来，落升在捕捉市场热点中战绩可谓辉煌。虽然屡屡取胜，但他说："股市没有常胜将军，任何一个环节考虑不周都难以获得成功，教训往往比经验更有价值。"

他一定要我把他操作中出现的两次失误记录在案：

失败案例：凤竹纺织

买入时间：2008年11月20日

买入理由：

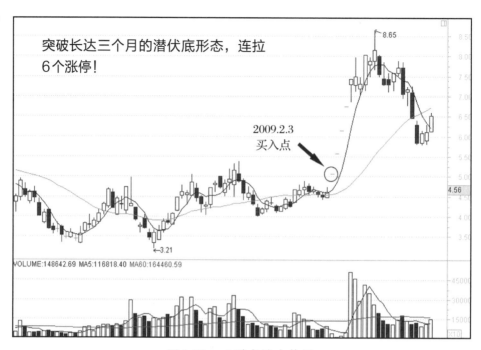

突破长达三个月的潜伏底形态，连拉6个涨停！

2009.2.3 买入点

图1.22　三联商社走势图

国家对纺织品出口退税率提高1%。

大盘暂时不会大幅下跌，市场温度略高于50。

结论：纺织板块成为近期热点的预估概率为65%。

结果：2008年11月20日开盘前挂涨停价买入，大盘遭遇短期下跌，凤竹纺织（600493）次日低开低走，割肉出局，亏损6%左右。

教训：题材太小，市场认同度不高，大盘由强转弱，买入此股显得比较勉强。

失败案例：新华医疗

买入时间：2009年1月22日

买入理由：

新医改方案正式公布，今后3年中国在医疗卫生方面将新增投入8000亿元。

大盘处于横盘阶段，市场温度65左右。

新华医疗（600587）属于医疗器械板块，受益于医改，该股盘整了一段时间，一旦涨停，将强势突破，形态极佳，预估市场认同度在80以上。

结论：医药板块成为近期热点的预估概率值为80%。

结果：2009年1月22日开盘通吃集合竞价的抛单，开盘后继续买入至涨停价，当日以涨停报收，次日高开低走，全部卖出，亏损2%。

教训：由于疏忽，没有留意医改方案曾在1个月前发布过征求意见稿，此次并无大的变动，违反了"买入传言，卖出消息"的纪律，市场不够认同。

落升捕捉市场热点的独家秘籍

如何认知和捕捉市场热点？它产生的条件是什么？买入热点股的最佳时机又是什么？落升披露的捕捉热点的独家秘籍，堪称股市赚大钱的法宝与绝招。

抓市场热点是落升熊市狂赚的法宝，想必也应该是绝大多数投资者梦寐以求的事。我经过一番软磨硬泡，终于获得了落升捕捉市场热点的独家秘籍。现披露如下：

市场温度不低于50是热点产生的必要条件

就像农民种庄稼要选择合适的季节一样，炒股必须先问大盘：只有当大盘近期温度不低于50才能进场。因为，市场温度太低，大家都只想着卖、想着逃，热点就产生不了，再好的题材也会由于市场不响应而被漠视。

那么，怎样评估市场温度？落升有几个指标：

大盘状态。大盘未来两周如果将处于横盘状态，那么市场温度为50左右；将上涨，则市场温度高于50；将下跌，则市场温度低于50。一般情况下，大盘经历一波连续下跌，下跌幅度超过25%，将会迎来一两个月的横盘或反弹行情。

个股的涨跌比。有些时候，大盘表现一般，可个股行情很好，市场称为"八二行情"，这是由于指标股不动所致；相反，有些时候，大盘表现很强，可个股行情很差，市场称为"二八行情"，这是由于指标股涨而其他个股不涨所致。为了弥补这种情况，可采用"个股涨跌比"来评估市场温度。如：750家个股上涨，750家个股下跌，则市场温度为50；1000家个股上涨，500家个股下跌，则市场温度为66.67；500家个股上涨，1000家个股下跌，则市场温度为33.33。

涨跌停板个数比。市场活跃度是评估市场温度的重要指标，可用涨跌停板个数比来获得，如涨停板个数为10，跌停板个数也为10，则市场温度为50；涨停板个数为20，跌停板个数为10，则市场温度为66.67，依此类推。

实战时，可综合考虑以上3个指标，得到一个比较客观合理的市场温度，市场温度越高越有利于热点的产生和持续，反之亦然。

题材的大小和新颖程度决定热点的持续时间和涨幅

大题材才能产生大行情。什么样的题材算是大题材？总的来说，凡是对公司可能产生翻天覆地的正面影响的题材都算是大题材。通常，大题材难以量化评估，想象空间巨大。如，收购别的公司，对收购方来说是很小的题材，对被收购方来说是很大的题材，原因是对收购方和被收购方的影响不同。一般来说，政策因素是产生大题材最重要的渠道，这是落升每天收看《新闻联播》的原因。重大事件是产生大题材的另一个重要渠道，如奥运、世博会、迪士尼等。

题材的新颖程度很重要。市场对一个题材的追逐热情基本上遵循"一鼓作气，再而衰，三而竭"的规律。所以，题材一定要新，要有突发性和震撼性，要出人意料。

炒作热点的3个阶段

初级阶段：这个阶段主要是先知先觉者在买，市场对其众说纷纭，莫衷一是。

中级阶段：随着舆论升温，市场的再认识，以游资为代表的短线客开始追逐，其相关板块明显升温。

高级阶段：所有人都明白这个题材是现在的热点，态度由开始的怀疑变为坚信，大众开始积极买入，而发动行情的主力资金则开始撤退。

显然，最好是在初级阶段买入，最迟中级阶段买入，高级阶段卖出，而不像大多数人那样在初级阶段浑然不觉，在中级阶段迟疑不决，却在高级阶段经不住媒体铺天盖地的宣传而冲动买入。当然，想要在初级阶段买入并不是件容易的事，你得有超强的题材挖掘能力和敏锐的热点洞察力。

落升捕捉热点的方法与步骤

第一步：收看《新闻联播》，在网上浏览国际国内各类新闻、个股公告、券商研究报告，查看股市、期市、汇市、黄金、石油、有色金属、农产品等的外盘情况。

第二步：从海量的信息中筛选出可能对股市产生重要影响的题材，进行深入的分析研究，评估题材的大小。这项工作需要有很强的新闻敏感性和题材分析能力。只要坚持做，新闻敏感性是可以培养出来的，题材分析能力也是可以提高的。

落升讲了这样一件事：2004年1月13日，媒体报道越南发生严重的高致病性禽流感，并很快从越南蔓延至中国10个省区市，有60多万只家禽被感染致死，有数十人感染了禽流感病毒而致命。为防止该病进一步传入中国，1月14日，中华人民共和国农业部和国家质量监督检验检疫总局立即联合发出《禁止直接或间接从越南输入禽鸟及其产品》等7条公告。

看了新闻后，落升想，家禽是会飞的，禽流感感染率如此之高，而越南是中国的邻国，一旦传播到中国，政府将会采取怎样的防治措施呢？对股市又会有什么影响？

于是，他立刻找寻到与此有关的上市公司。其中，生产动物疫苗的中牧股份（600195）是他锁定的重要目标股。就在春节长假前的最后一个交易日，即2004年1月16日，他重仓吃进了中牧股份。

果然，随着禽流感在全球的传播与防治工作的积极开展，春节长假后一开市，该股便连拉涨停，凌厉上攻，这使具有新闻敏感性、已经提前介入的落升获利不菲。（图1.23）

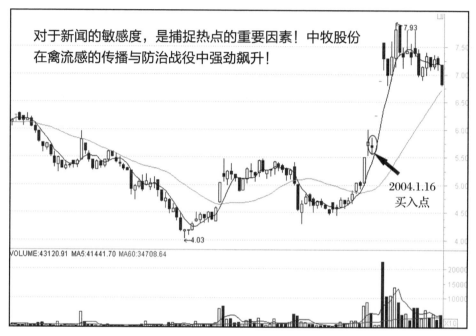

图1.23　中牧股份走势图

第三步：如果发现大题材，要找出相关个股，进行综合分析，确定目标股票，预估市场认同度。

第四步：评估市场温度，市场温度低于50，除非出现惊天的题材，否则不入场。

第五步：预估目标股票成为近期持续热点的概率值，低于65%放弃不做。

第六步：制订操作计划，包括买入价格区间、仓位、卖出的大致时间和价格等。

第七步：按计划执行。根据市场温度、市场认同度等对计划进行适度的调整。对于自己没有在第一时间发现已经在市场中涌现出来的热点股票，若涨幅在35%以内可以先追涨买入一些仓位，涨幅超过30%后的第一次回调则是很好的参与机会。

熊市生存术

大盘暴跌，熊途漫漫，该如何回避市场的高风险？又怎样伺机捕捉到下跌中那难得的获利机会？他的熊市生存术和盈利法则，堪称一部宝典。

巴菲特有句名言：当海水退去，才知道哪些人在裸泳。的确，熊市才是炒股水平的试金石，它会将伪高手打回原形，会将新股民打入"地狱"，只有在熊市中资产完好无损的人才能算真正的高手，只有在熊市中赚到钱的人才能算顶尖高手。

熊市生存术是股民的必修课

落升认为，熊市生存术是股民的必修课。这是因为：股市有牛市就有熊市，沪深股市牛短熊长，如果你不懂得如何在熊市中生存下来，即使牛市赚再多的钱，那些钱也只是暂时存放在你那里，熊市一来，不但利润会还去，本金也保不住，最终的结果就是被股市消灭掉。

可能有人会说，熊市有赚钱的想法本身就是一种罪过，熊市正确的做法就是远离股市。这种说法有个很大的问题：那就是你首先得知道股市什么时候迎来熊市，也就是你得知道大盘什么时候是顶，但事实上，没有人可以准确预测大盘的中长期走势（声称能持续准确预测大盘走势的人不是骗子就是自欺欺人），当然也就没有人知道熊市会在什么时候开始。

以2007年10月开始的大熊市为例，试问：当时有谁知道6124点是大顶？有谁在6000多点的时候敢说1年后大盘会跌到1600多点？普遍的观点是：大盘下跌的前两个月是牛市中的正常回调，双头形成了又说年线不破还是牛市，年线破了又有人说只要2245点不破还不能算熊市。等大家都承认进入熊市时，已经是奥运开幕后的事了，而此时，上证指数已经从6124点跌到了2500多点。这个时候明白股市进入了熊市还有意义吗？此时选择离开股市岂不是太晚了？

所以，"熊市最好的做法是离开股市"的说法是一句空话，是事后诸葛亮。退一步说，就算有些人侥幸在5000点以上逃顶了，但有几人真正成功离开股市？这些人中多数又在4000点或3000点杀了回去。

由此可见，面对现实，探索熊市中的生存术才是每个成功的投资者的必修课。

实战操作精要

第一阶段：向"左"看齐逃顶。在大盘前期的重要高点附近卖出股票，空仓。为了避免踏空，等跌到颈线附近重新入场。

第二阶段：有效跌破颈线位，离场。当跌势已经形成，一旦有效跌破颈线位，手中如果有筹码坚决止损卖出，从此按熊市盈利模式进行实操。

实战案例：深成指走势

2007年10月10日，深成指创下了19600.03高点后开始下跌，2007年11月29日、2008年2月1日，先后回调至颈线位，因当时尚未能确定一轮熊市来临，为避免踏空行情，应是买入点。 2008年1月14日深成指达19219.89点，已接近走势左侧的最高点，根据"向左看齐"的逃顶方法，此时应离场出局。此后，股指一波比一波低，自2008年3月10日开始，深成指向下有效击穿了颈线位，此时应果断彻底地抛出手中筹码。从此，应按熊市盈利模式开始操作。（图1.24）

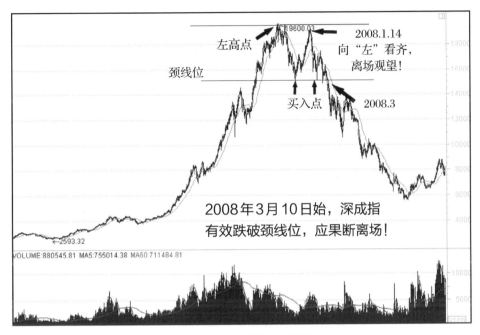

图1.24 深成指走势图

熊市盈利模式：不轻言底部，超跌抢反弹

把控制风险放在头等重要的位置，不轻言底部，只做超跌抢反弹。这是落升的熊市盈利模式。

巴菲特有句名言：投资最重要的有三条，第一条，保住本金；第二条，保住本金；第三条，记住前两条。

落升重视风险的程度，从他的别名就能看出。他对我说，他之所以取"落升"为别名，包含了两个含义：一是股市有升就有落；二是姓"落"，就表明他把风险放在第一位。

他说，在贪婪者的眼里，下跌途中的每一根大阳线都是底部的信号，而在职业高手的眼里，下跌途中的每一根大阳线都仅是下跌途中的普通反弹而已。事实上，从2007年10月展开的一轮熊市，相信已让很多人领教了盲目抄底的危害，也从反面警示了熊市风险的厉害。

落升熊市制胜的法宝就是顺势而为，不轻言底部，不抄底，只做超跌抢反弹。他说，不抄底不等于不抢反弹，抄底和抢反弹有本质的区别：抄底的前提是你知道哪里是底，而事实上就像没人知道哪里是顶一样，根本没有人能知道哪里是底；抄底的结果是买入后会持有不动，由于真正的底只有一个，抄对的概率不高，而一旦抄早了，后果就是套在半山腰。而抢反弹则不同，抢反弹是因为超跌，超跌通常会反弹。抢反弹的动机只是短线捞一把，只要掌握得好，抢反弹的好处是可以避免抄错底出现的损失，又可以获得抄对底带来的利润。

所以，在落升的字典里，没有抄底，只有抢反弹。他认为，底不是抄到的，而是抢反弹抢到的。

实战操作精要

大盘6日乖离率超过–6％，12日乖离率超过–10％，24日乖离率超过–16％，进场抢反弹，24日乖离率接近0％时卖出。

他在这轮熊市中，用这个方法抢反弹的成功率几乎是100％。至于买什么股票，重点是最超跌的股票或可能成为近期热点的股票。

实战案例：上证指数走势

2008年9月18日，在上证指数的走势中，24日乖离率已超过16％（当日收盘数值是15.94％，其实盘中早已超过16％）。当日起便产生一波强劲反弹。

这一天上午，24日的乖离率超过了18％，落升急切地感到一个超跌抢反弹的绝佳机会已经来临，他甚至担心管理层会因股市暴跌过于惨烈，而突然采取紧急措施临时停止交易，以至恐怕到下午无法再买到廉价筹码。

于是，他在上午收盘前几乎全仓杀入当时已经13连阴的浦发银行（600000），下午大盘神奇逆转，晚间关于印花税改为单向征收和汇金入市在二级市场增持三大银行股的利好消息公布，浦发银行连拉两个涨停，落升3天获利20％多。（图1.25）这次的获利，与其说是落升的运气好，不如说他超跌抢反弹的指标发挥了巨大的威力。

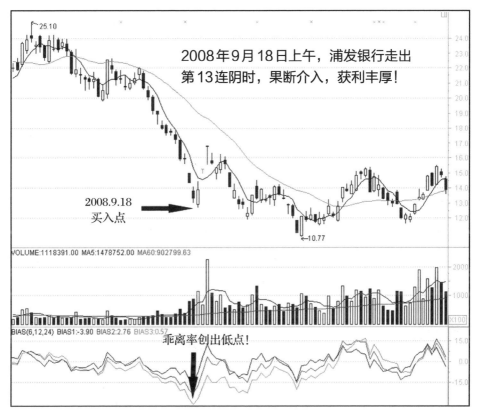

图 1.25　浦发银行走势图

　　同样，2008年10月28日，24日乖离率指标超过了16%，发出了买入信号。落升看到短线抢反弹的机会再次出现，果断入市，次日一轮反弹行情展开，他又一次成功地抢到了最低点。（图1.26）

　　据此模式入场抢反弹，落升在熊市中屡试不爽，收益颇丰。由此看来，他的这套熊市生存术堪称一部宝典，既可以回避熊市的高风险，又不放过下跌途中出现的获利机会，而且，最后的底部也会被抢反弹抢中，不存在踏空的风险。

　　在此，落升特别提醒广大投资者：熊市风险很大，机会较少，要多忍，少盲动，同时，应该降低获利目标。抢反弹要快进快出，打得赢就打，打不赢就跑，严格执行纪律，错了要坚决止损，千万不要短线做成中线，中线做成长线。

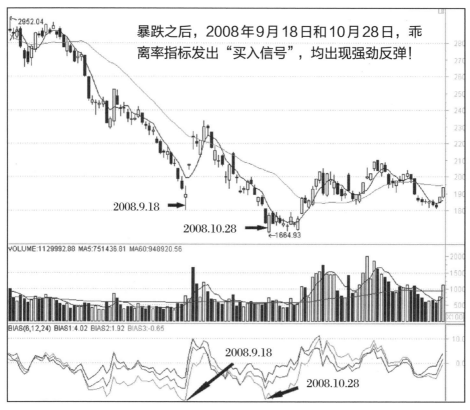

暴跌之后，2008年9月18日和10月28日，乖离率指标发出"买入信号"，均出现强劲反弹！

2008.9.18

2008.10.28
←1664.93

VOLUME:1129992.88 MA5:751436.81 MA60:948920.56

BIAS(6,12,24) BIAS1:4.02 BIAS2:1.92 BIAS3:-0.65

2008.9.18

2008.10.28

图1.26　上证指数走势图

股市赚钱的"落升金字塔十诀"

从势，到热点，再到好心态，波段操作，擒贼先擒王，再到……在他那座金字塔里，蕴藏着多少赚钱的秘密？"落升金字塔十诀"，道出了他在股市稳健大赚的天机。

下面的这座"金字塔"，是落升稳健大赚的十条要诀。他对这座铭刻在心中的"金字塔"，详细地进行了诠释：

势

热点

好心态

波段操作

擒贼先擒王

重政策明方向

自古圣贤皆寂寞

静如处子动如脱兔

截短损失让利润奔跑

不会空仓等于不会炒股

势

炒股最重要的是什么？如果只能用一个字来表达，落升选择的是"势"。

有句炒股的格言说：涨时重势，跌时重质。可是落升的观点却是：涨时重势，跌时还是重势！

因为，势是容易看清楚的，而质则是雾里看花。花旗银行，两年前还是全世界最大的银行，你能说它的质不好吗？可一场金融危机下来，股价下跌超过95%，现在成了股价低于1美元的垃圾股。

这样的例子在中国市场也比比皆是。6000点的时候，中国神华上市，被爆炒了3个涨停板，瑞银给出了150元的"合理估值"，质地不可谓不好，现在却只能长期徘徊在10多元。

无论对大盘还是对个股，趋势都是"纲"。趋势的形成是所有因素共同作用的结果，影响股市的其他任何单个因素都只能对趋势产生暂时的局部的影响。而趋势一旦形成，将维持数月至数年，轻易不会改变。因此，牛市不言顶。某著名私募在2000多点逃顶，错过了2007年的大牛市；熊市不言底，无数投资者因早早抄底被打入"十八层地狱"，甚至世界公认的股神巴菲特也曾因过早抄底而损失巨大，承认自己犯了错误。这些都是深刻的教训！

可以说，顺势者大赚，逆势者大赔，顺势而为是炒股的第一铁律。

热 点

"热点，就是股市里的提款机！"

"对于炒股的重要性而言，无论用什么语言来形容热点的重要性，都不为过！"

这是我在采访落升时，听他讲得最多也是最深刻的两句话。

在牛市里，抓到热点，可以赚到数倍于大盘涨幅的大钱；熊市里，抓到热点，可以逆市赚到不少开心钱。上证指数从6124点跌至1600多点，其间每一波阶段性的下跌之后都涌现出一个短期翻倍的热点板块：创投、农业、抗震救灾、奥运、迪士尼、水泥、电力设备、工程机械、新能源……如此之多的热点板块先后登场，可谓好戏连台。这些热点板块的主要股票都在1个月左右实现了股价翻番，甚至翻几番。

6124点开始的下跌，在别人的眼里是一轮超级大熊市，可在落升的眼里，虽然是大熊市，却有着牛市一样的获利机会。如果有超强的热点捕捉能力，只要能抓到其中的一些机会，进退得当，实现资产翻番甚至翻几番并不是难事。

他认为，作为一个股市职业投资者，如果你的资产没有超过3亿元，这一轮大熊市完全应该获得翻倍的收益。一些在五六千点侥幸空仓的私募基金或大户，其实并无得意的资本。因为，这轮熊市给你的机会太多了。在落升看来，不管是牛市还是熊市，做不做的问题，取决于有没有可以持续的热点。有就做，没有就不做。选股的唯一标准，看它是不是热点，是就选，不是就放弃。

好心态

良好的心态对于做股票起着至关重要的作用。好心态能让一个只有60分能力的投资者发挥出100分的水平；坏心态则让一个有100分能力的投资者只能发挥出60分的水平。投资者的头号敌人不是股票而是他们自身，即使你拥有很强的数学、金融、财会知识，但不能很好地控制自己的情绪，那么你是不可能在投资过程中获利的。什么样的心态算好心态？

客观。股票有涨就有跌，有赚就有赔，七分水平三分运气，不在亏钱时过分强调运气不好，不在赚钱时忘记运气的作用。

冷静。行情疯狂上涨时不贪，能想到风险，行情极度低迷时不惧，能看到机会。坚持严格执行自己的盈利模式，该买则买，该卖则卖，不因结果不好而后悔。

乐观。这里说的乐观并不是指对股市行情要永远乐观，而是指心情。炒股只是手段，幸福快乐地生活才是目的。因此，应该想方设法让自己开心。赚钱时不奢望卖在最高，知足常乐；亏钱时给自己一个安慰：幸亏没有更糟。

如何能培养出一个好心态？落升开出两剂"药方"：

第一剂"药方"，快乐指数=收益/预期值。如果收益是相对固定的，那么预期值越大，快乐指数就越小；预期值越小，快乐指数就会越大。有的人之所以天天不开心，根源就是把公式里的分母（即预期值）调到了最大，对收益的预期寄予太高的期望。落升说，痛苦来自比较，幸福和快乐也同样来自比较。是痛苦还是快乐，问题并不出在比较本身，而是取决于怎样进行比较，以及确定比较的基准值。

例如，一个账号的某个时段，起始资金是100万元，最高到过300万元，现在是200万元。你如果与300万元相比，就觉得现在少掉了100万元，当然会很不开心。如果与100万元相比，仍然还有100万元的利润，心情应该还不错。遗憾的是，百分之八九十的人，都会与300万元相比。这是导致多数人炒股赚了钱也会不开心的原因。

公认合理的比较基准是大盘。如果大盘涨了30%，而你的收益是40%，你应该感到快乐。同样，2008年大盘跌了68%，你如果亏损了50%，你也应该感到欣慰。因为你战胜了大盘。据统计，美国有60%～70%的基金跑不赢大盘，巴菲特每年给自己定的目标也不过是战胜道琼斯指数15%。

人们产生坏心态的原因主要有两点，一是"分母太大"也就是预期值太大；二是比较的时间周期太短。比如有的人见大盘今天涨了，他持有的股票没涨，就不快乐。正确的做法是，以一个相对较长的时间段来考核自己的投资成绩，如一个月。这样，可以避免过程当中自己的情绪指数似K线图一样，频繁起伏波动。

第二剂"药方"，是经常看一些有关心灵修养的书。他说，看这样的书，能使人对财富比较超脱，淡泊名利，保持一种平和的心态和豁达的人生观。他经常说的一句话就是："涨跌不惊，闲看庭前花开花落；得失无意，漫随天上云卷云舒。"

波段操作

长线和短线谁是金？这个问题一直存在争议，甚至连持股多长时间算长线，多长时间算短线也都存在争议。落升把持股在1周以内算短线，1周至1个月算中线，1个月以上算长线。

落升的观点是：长线是赌博，短线难获大利，中线波段才是金。

落升认为，没有人能准确预测股市的长期走势，现在没有，今后也不会有，就连世界投资大师巴菲特和罗杰斯也不可能准确预测股市长期的走势。所以，长线持股无异于一场毫无把握的赌博。日经指数1989年达到39000多点，时隔20年，2009年是7000多点，长线持股的结果是什么？美国道琼斯指数现在是6000多点，回到了12年以前；上证指数1993年就到过1559点，时隔15年，2008年10月份又回到了1664点，如果不算因新股上市而虚增的部分，恐怕已回到千点，十几二十年的持股，换来的是原地踏步甚至亏损，长线持股的好处何在？

至于短线，落升认为，优点是熊市可以比较好地回避风险，缺点是交易成本高，行情好的时候赚钱速度不够快。而中线波段操作则是他最推崇的盈利模式。原因是大多数热点板块主升浪的持续时间都在1周至1个月，小热点一般持续1周左右，大热点一般持续2周左右，超级热点可以持续1个月。中线波段的目标是专吃主升浪，与短线相比，可以获大利；与长线相比，可以锁定利润，避免坐过山车。

落升大熊市里赚5倍采用的基本操作策略是短线和超短线。虽然业绩已经很好了，但他算了一笔账，所有参与过的股票，如果持股时间延长1～2周，获利就不是5倍而是10多倍了。为此，落升将自己的操作风格定为：擒贼擒王，波段操作。

擒贼先擒王

这里说的"王"，指每个阶段里最强势的股票，通常是主流热点里的龙头股。龙头股可以一呼百应，可以呼风唤雨，龙头股是板块的统帅，是大盘的指挥官。如果说热点是股市里的提款机，那么，龙头股就是印钞机！

落升说，2008年尽管是大熊市，但先后涌现出了丰乐种业、隆平高科、登海种业（002041）、复旦复华、龙头股份、同济科技、界龙实业、中路股份等几十个"王"。抓到其中任何一个，持有2～3周，都可以赚到翻倍的利润。

因此，研究龙头股的产生以及运行规律是每个炒股人最重要的课题。评判一个人是不是职业投资高手，关键看其捕捉龙头股的能力。如果一年中市场先后出现了10只龙头股，你不能抓到其中的6只以上，那么你就算不上职业投资高手。

重政策，明方向

为了准确及时了解党的方针政策，落升每天坚持收看《新闻联播》。他说，有一个问题必须先弄清楚，那就是政策是怎样对股市产生影响的？直接针对股市的首个重大干预政策出台后，股市会受到短暂的影响，之后，仍会按原来的趋势运行3～6个月才会见到真正的顶或底。也就是说，市场顶（底）比政策顶（底）要晚四五个月左右。

据此，落升认为可以采取如下应对之策：牛市的第一次政策打压可以借机低吸，四五个月后再清仓。而熊市的第一次利好救市应该逢高卖出，四五个月后准备抄底。

一个有趣的现象是，绝大多数政策的出台都是在那个月的下旬，其中，24日附近出现的次数最多。掌握了这些规律，对于逃顶和抄底非常有用，对于利好或利空出台时如何应对也可以做到趋利避害，善加利用。

政策除了对大盘产生重要影响，对选股也有很强的指导意义。比如，2008年的4万亿元投资计划引发了股市很多热点和无数牛股。总之，炒股要懂得研究政策。

自古圣贤皆寂寞

自古圣贤皆寂寞，成功总是要付出代价的。著名国学大师饶宗颐教授的一番肺腑之谈，对我们不无启发。他说："要深入了解问题，不孤独不行。吃喝玩乐只是凑热闹的活动，对自己没什么好处。要研究一个问题便要回到孤独，清静地想，从孤独中发掘光芒……"

巴菲特选择孤独，方成股神。股市里，只有经得住孤独和寂寞才能成为职业高手。换言之，真正的股市高手都是孤独和寂寞的。股市是少数人赚钱多数人赔钱的地方，你的观点如果不孤独，而是和大多数人一样，那炒股的结果也只能和大多数人一样——赔钱；你的生活如果不寂寞，而是沉迷于吃喝玩乐，那你岂能感受到大盘的呼吸？又岂能听到热点的呼唤？

我在和落升朝夕相处的日子，发现他确实甘于寂寞。股市收盘后，他不打麻将，不进歌厅，极少应酬，而喜欢静静地独处，与他相伴的常常是一台电脑、一本书、一杯清茶。电脑，让他虽居僻静处，尽知天下事；书，让他阅而有思，思而有悟；茶，让他眼明心清，宁静致远。

股市是喧闹的，但想成功必须静下来，坚守寂寞，享受孤独，冷静思考。超级大户，却没有手机，我想，除了落升，很难再找到第二个了吧。

落升从股市赚了很多钱，但他身上却常常一毛钱也没有。采访中，我听他妻子说了这样一件事：一次，他出门打的，下车时，摸遍全身，却没找出一块钱，搞得很尴尬。落升说，他只热衷和陶醉于股市赚钱的过程，对于花钱不但没什么兴趣，反倒觉得那是件很累的事。

落升在股市中能够挥洒自如，做得这么好，也许与他这种对金钱比较超脱的态度不无关系吧。

静如处子，动如脱兔

股市里的机会是等来的，熊市更是如此。要成功，必须有超强的定力，没机会的时候要做到静如处子；机会一旦出现，则要动如脱兔。股市高手和狙击手很相似，优秀的狙击手，必须忍受长时间的孤独与寂寞，抵御各种干扰，耐心等待，神情专注。一旦目标出现，时机成熟，便以迅雷不及掩耳之势一击中的。

2008年6月3日~17日，上证指数出现了罕见的十连阴，落升直到第十根阴线还静如处子，第十一天开盘后却动如脱兔，半个小时内将全部资金打进几只奥运概念股里去，准确抄到了阶段性的底，留下了一篇处子变脱兔的成功之作。

截短损失，让利润奔跑

Cut loss short, let profit run！（截短损失，让利润奔跑）这是华尔街炒股格言中落升最喜欢的一句。意思是一见股票走势与自己的预想不符，就必须止损，把损失缩得越短越好！一旦有了利润，就必须让利润奔跑，把小利润跑成大利润。

这句著名的华尔街"家训"道出了一个投资的头号规则：及时止损。不管是新手还是老手，你不可能每次都判断正确。如果不能快速止损，迟早你会遭到非常重大的损失。美国著名投资大师欧奈尔是这样理解止损的——其实止损如同买保险！请你自问，你去年为你的住宅购买了火险吗？你的住宅失火了吗？如果没有，那你为浪费钱投保感到难过吗？你明年将不再买火险了吗？你为什么还会买火险，难道你知道你的住宅会失火吗？当然不是，你之所以买火险，是为了保护自己免遭火灾带来的巨大损失，虽然这种可能性很小，但一旦发生，将使你元气大伤。

这句著名的华尔街"家训"还道出了投资的另一个规则：让利润奔跑。美国最伟大的炒手之一杰西·利佛摩尔（Jesse Livermore）说："在股票这行，能够买对了且能安坐不动的人少之又少，我发现这是最难学的。忽略大势，执着于股票的小波动是致命的，没有人能够抓到所有的小波动。这行的秘密就在于牛市时，买进股票，安坐不动，直到你认为牛市接近结束时再脱手。"落升把这段话的最后一句修改了一下，改为：这行的秘密就在于抓到好股票，安坐不动，直到你认为主升浪接近结束时再脱手。

不会空仓等于不会炒股

持币时自己说了算，持股时则是市场说了算；当你对市场没有把握时，还是自己说了算比较好。很多的时候，什么都不操作（空仓）就是最好的操作。

有道是：老手多等待，新手多无耐（力）。2007年10月以来的大熊市，很多投资者一直满仓，有永远看多的"死多头"，有满眼是底的"乐观派"，有担心出利好而踏空的"救市幻想症患者"……

不会空仓的原因五花八门，各有不同，但结果都一样：巨亏！落升在大熊市中，有近一半的时间是空仓的，正因为这一半时间的空仓，使他回避了很多风险。仔细观察他成功操作的很多个股，共同点都是在大盘暴跌了25%至30%以后，将迎来一段时间的稳定期才进场买股票的。

实战操作精要

向"左"看齐卖出，当大盘来到前期重要的高点（即K线走势的左方高点）附近应该空仓。

大盘24日乖离率超过18％应该空仓等待回调再进。

大盘中期趋势一旦向下，应该以空仓为主。只有当大盘暴跌，24日乖离率超过-16％才能进场做反弹。

路曼曼其修远兮，吾将上下而求索

在创造辉煌的战绩面前，他选择的是不骄不躁，不断求索，永无止境地追求，使自己的盈利模式更加完美。

"在股市面前，我们永远是学生；对股市的探索，永无止境。"落升说。采访中，他告诉我他正在探索的重大课题有两个：

完美的盈利模式。落升说，股市有个规律：熊市表现好的投资者在牛市表现往往不好，在牛市赚大钱的人到了熊市通常亏得也多。比如赵丹阳的基金在2004年的熊市中赚了一些钱，声名大振，可到了2006年却因谨慎过度，3000点以下就清仓出局，错失了2007年那一轮波澜壮阔的大牛市。6124点以来的大熊市，一些"死空头"固然躲过了大跌，但也错失了2008年10月开始的中线反弹行情。还有，一些牛市里盈利排名靠前的基金，到了大熊市，却排在亏损最大的前几位。

落升的账户从6124点到1664点赚了200％，从1664点反弹到2300点，赚了90％左右，他对这波反弹行情取得的收益并不满意。有没有一个盈利模式可以做到熊市稳定盈利、牛市超常盈利？落升的回答是：有。这个盈利模式是什么样的？他还在探索中。

热点的卖出时机。俗话说：会买是徒弟，会卖才是师傅。此话一点不假。在落升看来，卖出股票是炒股中最难的环节。6124点开始的这轮大熊市，落升几乎抓到了90％的大热点，如果多数都能卖在高位，那获利会非常惊人。他说，遗憾的是，大多数股票卖得都太早，这虽然有熊市谨慎心理的影响，但也暴露了对市场心理的把握还有待提高，对热点股票的运行规律还需研究。

尾声：在稳健获利的基础上获大利

汽车穿行在连绵起伏的山道上，云雾中，绵绵春雨继续下着。

当我与落升朝夕相处半个多月后，怀着依依惜别的心情即将告别风景如画的滨江小城时，我向为我送行的"江南神鹰"问了采访中的最后一个问题：

"落升，如果用一句话来概括一个职业高手的盈利模式必须达到的目标，你认为是什么？"

"第一是稳健获利，第二是在稳健获利的基础上获大利！"他不假思索地回答道。哦，这可以说是投资者进入股市炒股的最高目标！

落升这只翱翔在美丽江南上空的"神鹰"，在熊市中狙击热点，稳赚大赚，创造出5倍收益的"神话"，不正是对他的这一追求最生动的体现吗？！

东莞小文：

> 麻雀啄食，积小胜为大胜。

在风雨无常的股市中，在短兵相接的"激战"中，他采用"麻雀啄食"的策略和娴熟的超短线技艺，在漫漫熊途中屡创佳绩。他的成功秘诀和短线技巧是什么呢？让我们一起走近他——

〰 投资简历

个人信息

文伟志，别名：东莞小文。男，1969 年 8 月 5 日生，广东东莞人，大学文化。

入市时间

1995 年底。

投资风格

善于捕捉战机，全仓进出，最大限度地发挥资金的使用效率。

投资感悟

追求复利增长，积小胜为大胜。充分享受股海冲浪的快感！

第2章

△

走近"短线王"

——记"东莞小文"股海制胜的超级短线技艺

【篇首按语】

　　《民间股神》出版后，书中的超级"短线王"东莞小文声名鹊起，他相继在几大机构任投资总监。2012年至2015年，他在北京某机构任投资总监，其间创造了年盈利410%的辉煌战绩。此后，在某媒体举办的"寻找中国巴菲特"的实盘炒股大赛中，东莞小文再展雄风，勇夺冠军。许多投资者十分渴望了解其中的投资绝技。于是，我在2014年和2015年对东莞小文进行了重访。本篇结合这两年他操作过的一些精彩案例，把他的操盘技艺及投资历程呈现给广大投资者。

　　认识东莞小文，是广东《投资快报》搭的"桥"。

　　2009年2月的一天，《投资快报》"民间股神"专栏的责任编辑小王给我打电话："白老师，我给你提供一个报道线索，在我们报上有一个实盘的'股王争霸战'，其中一位选手'东莞小文'从起始的20万资金很快就赚到了76万，3个半月狂赚2.8倍，真不简单，很值得你采访一下！"

　　听得出，小王很激动。

　　"真的吗？这波反弹行情，是有不少人赚钱，但有这么快赚钱的？"我有点疑惑。

　　"是真的。每天的交易单，都是证券公司提供的，加盖着公章呢。"小王说。为了求证这件事，我迅即拨通了报社吴总的电话。他告诉我，东莞小文，的确是近期民间出现的一个股市"草根英雄"，并说恰好他要到东莞给小文发获奖证书，要我一同去见一见他。

引子：3个半月狂赚2.8倍

那天是2009年2月12日，我和吴总，还有编辑部主编阿蔡一同前往东莞寻访小文。我们到东莞时，已是中午时分了。但当我们在一家餐厅落座时，还没见到东莞小文的人影。

"我刚给他通了话，他还没下班。等会儿他就会过来。"吴总说。"他是业余炒股的，还能这么出色？"我问。

"是啊，像他这样一个上班族，超短线又这么好，难得啊。"

大约10分钟后，只见一位1.8米以上的大个子，匆匆忙忙地提着一部手提电脑进来了："抱歉，让各位久等了。"

他就是东莞小文。吴总特意安排他坐在我的身边。我仔细地打量着这位"草根英雄"：帅帅的，瘦瘦的，戴着一副眼镜，斯斯文文的，说起话来，一口广式普通话。

他落座后，茶不喝，饭不吃，第一件事就是把手提电脑打开。"你做短线？"

"是。熊市行情不好，我们只能像麻雀一样，啄一口就走，跑慢了，就被逮住了。"东莞小文一边打开电脑，一边说。

我们边吃边聊。整个饭局中，我看他一门心思全不在面前那丰盛的饭菜上，两眼一直盯着的，是下午一点刚刚开盘的大盘走势。

那天大盘在跌。我们吃饭时，跌幅已接近3%！

就在这时，我见他打开福耀玻璃（600660）的K线图。只见盘面上呈现出该股的分时图，比大盘还跌得凶，跌幅已接近4%了。

"这只股跌势可真猛啊！"我脱口而出。

"我想咬它一口！"小文说着，调出了他的账户。

"跌成这样了，你不怕套？"听说小文要买股票，同桌的人都围了过来，见福耀玻璃跌得那个"惨样"，异口同声地说。

"我心里对它有底。这是主力趁大势下跌，在洗盘！"小文说着，敲击着键盘，在5.52元的价位毫不犹豫地全仓吃进了这只正在凶猛下跌的股票。

这是一次现场实盘的"演示"，我们拭目以待！

"可别把你播主的名声给毁了！"在场的人，都为小文捏着一把汗。

说也奇怪，小文买后没两秒钟，该股就不再下跌了，分时图呈锯齿形，开始缓步上扬。

下午近两点半，大盘仍是"绿脸"，而福耀玻璃的盘面却掀起了"波涛"。突然，买盘上不断涌出4位数的大单，分时走势图的一根黄线似冲天的火箭，直线飙升，瞬间，该股从绿盘变为红盘，股价从5.60元，一下子狂涨至5.95元！

"这只股可真妖！""小文真有眼力！"

"能在最低点逮住这匹黑马，东莞小文真不愧是名副其实的超短线高手！"目睹东莞小文精彩的操作，大家一片喝彩。

为最后验证小文的判断，我们一直观看到下午3点收盘。当日，福耀玻璃以6.05元报收。小文的账面又拉"大阳"，已有9.6%的收益。

"过几天，我还会再来贴身专访，到时，你可要把短线的绝招毫不保留地好好谈一谈哟！"临别，我与东莞小文相约。

寻梦股海

他从一个数学状元，到走进大户室；从一个"百万富翁"到"一贫如洗"，在充满血腥味的股海里，他经历了太多的磨难……

木棉花盛开的季节，我再次来到东莞，探寻超级短线手小文股海制胜的秘密。在半个多月相处的日子里，他给我讲述了他走向成功的心路历程，令人难忘而又震撼……

数学"状元"执迷跳动的"数字"

小文在青少年时期就是东莞的一个"名人"了。

他中学是在历史悠久的百年老校东莞中学就读的。他勤奋好学，成绩相当优秀。令他出名的是1987年，那年他高中毕业。他在高考中以120分的满分成绩，夺得全国数学统考的"状元"。有着数学天赋的他，走进了中南财经大学的校园，选择了他喜爱的财政金融专业。

1991年他从中南财大毕业后，回到东莞。这时，他在银行工作的父亲，已经是少有的百万元证券大户了。就连小文走在路上，不少人都向他伸出拇指："你老窦（父亲）是大户，不简单哟！"

小文感到很骄傲。为此，他一有时间就会去父亲的大户室里。看着那红红绿绿变化莫测跳动的数字，一向对数字敏感的小文，感到很刺激，有时一看就是半天。慢慢地，他开始对股票产生了兴趣。

有一次，他跟着父亲去深圳昼夜排队购买原始股的抽签表。人山人海的，那来自全国各地股民掀起的认购热潮，和那狂热的场面，至今一直深深地印在他的脑海里。

多年的耳濡目染，使小文沉醉于股海。

1995年底，已经在父亲大户室里"见习"了几年的小文，开了自己的账户，正式入市。

他买的第一只股票是宝安权证。凭着他的数学天分和好运气，首战告捷。他踌躇满志，决意大干一场，把自己仅有的10多万元储蓄，全部拿到股市，准备好好搏一把。

子承父业，梦醒时分

小文的运气也真好，刚入市不久，就迎来了1996年的大牛行情。

在这波气势磅礴的火热行情中，小文赚了不少钱，资金翻了几倍。但年终那"十二道金牌"，使大盘连续跌停，小文赚到手的钱，又损失大半。他第一次体味到了股市风险的厉害。

1997年下半年，股市行情越来越不好了。年纪越来越大的老爸慢慢感到力不从心，决定把账户里仅剩的80万元资金交给儿子小文全权操作。他对小文深情地说："这是老窦全部的家当了，在这就把它全留给你了。"

小文似有千斤重担压肩。他决心不辜负父亲的希望，凭着自己的聪明才智在股市搏杀一番。

为了尽快为父亲争光，他开始频繁做短线，希望赚快钱。但事与愿违，大势的走熊和追涨杀跌的错误方法，使他频频失误。

急于扳本的小文，此时有点慌不择路。他想通过打探内部消息来快速获利。一天，他从几个大户那儿听到一个"内部消息"：说农垦商社（600837，现名：海通证券）有重组题材，而且发现他们都在悄悄地买。他心想，这些大户的资金如此庞大，他们敢重仓买进的股票，一定错不了。于是，他也赶快以8.32元的价格全仓买了进去。

没想到，过了两周时间，该股稍微上涨后便开始下跌，而且是加速下跌。小文迫不及待地再向大户们打听，但他们的回答是：不用怕，这是洗盘，很快就会涨上去的！小文只好抱着侥幸的心理继续等待。直到1999年1月5日，大盘已经下跌至1119点，农垦商社这时已下跌至4.13元，小文终于忍受不了这种痛苦的折磨，在4.18元的价位全部割肉出局，在短短一个多月里亏损了50%！

他的账户资金在急速地缩水。80万，60万，40万……到1999年"5·19"行情暴发前，他怎么也没想到，账户上竟输得只剩下不到10万元了。

这是惊天的惨败！这是天大的耻辱！

"我真不知该怎么向父亲交代，经常睡梦中一次次地惊醒。"回忆着痛苦的往事，小文对我说，"我一直都不敢给父亲说出真相，后来终于鼓起勇气说了。起初父亲并不相信，以为我挪用了他的资金。后来，到证券公司一打交割单，他吃惊了，震怒了。"

几天后，怒气冲冲的父亲看到儿子整夜整夜地失眠，人也变得很憔悴，终于想通了："输了钱，不能把儿子也赔进去了。"

父亲原谅了小文。但是他有一个条件，为小文立下一个规矩："以后再不许涉足股市！"

小文无奈地点头答应。

执着追求

从失败中吸取教训，寻找在市场中成功的策略及制胜的方法。在长年的熊市中，他千锤百炼操作心智，度过了一段艰难旅程之后，终于从连年的亏损，走向了盈利的坦途。

永不言败，痛定思痛

小文虽然答应父亲从此远离股市，但他一刻也放不下那让他迷恋多年、永远跳动在他心底的"红绿"数字。

每天晚上，他都会趁父亲不注意，关起门，躲在房间里在电脑上看几个小时的盘。

不久，2000年春节后的科技网络股掀起了一波火爆行情。性格倔强、永不言败的小文，又悄悄地用自己的账户买卖股票。

此时，他不再追涨杀跌，也不再听取消息。他凭着感觉买进了他熟悉的东莞本地股——广东福地（000828，现名：东莞控股）。

小文买入这只股后，没有再频繁操作，而是一直持有。

借着持续火热的行情，广东福地强劲飙升，就像它的名字那样，给青睐它的小文带来了福音。

他持有这只牛股半年就赚了翻倍的利润。

"只要抓住一只好股票，就捂着，赚钱也并不是很费劲的！"他体会到了。

2001年6月4日，已处在强弩之末的大盘仍在继续上扬。这时，自以为找到了股市里操作真谛的小文，以13.36元全仓出击民族集团（000611，现已退市），准备中长线持有它。买入不久，民族集团果然再创新高，小文欣喜若狂！

可惜，好景不长。这种局面仅仅维持到了7月底。随着大盘的见顶回落，民族集团便以快速下跌的方式跌至11元左右，一下把小文套了进去。

小文企盼着它的回升，抱着它，仍不肯出局。

然而，民族集团的继续下跌，打破了小文的梦想。该股在横盘整理两个月之后，终于破位下行，在9月底创新低至9元附近。而小文这时仍未能扭转牛市思维，继续盲目地坚持他的中长线持股理念。12月底，股价加速下跌，再创新低，将他近两年的牛市利润顷刻间又全部化为了乌有！

直到2002年1月9日，小文终于忍受不住这种惨烈的下跌和长达半年的痛苦煎熬，于6.72元忍痛割爱，全数抛出民族集团，在半年里再次亏损接近50%！通过这次教训，小文再次认识到：中长线持股在熊市中照样会招致惨败！

小餐厅胜过大酒店的启示

不断地总结经验教训，在错误中探索前进。小文一直在苦苦寻找和摸索适合自己的操作方法。

迷茫中他思考着，付出了几年的宝贵时间和心血，到底何种操作方式适合自己呢？既要安全，又要能持续地盈利，真不容易啊！

一次偶然的机会，一则故事启发了他。

一天，小文在一份报纸上阅读了一则关于一位普通的餐厅老板的营业额大大超过旁边的大酒店的精彩故事。这位餐厅老板道出了他制胜的原因："我的餐厅虽然收费低，但每张饭桌每天来七八趟客人，而大酒店的餐厅虽然收费高，但每张饭桌每天只来两趟客人，我一天七八次的营业额加起来当然超过大酒店一天两次的营业额！"

"一语惊醒梦中人！"小文马上联想到"货如轮转、薄利多销"，凭着他多年来的工作经验，企业的资金周转率决定其盈利率，资金周转率越高，即使每次货物成交只有微利，但累计次数一多就变成暴利。在股市中，就是资金的使用效率越高，即使每次交易小赚，但累计多次后，小赚也能变成大赚。这位数学状元凭着对数字的敏感天赋，他终于决定采用短线交易作为自己的操作方式。

坚持"短平快"风格，尽显"短线王"风采

采访中，东莞小文对我说，短线交易有几大优点：一是持股时间短，少则一两天，多则七八天，就如麻雀叼食一般，叼一口就飞走，快速移动规避了大幅下跌的风险；二是可以不放过任何一次获利机会，机会成本较低，而且获利快，避免漫长的等待，达到快速增值的目的；三是整个短线交易过程很刺激，能更多地享受冲浪赚钱的快感！

小文深深懂得，短线交易是一门综合的艺术，是计划、纪律和资金管理等方面的综合运用，只要做错了一个环节，其效率势必大打折扣。因此，独立、自信、果断、逆向思维，并始终如一地坚持，才是成功的关键！

此后，东莞小文就用他树立的"麻雀叼食、积小胜为大胜"的投资理念，采取逆向思维，充分利用资金的周转率，积极捕捉盘面热点，严格执行止损纪律，合理控制投资头寸，在市场中不断实践、不断验证，并始终如一地坚持下去。凭着他的执着和悟性，在以后几年里，小文经过不懈的努力，逐渐形成了自己的短线操作风格，而且成功率不断提高。不久以后，他将前几年的损失逐渐扳回。

广东《投资快报》的读者们都忘不了2005年9月，他近乎完美地发挥了超短线水平所创造的那段佳绩。

当时，ST板块比较活跃，成为市场的一道特殊风景。由于它们的基本面极差，许多人只在欣赏，不敢参与其中。而小文却认为，股票无好坏之分，

它们只是一个符号而已，能够带来利润的股票就是好股票！在中国的股票市场，"垃圾股"行情往往会远远超过绩优股，因为它更适合被包装、被利用。

因而，在那段时间里，小文凭着他娴熟的"麻雀叼食、积小胜为大胜"的短线操作技艺，翱翔在ST天地，先后轮番操作了ST圣方（000620，现名：新华联）、ST恒立（000622，现名：恒立实业）、ST多佳（600086，现已退市）、ST一投（600515，现名：海南机场）、ST通金（000766，现名：通化金马）等，几乎一天一股，成功率高达90%以上。

正是以这种"积小胜为大胜"的方法，他以三周时间获得45%的收益，创下了《投资快报》开设"股王争霸战"以来的最好成绩。

短线技艺

敏锐的判断，果敢的出击，他用多年磨砺的七大利器，在短兵相接的激战中，屡创佳绩，充分展示出了他娴熟的短线技艺。

偷袭"6公里股票"

这是东莞小文在实战中运用最多的一种短线方法。也是成功率最高的一种操作技艺。

他戏称的"偷袭6公里股票"，即：主力运作一只股票，就好比一个人要走10公里的路，而小文则在6公里处袭击它，这时候的成功率最高。据小文讲，主力在拉升一只股票时，往往在6公里处快速启动，此时择机介入，会避开它途中的调整，专吃主升段的利润。

实战案例：宝胜股份

采访中，东莞小文给我讲述了他偷袭宝胜股份（600973）这只"6公里股票"的经过：

2009年1月19日，周一。那天开盘后，小文一直盯着宝胜股份的走势图。该股自2008年11月从5.68元的低位启动，步步攀升，一个月后，股价最高涨至10.35元，之后，该股震荡走低。2009年1月12日，大盘跌0.24%，而宝胜股份却逆势大涨6.18%。

"早在1月12日那天，我就观察到这只股已进入'5公里'范围了。阳线实体长，上穿了中短期的所有均线，且有成交量的配合，已进入强势状态。此后又调整5天，在1月19日已正式进入'6公里'处。我似乎已听到它越来越近的脚步声了。那天收盘前，我就预感到这只股票三天内一定大涨，在这种强烈的感觉下，我于14:43以8.95元的价位全仓买入。回过头来看，这天就是一个起涨点。第二天，该股就放量涨停，开始了主升段的拉升。短短13个交易日，股价最高飙升至17.66元，涨幅达96%，接近翻倍。"（图2.1）

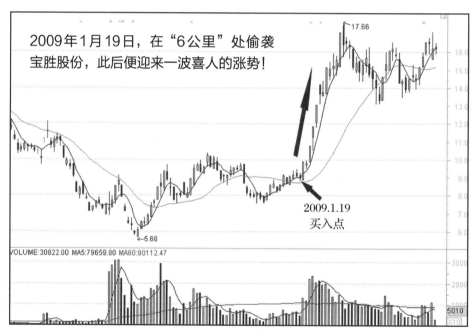

图2.1 宝胜股份走势图

实战案例：美晨科技

2013年6月25日沪指创下1849的近年低点，而创业板指数并未创出新低，从6月25日的903点一口气上涨至10月9日的1423点并创下历史新高，仅仅3个月，上涨幅度达到50%，其间青宝（300052）等小盘股的涨幅十分惊人。而东莞小文早就在密切跟踪美晨科技（300237，现名：美晨生态）这只小盘股。

小文的依据是，与创业板指数相比，美晨科技从6月25日到10月初的涨幅只有20%，存在巨大的补涨空间，而且从走势上分析，它已接近起爆点。10月24日，美晨科技果然放量突破，小文及时跟进，在"6公里"处又一次成功出击，大获全胜！（图2.2）

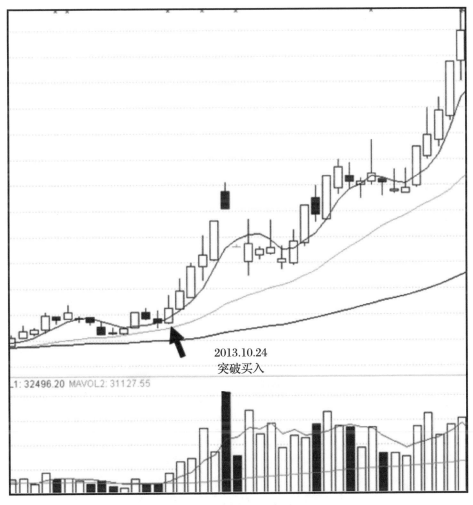

图2.2　美晨科技走势图

摸透主力持股成本，想亏都难

东莞小文说，股价在一个区间徘徊，便能大概判断庄家的成本区间，而在低于或接近成本区买入，成功的概率就很大。因此，每当其股票池中个股股价击穿主力的成本区，他便会毫不犹豫地买入。

实战案例：上海物贸

买入时间：2013年8月9日

上海物贸（600822）是一只非常活跃的股。2013年7月初，该股伴随巨大成交量连续拉出3个涨停，主力资金介入运作的迹象相当明显。之后，该股在6元附近的一个箱体中震荡整理，他意识到，主力的成本为6元左右。

2013年8月9日，上海物贸在"6公里"处的"第一起爆点"放量突破，小文及时介入，随即大幅获利。8月23日，上海自贸区经国务院批准成立，上港集团（600018）开盘即"一字板"涨停，嗅觉敏锐的小文马上意识到上海物贸必从自贸区中受益匪浅，随即在8月26日该股"6公里"处的"第二起爆点"加仓买进，充分享受了上海自贸区成立带来的政策红利。（图2.3）

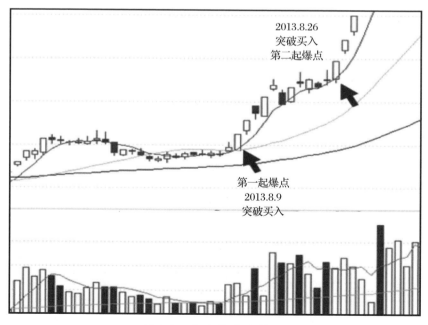

图2.3　上海物贸走势图

在主力深套的股票中找机会

在主力深套的股票中找机会，这是东莞小文短线获利的又一种主要方法。

东莞小文说："重套出黑马。由于大盘及多种因素的影响，主力有时也会无奈地深套其中。他们常常会抓住一切机会进行自救。只要我们在主力自救拉升时伺机介入，便可轻松获利。"

实战案例：太空板业

2013年11月14日，太空板业（300344，现名：立方数科）连续放量上涨，主力资金介入迹象十分明显，之后该股在9.50元附近震荡吸筹。12月2日，受周末新股IPO重新启动的消息影响，整个创业板出现几乎全体跌停的局面，指数跌幅达8.26%，为创业板历史单日最大跌幅。密切跟踪太空板业的东莞小文深刻意识到，这则突发性的利空消息会令主力立刻深套其中，主力必会抓住一切时机进行自救。2013年12月9日，太空板业放量跳空高开，主力展开自救，小文马上下单买进，十几分钟便完成整个交易过程，不一会儿太空板业直奔涨停。（图2.4、图2.5）

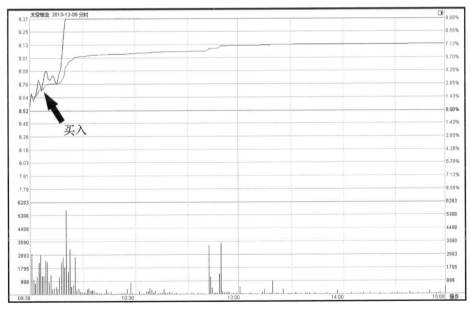

图2.4　太空板业分时走势图

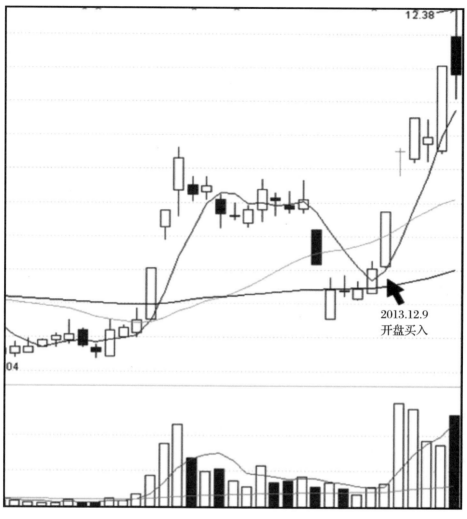

图2.5 太空板业走势图

一箭双雕，提高资金最大利用率

让有限的资金在操作中发挥最大的效应，这是东莞小文在短线操作中所一直追求的。在他诸多的实战案例中，我发现他对股票的节奏把握得非常好，即使在对同一板块股票的操作中，他亦能针对不同的起爆时间，"转战南北"，连战连捷，充分发挥手中资金的使用效率。

实战案例：华鲁恒升、柳化股份

2009年2月9日，农业化工板块的龙头股云天化（600096）率先涨停。嗅觉敏锐的小文立刻意识到整个板块可能走强，于是，他迅速地以14.03元买入同一板块中尚未启动的华鲁恒升（600426）。第二天，该股在云天化继续涨停的影响下，也奋起直追，强劲飙升，向涨停发起冲击。小文在该股即将涨停之际，以距涨停仅一分之差的15.35元价位全数抛出手中的股票。紧接着，他发现同一板块中的柳化股份（600423）涨幅偏小，当时上涨了不到5%。于是，他返身便又迅即买入了该股。至收盘，柳化股份大涨8.17%，他又获利超过3%。

小文在同天逮住两匹飙涨黑马，一天之内就获利13%，使手中的资金得到了最大限度的发挥（图2.6、图2.7）。

图2.6　华鲁恒升走势图

实战案例：电子城、空港股份

东莞小文在长期的实战中，已经成功观察到电子城（600658）和空港股份（600463）是北京本地具有联动效应的两只个股，其中电子城是龙头，一般电子城先涨，空港股份随后跟涨。

图2.7　柳化股份走势图

2013年12月3日，小文早盘买进了电子城，下午一开盘便大幅拉升，他意识到空港股份要补涨，立刻下单买进，当天便获利5%。第二天，空港股份涨停，两天共获利超过15%。而电子城三天共获利高达23%。（图2.8～图2.10）

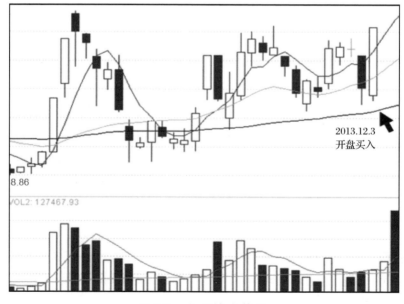

图2.8　电子城走势图

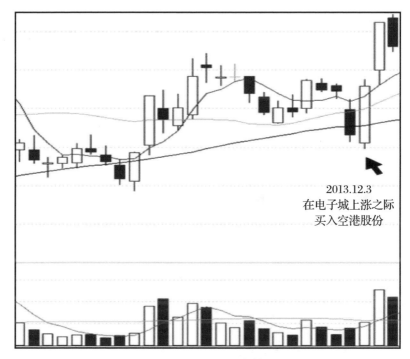

图2.9　空港股份走势图

图2.10　空港股份分时走势图

敏锐捕捉市场热点

市场热点是资金集中流向的地方，也是市场中表现最强势的股票。它的表现方式常常是先出现一只龙头个股，率先大幅上涨，给市场带来巨大的赚钱效应，然后带动整个相关的板块上涨。

小文说："如果能敏锐地捕捉到市场刚刚产生的热点，及时介入，往往能获取短期暴利。"

实战案例：光线传媒

2013年在国务院将信息消费作为支柱产业定位之后，市场主力紧紧围绕这个主题进行炒作，其中龙头股中青宝（300052）从2013年7月初至9月13日涨幅达150%。受其影响，华谊兄弟（300027）从7月初至9月13日涨幅超过100%，而细心的小文发现华谊嘉信（300071，现名：福田控股）和光线传媒（300251）在上述期间涨幅只有20%，存在巨大的补涨空间，便进行密切跟踪。9月13日，华谊嘉信放量突破，小文在"6公里"处及时跟进。同时，他意识到光线传媒也已经进入"6公里"伏击圈，于是马上下单买进，在一天里同时精准捕捉了两只热门个股的起爆点。（图2.11、图2.12）

图2.11　华谊嘉信走势图

2013.9.13.
买入

图2.12　光线传媒走势图

在熟悉的股票中反复操作

在东莞小文短线操作的交割单上，我发现他对一些个股反复地进行操作，均获得不菲的收益。他深有体会地对我说："这些个股我很熟悉它们的脾性，什么时候涨，什么时候跌，哪里有阻力，哪里有支撑，我心中都有数。反复操作这些熟悉的股票，既得心应手，又能获取厚报。"

实战案例：润和软件

润和软件（300339）是一只极为活跃的股票，而且振幅较大。2013年7月至11月间，东莞小文经过细心观察跟踪，发现主力喜欢对这只个股高抛低吸做差价，便紧跟主力的操作节奏进行高抛低吸，从而获得不菲收益。（图2.13）

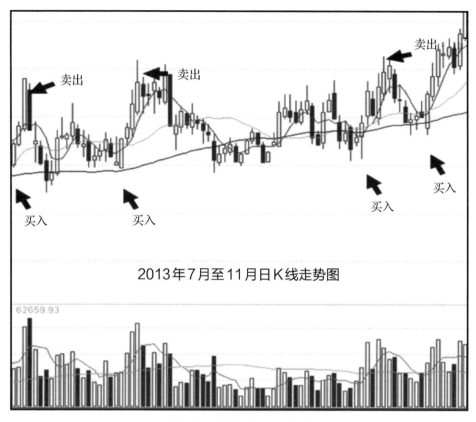

图 2.13 润和软件走势图

实战案例：厦门港务

厦门港务（000905）也是小文反复操作的另一只股票。2008年11月4日，小文对该股进行了成功的短线操作，当天即获利12.9%。11月19日，他又趁该股调整之际，以6.25元价位第二次介入，次日以6.78元抛出，又一次从这只股票赚得了8.48%的利润。（图2.14）

图2.14 厦门港务走势图

从异动股中抓战机

善于从异动股中抓战机，也是东莞小文的一种短线技艺。他说，盘中经常会出现短期异动的个股。比如逆势上扬、主力拉高试盘或者拉高建仓等引起的异动，只要能密切关注，及时介入，都会给短线操作带来很多获利的机会。

实战案例：号百股份

2013年7月中旬，号百股份（600640，现名：国脉文化）突然出现异动，短时间内放出巨大的成交量，量能为该股上市以来所罕见，盘中经常出现拉高试盘、逆势上扬等异常走势，这种异常走势引起了小文的高度关注。他明显感觉到主力在迫不及待进行建仓，一旦完成建仓过程，主力便会大幅拉抬股价。果然不出小文所料，8月20日，主力正式发动行情，而小文又在"6公里"的"起爆点"处迅速抓住这只牛股，又一次充分享受了股海冲浪的乐趣。（图2.15）

图2.15 号百股份走势图

操作要诀

正确的选股思路、最佳买点的捕捉和严格的操作纪律，是他在短线操作中"精确制导"的要诀，也是他通向胜利坦途的"方向盘"！

短线选股的思路

东莞小文认为，短线选股要从调整时间、流通盘、股性、上升通道等几个方面入手。

调整时间要充分。东莞小文说，股票市场的时间可以改变和决定一切。股票调整的时间越长，上涨的可能性就越大；调整得越充分，上涨的幅度往往也就会越惊人。这正如人们常说的那样："横有多长，竖有多高。"因而，一般不要在股票调整的时期入场，而要选择经过充分调整、刚要起爆拉升的时候介入。这样，既能避开股票长期调整的"折磨"，又可以最大限度地节省时间，以发挥资金的利用效益。

流通盘大小要适中。股票的流通盘大小直接影响着主力的操作节奏。流通盘越大，主力吸筹的时间会越长。同样，在洗盘阶段，为了把浮筹洗干净，所花费的时间会越长。相反，流通盘小一些，主力吸筹和洗盘的时间就会短一些，操作的节奏会快一些。

所以，东莞小文在短线操作中，喜欢选择中小盘、流通市值较小的股票介入，一般流通盘在3亿股以下。

股性必须活跃。短线操作追求的是时间短，见效快，出击的目标个股一定要股性活跃，这样才能有足够的操作空间。小文说："振幅大，换手高，'猴性'十足的股票，是我短线操作中的首选，也是我的最爱。"

选择上升通道形成的个股。股票的运行趋势有三种：上升趋势、下降趋势和横盘整理。横盘整理阶段所花费的时间较长，这个阶段股票的运行方向不够明确，往往是今天涨，明天跌，令人难以把握。单边下跌趋势更是不可选，只有选择上升趋势的股票进行操作，才可提高获胜的概率。

判断股票运行趋势最常用的指标就是均线系统。下跌趋势的股票，均线系统必然向下发散，呈空头排列，而处在上升通道中的股票，均线系统往往是呈多头排列，向上发散。发散的角度越陡，上涨的力度也会越大。

选择最佳买入点的技巧

东莞小文认为，短线操作能否成功，买点的把握非常重要。他在短线操作中，对目标股的介入，通常有两个买点，一个是股票的起爆点，另一个是洗盘的下影线处。

买在股票的起爆点上

第一起爆点。小文说，这是他短线操作的第一买点，也是最佳介入点。起爆点就是股票经过长时间的横盘整理，主力已经完成吸筹和洗盘，处于向上突破的临界点。

起爆点的盘面特征：

成交量放大。主力经过长期吸筹后逐渐控制盘面，在起爆之前，一般来说成交量都会放大。

试探性拉升。起爆前，主力一般会先作一次试探性拉升，测试市场的追高意愿。

进行最后一次洗盘。这时，股价往往飘忽不定，大阴线大阳线交替出现，意在将跟风盘彻底摆脱。

突然放量拉升，快速脱离成本区。有时其凶悍程度令人只敢看不敢碰，连续涨停就是这种形态突破后的最强势表现。

因此，捕捉起爆点是短线操作中获取暴利的最直接、最有效方式。起爆点上介入的两种方法：

◆在股价放量向上突破创出新高的第一根阳线介入。

◆在股价放量向上突破创出新高后的第一次回档（一般在颈线位附近）时介入。

第二起爆点。也即次佳买点。股价脱离第一起爆点后上升进入另一区间。这时，由于获利盘太多，主力会进行强制洗盘。经过一段时间的整理后，均线系统稳步上移，使市场的持股成本上移并趋于一致。在第二波主升浪展开前,犹如上一起爆点一样,主力会做最后一次凶猛的洗盘,将不坚定者赶下跟风车,然后带量向上突破,股价拔地而起,其上涨力度一般不亚于上一起爆点,甚至会进入主升浪。对这种股票必须牢牢抓住,千万不要被气势汹汹的洗盘吓倒。

其介入的方法同第一起爆点时基本相同:

◈ 在股价放量向上突破创出新高的第一根阳线介入。

◈ 在股价放量向上突破创出新高后的第一次回档(一般在颈线位附近)时介入。

◈ 如果不回档,则说明该股很可能是进入主上升阶段,这时要视成交量的状况再作决定。如果缩量上涨则说明主力要进一步拉高股价,可以适量买入;如果成交量异常放大而且连续几天单日换手率超过30%则应谨慎,很可能是主力出货的信号。

买在洗盘的下影线处

在跟随"短线王"东莞小文采访的日子里,我亲历他每天的操作,发现他一个非常重要的特点,那就是他作为一个超级短线手,买股票从不追高。更难能可贵的是,他常常买在最低点,尤其是敢吃"下影线",在主力震仓洗盘打击最凶狠、恐慌盘大量涌出的瞬间介入,是他短线操作的一大绝技。

他说:"短线持股时间短,要想获利,买点相当重要。只有买得便宜,成本低,当天即能获利,操作的心态就会很好,胜算的把握也才会更大。"

这里仅以他于2008年11月19日第二次介入厦门港务和2009年2月16日买入熊猫烟花(600599,现名:ST熊猫)为例,他都是耐心等到合适的买点出现时才介入。他认为,越是恐慌之时,越是安全的买点,越要果敢出击(图2.16、图2.17)。

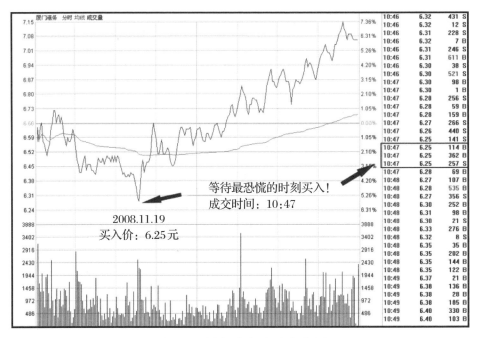

图2.16　厦门港务分时走势图

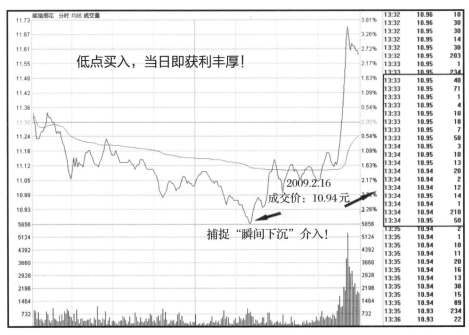

图2.17　熊猫烟花分时走势图

尽管受大盘影响，这两只股在次日均低开，但由于小文在前一日买入时很好地把握了介入点，几乎是在盘中最低点下的单，因而仍获利不菲。

严格的两大铁律

坚守"麻雀定律"：做"麻雀"，不做"鸽子"。喂过鸽子的人都知道，鸽子贪食，不把喂食人手里的东西吃完，不愿意飞走。而麻雀则不然，即使再多的食物，它也是啄一口就飞走，因此想抓到它非常困难。

炒股票做短线正是这个道理。尤其是在熊市中，不捂股，做短线操作，像麻雀般快速地移动，便可避免大幅下跌的风险。

严格执行"止损定律"。众所周知，在股票市场，生存永远是第一位的，风险控制是一切投资的灵魂！东莞小文说，在股市中出现大幅亏损的人，往往都是在开始小亏的时候不肯止损，常常抱有侥幸心理，结果导致越亏越大。

其实，人无完人，股票市场没有常胜将军，实战中决策失误是常有的事。重要的是，犯了错误要及时修正，严格执行止损原则，保存实力，才能有东山再起的本钱。正如全球顶尖交易员乔恩·纳贾里安说的："当你面对损失的时候，就必须六亲不认，该砍就砍，然后继续前进。"小文短线止损一般控制在10%之内，如果超出这个比例，他就会无条件止损出局。

例如，2008年6月7日（周六）央行公布：上调存款类金融机构人民币存款准备金率。小文听到这一消息后，立刻意识到股市会大跌。果然，在这一利空消息袭击下，6月10日（周二）A股市场大幅跳空低走，双双创出本轮调整以来的盘中最大跌幅。沪指当日跌257.34点，跌幅7.73%，深成指当日跌968.07点，跌幅达8.25%。而早已做好准备的小文在当日开盘前的竞价时段，就果断地挂单清仓出局，从而避免了一次巨大的损失。

尾声：快乐胜黄金

这是一次惜别的聚餐，也是一次心碰心的交流。

在结束采访东莞小文的最后一个晚上，我和小文，还有我以前认识的来自上海和杭州的两位好友阿敏和阿虹共进晚餐。他们一同为我饯行。

席间，老友相逢，欢声笑语，无所不谈。

当谈及多年炒股的感悟，心直口快的阿敏先开了腔："说实在的，我炒股，完全就是为了实现我的人生价值。过去，虽然生活很优裕，但总感到自己无所作为似的，不够独立。后来，接触了股票，我觉得它比较适合我。我想从炒股中找回自己的价值。我到股市想的不是能赚多少钱，我只是想学习一点东西，掌握一招两招就足够了。另外，我有一个愿望，就是想把在股市挣的钱，拿出1/3用来捐助贫困的人们，为社会做点善事。这样，就更能体现出自己的人生价值，我就会感到很快乐。"

"我和阿敏的想法不大相同。"阿虹接过了阿敏的话茬儿说，"过去几年我是全身心地投入股市，前两年的大牛市我也赚了点钱，但我感到很累，股市牵绊了我人生许多东西。后来，我反复想，难道人生就是为了赚钱吗？它难道是我人生的全部吗？我突然醒悟，人生有更多的东西要追求。我喜欢琴棋书画，喜欢跳舞，于是，我开始把炒股变成一种休闲式的娱乐活动，给自己的心灵减压，不以赚钱为目的。每天早晨出去跳舞，上午10点回来，有空就看一下盘。如果在休闲式炒股中赚到钱，就像是在沙滩上捡了一个漂亮的贝壳一样开心，赚不到钱，也无所谓。它只是自己生活中的一道调味品而已。没有任何压力，只要人活得开心就好。"

听了二人发自内心的倾吐，东莞小文也说出自己的心里话："我炒股是一种爱好。工作是我的职业，炒股是我的事业。职业可以换，但事业我要干它一辈子。我太爱股票市场这个事业了。我为它付出了太多的汗水和心血。其实，炒股也好，做短线也好，结果对我来说并不重要，重要的是我享受在股市中冲浪赚钱的那种过程。它给我刺激，给我快乐！"

听着他们的话，我感慨万千：尽管每个人在股市中的追求不同，无论是追求自己的价值，还是寻找捡贝壳时的瞬间惬意，或是陶醉于冲浪的乐趣，其实，他们追寻的东西都是相同的，那就是快乐！

快乐的人生！快乐的心态！

这时，我突然想起在东莞小文家里见到墙壁上挂着的那块巨匾，上面是他的书法家父亲为他亲笔书写的5个苍劲的大字——"快乐胜黄金"！

那是一个父亲对儿子的人生的一种企盼与要求，也是老一辈股民对阿文的一种希冀。他不希望儿子沉迷于股市，为金钱所累。他要小文把快乐看成比黄金更珍贵的东西。

小文，正在沿着父亲指给他的"快乐胜黄金"之路，继续奋斗着，努力着，快乐着！

阿 杜：

> "以逸待劳，雷霆出击。"

漫漫熊途中，他，一个象棋冠军，将多年来制胜"残局"的棋艺，融会贯通于股市，以猎豹般的迅猛，快、准、狠地狙击飙涨牛股，在熊市暴跌的"残局"中，神奇地实现了利润翻倍的佳绩！

投资简历

个人信息

阿杜，男，1969 年 12 月 26 日生，浙江人，大学文化。

入市时间

1994 年 7 月。

投资风格

紧抓热点，短线出击，快速盈利。

投资感悟

千里之行，始于"涨停板"！

第3章

△

"猎豹"阿杜

——记职业操盘手阿杜熊市翻倍的赚钱术

"猎豹"阿杜，是浙江某地证券营业部的投资者对一位超级短线手的一个称谓。

他以操作手法凶悍、善赚快钱、专门狙击涨停板而得此绰号。

在2008年的沪深股市遭遇前所未有的熊市行情中，大盘（上证指数）从年初的5500多点暴跌到1600多点，而阿杜的资金账户却逆势拉升，从500万元增加到1100多万元。在大盘暴跌中，他竟创造了翻倍佳绩。

这惊人的成绩是如何取得的？

为探究竟，我千里迢迢，赶赴浙江某市对阿杜进行了专访，沿着这只股市"猎豹"前进的足迹，找寻他成功的秘籍。

引子：诀窍在"残局"

阿杜在股市的成功，得益于他多年的棋海生涯。他曾是一个象棋冠军。

19岁那年，从不摸象棋的阿杜，突然间对象棋起了兴趣。经过一年的练习，他在全市的象棋大赛中，竟脱颖而出，夺得了冠军。

一个"小毛头"，没有进象棋学校，也没有名师的传授点拨，怎么会一战成名？一时，他成了象棋界谈论的焦点人物，也成了电视台、报纸追逐报道的棋坛新秀。

"其实，我的诀窍是胜在残局上。"采访中，阿杜对我说，"下棋有开局、中局和残局。一般人学棋都是先从开局学起，我是先从残局开始学习的。残局变化最大，也最难下。我虽然只学了一年，但我比较好地把握了残局变化的复杂性，所以我赢了。"

说到这里，聪明的阿杜将话题一转，对我说："棋股相通，股海如棋海。15年的股海生涯中，我体味最深的就是熊市这盘'残局'对人生的磨砺真是太大了。"

15年前，阿杜是踩着熊市的脚步，进入陌生的股市的。

那是一个偶然的机会，他的妹妹把他这个棋王哥哥拖向了股市里的一盘"残局"之中。

时年是1994年7月，也是中国证券史上最黑暗的一段岁月。在那盘"残局"中，熊气漫漫，令人不知所措。

在大盘处在300多点的"冰冷世界"里，不懂股票的阿杜，完全依赖于各路"消息"。他买进的第一只股票是号称"中国第一庄股"的界龙实业。

他是奔着一个权威人士的那句"中华一条龙"买入界龙的。

没想到，大盘很快在7月末见底，展开绝地反击，从325点见底后，像刮风般，呼呼地往上涨，而界龙实业却从31元跌到了13元，让人惨不忍睹。

阿杜虽不懂股票，但是个聪明的人。他见不对头，就开溜了。虽然赔了钱，但并没有"伤筋动骨"。

在"残局"中摔了跟头的阿杜，从此开始钻研股市的战法，就像他学棋一样专心。他像翻棋谱一样，沿着股市的历史轨迹，寻找股市的规律，探索股市"残局"中制胜的种种方法。

"我在2008年的熊市中资金能翻倍，就是我多年对股市'残局'进行潜心研究的一次成功实践。"阿杜坦诚地对我说。

采访中，阿杜把他在熊市这盘"残局"中如何制胜的绝招，毫无保留地和盘托出。

成功，从"纠错"开始

说起在熊市里翻倍的故事，阿杜常从他的"纠错"开始谈起。他愿意主动揭开自己的伤疤。

那是让他刻骨铭心的一次滑铁卢——兵败拓日新能。

2008年2月28日，具有太阳能题材的拓日新能（002218）在中小板上市。

由于联想到在2006年和2007年的大牛市中具有同一太阳能题材的飙涨大黑马天威保变等股票的卓越表现，拓日新能上市当天，阿杜就对它一见钟情。当日，他以48.90元的价格买入了它。

三天后，这只股最高冲到了57.60元，阿杜舍不得走。

因为他看好太阳能的前景。当时，原油价已飙涨到了150美元/桶。基于此，国内国际股市的新能源股票均大幅上涨。

拓日新能是小盘股，流通盘只有2200万股，潜质好，又有股本扩张能力。选股有独到眼光的阿杜打算长期持有。

可是，他买到手里刚几天，还没有焐热，该股便从上市第四天起，天天下跌，连拉四根中阴。

他一时傻眼了，有点不知所措。

那时，牛市中价值投资的理念仍占据着他心中的主要位置。

"这么好的股票，就不信它能跌到哪去？！"看到同样是新能源板块的股票都还在继续上涨，他想"这是主力在洗盘"，迟早还要涨回来。

大盘越来越"熊相"毕露了。拓日新能终于在2008年3月17日大盘大跌这天起破位下行，股价急速地下滑，从50元跌到40元，又从40元跌向30多元……

看到这情景，阿杜心里很不是滋味。他想走，但犹豫再三。他老想着拓日新能的好题材。但这种好题材，难挡大盘猛烈的下跌之势。

股价还在下跌，一点没有止跌的意思。

一天，阿杜狠了狠心："君子报仇十年不晚，还是先撤再说！"他终于决定忍痛割爱。

但就在他正要斩仓之际，猝不及防的三个跌停直灌而下，他一时蒙了。

后来，他在无奈地熬了一段时间后，终于在反弹时，来了一个壮士断腕，弃车保帅，将他一直深爱着的拓日新能割掉。

这一败仗使他亏损惨重，他在牛市中好不容易积累起来的500万元利润一下子缩水到了300万元。

他痛苦极了。失利后的阿杜把自己关在书房里反思。

一个星期的痛定思痛，善于在"残局"中找寻出路的他，终于揣摩出了失败的主要教训：大盘下跌，自己逆势而为，仍坚持着价值投资、长线捂股的错误理念，以卵击石，怎么能不败呢？！

转变理念，复仇"拓日新能"

打这以后，阿杜在股市的操作理念和风格全变了。他像是换了一个人似的，改变熊市仍然长线捂股的恶习，以游击战法，在下跌的行情中做超级短线。

他的持股时间，从几个月缩短到几天。有时头天买进，第二天一获利就走。随着操作理念和方法的变化，他的市值也一天天地在稳步上升。

2008年6月17日，大盘走出了罕见的"十连阴"！

这时，他把复仇的目标盯上了让他赔了200多万元的拓日新能。

这一天，他以18.80元的价位买入该股。第二天该股下探出上市后的18.18元低点后开始反弹。阿杜没有持股多长时间，在6月24日以24元卖出了。

看到后来涨到29元的走势图，他对我说："我买进几天就赚了27.7%，我知足了，一点不后悔。"

大盘虽然仍处在下跌中，但没多久，阿杜的股票市值却稳步攀升，重返500万元的台阶。

千里之行，始于"涨停板"

自从转变了操作理念，阿杜由一个长线捂股的持有者，变为一个超级短线手后，盈利手段主要集中在狙击涨停板上。这也是阿杜针对熊市"残局"使出的最有效最快捷的制胜法宝。

"千里之行，始于涨停板！"我在采访中，听他多次这么说。

"在弱市行情，要抓最强的股，才能获取最大的利润。"阿杜说，"涨停板是市场中最强势股票的一种表现。尤其是在熊市中，狙击涨停板股票，是我乘坐财富快车赚快钱的首选。如果说，把超级短线比喻为一顶皇冠，那么，抓涨停就是皇冠顶上的那颗明珠。"

"你这么看好涨停板？虽然它的确很耀眼，尤其是在熊市中更是这样。"

"是的。"阿杜说，"股票和任何其他商品一样，价格的涨跌完全取决于供求关系。供不应求，必然导致价格上涨；相反，供过于求，价格肯定要下跌。"

"涨停板实际上是市场的股票筹码供不应求的一种极端状态。几千万，甚至几亿的资金在涨停板上排队等着买入，但抛盘却寥寥无几。买不到的人，唯一的办法就是在次日以更高的价格买入。这也就预示着，正常情况下，涨停板的股票第二天上涨的概率远远大于下跌，今天的最高价（涨停板价），往往还低于次日的最低价。也就是说，今天能以涨停板价格追涨买入的筹码，第二天获利的机会非常大。这一切都充分体现了涨停板的魅力所在。"

"抓涨停板，是你在熊市里战绩突飞猛进，实现利润翻倍的主要原因吧？"我问。

"可以这么说，"阿杜坦诚地说道，"这种盈利模式一旦成功，短期获利通常很大。追击涨停板，可以弱化对大盘长期走势预测难度带来的影响，从而可以把不确定性降低到最低。人们都知道，炒股最大的难点在于股市的不确定性。时间越长，不确定性越大；时间越短，确定性越大。而追涨停板的模式，只需要考虑当前两天（甚至只需要考虑当天）大盘的走势。一般来说，确定性越大，风险也就越小。尤其是在熊市中要求快进快出，这一点更为重要。我热衷于追击涨停板，正是基于这种考虑。"

追击涨停中的"猎豹"风采

阿杜是个文静、帅气、思维极其敏捷的人。

我在和他这只"猎豹"生活的一段日子里，发现他与人交谈时言语不多。他自己也说，让他动脑筋写文章，那比让他打涨停板要难得多。但后来我却意外地发现，只要一进入"捕猎"状态，他就会涌起满腔热忱，聪明、果敢、凶悍，顿时会把他文静帅气的外在形象撕得粉碎。

采访期间，我听到的有关他猎击涨停板的故事真是数不胜数，精彩纷呈。这里，仅将我的所见所闻实录如下，以飨读者。

狙击，在上午10点打响

这是我在采访期间亲眼所见的一幕：

那是2009年3月4日。上午一开盘，我就坐在阿杜的身边，观看他的实战操盘。这天，大盘小幅高开，稳步走高。

只见阿杜沉稳而快捷地一会儿翻看着沪深两市的涨跌幅榜，一会儿观看着大盘的"脸色"。见大盘在连续下跌后出现上涨的势头，犹如见到暴风雨后显现出的一道彩虹，他的脸上露出了一丝喜悦。

"今天大盘企稳，是抓涨停的好机会。"他说。

这是他的经验之谈。他对我说："抓涨停最关键的是要盯紧大盘。大势好，个股才能走强。不然，不可轻易动手。"

他两只眼在盘面上不停地搜寻着"猎物"。

"准备吃369！"快10点时，他突然向他的助手小吴发出下单的准备。我立即调出"369"，一看，原来是西南证券，代码是600369。

他说，这只股以前叫ST长运，是只很凶猛的股。在改名之前，曾有过非凡的表现。有一波很猛烈的上涨，从2006年11月底至2008年1月底，它像火箭般以几十个连续性的"一字停板"直插"云霄"，令市场为之震撼。

2009年1月，ST长运这只"老明星"借改名之机，继承昔日的涨停传统，雄风再起，连拉10个涨停。但此后，因受大盘下跌影响，产生了一波急跌。这时，重庆板块因"两江概念"受市场追捧，渝三峡、渝开发等股票联袂集体走强，西南证券也梅开二度。阿杜之所以选中西南证券，原因之一正是它是重庆板块中的一员。

从10点该股上涨2%开始，阿杜发出指令一路买入，直至涨停。

"为何决心这么大？"我问他。

"你看这盘面，大单不断，资金抢筹很凶猛，我不抢，就很难抢到一杯羹了。"十几分钟后，该股迅速封上了涨停板。此时他已获利5%以上。

3月5日，该股停牌一天。

3月6日，他再次将短线水平发挥到了极致。盘中，他趁该股高开后下探至当日最低点附近，再次出手"猛吃"西南证券，后该股随即直线拉升，在快要接近涨停时，他以低于涨停板价两分钱挂单，将昨日买进的股票卖出，成功地做了一个"T+0"。

3月9日，周一，一开盘，在该股上冲之际，他把手中的筹码全部抛出。

当天，大盘收出长阴，跌幅达3.39%，几乎又回到了几天前上涨时的起点。而阿杜这只"猎豹"，不仅毫发无损，只三天，还获利20%左右。（图3.1、图3.2）

在此，他短线的技艺得到了充分的展示。目睹这只"猎豹"捕食的精彩一幕，真是一种刺激性的享受！

深夜，他挂单出击"中国武夷"

这是他出击"高速行进中的股票"的一个典型案例。

2009年2月4日，中国武夷（000797）大幅高开，一波小幅震荡便迅速涨停。当时，网上盛传大股东将注入优质资产。但当晚公司发表公告，对此进行了澄清。次日，该股在"澄清公告"的影响下，大幅低开。但在瞬间下探后，又快速拉起，当天竟以长阳报收。随后，中国武夷继续大涨。

图3.1　西南证券走势图

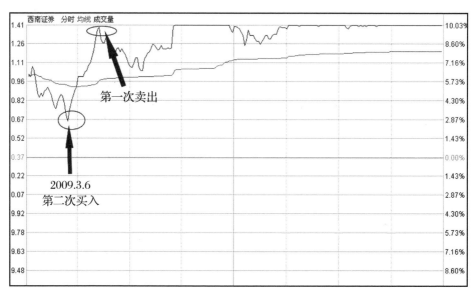

图3.2　西南证券分时走势图

逆利空而反涨的动作，引起了阿杜的密切关注。此时，环球影视主题公园将落户北京通州的传言在网络上开始蔓延。经过对中国武夷的深入研究，阿杜发现该公司在北京通州拥有大片土地。于是，他决定重仓出击该股。

2月10日晚上，为了确保第二天能买到，他以涨停板的价格挂单买入。第二天，该股果然涨停开盘，他头天晚上挂的单，全部成交。

此后，中国武夷又连拉三个涨停，成为市场上那段时间股市最大的黑马。（图3.3）

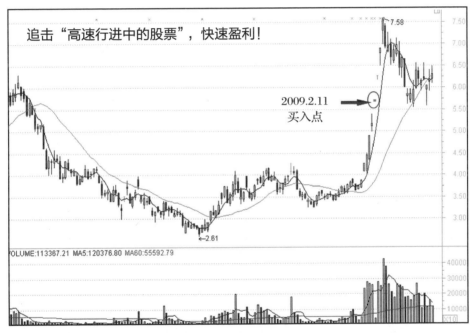

图3.3　中国武夷走势图

采访中，面对中国武夷那凌厉的走势，我不禁问阿杜："当时，这只股已有几个涨停板，涨幅已不小，这么高，你还敢追？"

"是的。当时中国武夷算是一只已行驶在高速公路上的飙涨股。一般人实战中往往只敢追第一个涨停板的股票，有的人最多去追第二个涨停板，而见它连续涨了两个涨停板，后来又连涨了两天，加起来就相当于有三个涨停了，这时往往就望而却步不敢追了。而我这样想：股票是有惯性的，如果和开车比，第一个涨停可以比作启动，第二个涨停可比作加速，而第三个涨停就相当于汽车高速行驶在广阔的大道上，它的惯性常常比前两个涨停还要大得多。"他说。

阿杜对这只涨停板股票的狙击，充分体现了两点：

一是艺高人胆大，他有超强的短线手法，敢于出击高速行进中的股票。

二是在狙击前，有充分的盘前准备工作。他仔细地研究，深入分析其中蕴含的题材，做到小心求证，周密计划，大胆出击，完全体现了"猎豹"的本色。

阿杜说，狙击涨停，不仅要有勇气，还要靠智慧，要对狙击目标进行深入分析，冷静评估，在周密计划之后，才能采取行动，切莫盲目冲动地去追涨停板！

大盘在2008年11月初产生的一波中级反弹行情中，在深沪1000多只股票中，有一只表现极佳的股票，那就是令人瞩目的太行水泥（600553，现已退市）。

它的K线图上呈现出的王者风范和龙头风采，让人难以忘怀。

太行水泥2008年11月5日从2.36元的价格启动，到11月19日，短短10个交易日连拉10个涨停板，最高涨至6.13元。

这只攻势如此凌厉的龙头股票，当然也逃不过"猎豹"的眼睛。

阿杜的交割单上显示：他是在2008年11月7日开盘买入的，成交价为3.01元。我在"跟班"中发现，阿杜出击涨停板的手法并非单一地去追买已涨停的股票，他有时买在开盘时，有时买在上涨的途中，有时买在当天回调的过程中（就像买西南证券那样灵活）。

对于为什么要买进太行水泥，他说："主要是从它盘中坚挺的走势，挖掘到了它背后的题材。每只股票不会无缘无故地上涨，在K线图后面都有一串故事，太行水泥也不例外。我在研究这只飙涨股时，着力从政策的源头上去寻找它上涨的动力。当时，国家有关刺激经济加大基础建设、投资经济的各项政策正在酝酿之中。我细想，国家要加大基础建设，水泥板块是最大受益者。而率先启动的低价股太行水泥，更具有龙头之象，炒股就要擒龙头。于是，它虽然已有两个涨停板了，我还是毫不犹豫地追击它，结果成功了。"

对太行水泥的操作，再次显现了"猎豹"阿杜敢于狙击高速进行中的股票的风格！（图3.4）

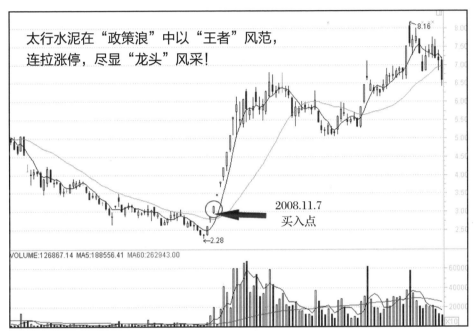

图3.4　太行水泥走势图

跌停板上捉"黑马"

这是一个非常值得书写的实战案例。也是"猎豹"阿杜最神奇、表现最佳的一次战役。那就是对海通证券（600837）两次的成功狙击。

2008年9月下旬，因印花税单向征收的利好消息影响，受益的券商板块开始走强。海通证券一马当先，从9月19日起，发起了一波强势上攻，拉出5个涨停板。当时阿杜虽然关注着它，但他由于正处在享受"捕杀"另一目标股的过程中，一时抽不出身，错过了它的这波上涨。

但"猎豹"就是"猎豹"，只要有好吃的"猎物"绝不放过。他决意伺机在海通证券这块肥肉上狠狠地咬上一口。

机会终于到了！

2008年10月7日、8日，涨势如虹的海通证券这两天突然从天上坠入"地狱"——连续来了两个跌停板！

头一天抛空了手中的股票，静静地藏在那儿专等猎物出现的"猎豹"阿杜，从心底发出了笑声："好运来了！"

10月8日，就在海通证券陷入第二次跌停之际，他以迅雷不及掩耳之势，扑向"猎物"。这次，他下了血本，以19.17元跌停板的价格，全仓通吃海通证券！

第二天，"苏醒"后的海通证券开盘后再拾升势，当股价涨幅冲击到7%时，阿杜以20.80元果断卖出头天在跌停板买进的筹码。当天该股涨2.53%。

当晚（10月9日），美国股市暴跌，阿杜认为，这真是天赐良机！他把目标再次瞄准海通证券这只"猎物"。

10月10日，该股受大盘影响，大幅低开6%，瞬间冲向跌停。阿杜见有机可乘，便在18.40元再次全仓杀入。当天，海通证券低开高走，以上涨1.21%收盘，阿杜当日账面利润已接近10%。

好戏还在后面。

次日，海通证券冲上涨停！

第三天（10月14日），该股高开低走，阿杜在22.80元一带全部清仓，胜利出逃，结束了两次狙击海通证券的战斗。（图3.5）

这一重头战役，不仅是为他带来最丰厚利润的一次漂亮仗，也是他把短线技艺表现得最完美的一次。极强的盘感，对买卖点精确的把握，都堪称一绝。整个"猎杀"过程，"猎豹"机敏的本质彰显无遗。

类似的经典战例，还有2009年2月27日同时狙击因大盘暴跌而被动回调的新能源电池板块的中国宝安（000009）、安凯客车、杉杉股份，均大获成功。

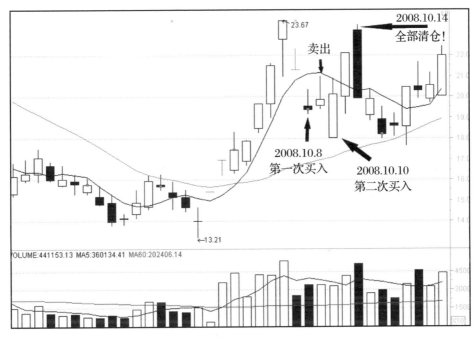

图 3.5　海通证券走势图

寻梦中国人的期盼

阿杜做股票很善于动脑子。他的"嗅觉"很灵敏，对国内外每天发生的新闻，他都很关注。他说："炒股票，不懂政治不行，不懂政策也不行。国内外的新闻，都连着股市。"

他告诉我这样一件事：2008年12月2日，他在电视上看到，国防部新闻发言人在回答记者提问时，谈到中国如果制造航母，世界不应感到惊讶。

就是这么一条消息，十分敏锐的他非常重视。他想，制造航空母舰那可是中国人多年来的一个期盼，是中国人心中的一个梦想，一件大事。当晚，他激动不已，在沪深两市中寻找与制造航母有关的股票。

他找到了三只：一只是中船股份（600072，现名：中船科技），一只是广船国际（600685，现名：中船防务），还有一只是中国船舶（600150）。

他立即把这几只股票列入自选股，并把中船股份作为准备狙击的目标。

"你找了三只股票，最终为什么选中中船股份呢？"我问他。

"这只股票我很熟悉。它的股性很活，很容易涨停。而且这种股票只要一涨停，会带动很旺的人气，很容易引发连续的涨停。它在2006年和2007年的大牛行情中曾是匹超级大黑马。股价从2006年4月25日的最低价2.43元，一路上涨到2007年9月20日的最高价63.93元。尤其是在2007年9月13日至20日，连续拉了6个涨停板，表现出非常好的股性。"

"你狙击涨停板还很重视看它的股性？"

"当然。"阿杜说，"股票都是人做的，每个人都有自己的脾性。人的性格不同，主力做股票的风格也就不同。一般来说，一只股票的股性有它的传统性。历史往往会重演，这只股在历史上某个阶段有过连续涨停的表现，以后常常会重现这一情景。这是由其股性决定的。如果股性活，感召力会很强，会引来市场无数人的追捧，再次出现连续涨停的可能性就很大。"

他又说："我为什么选中船股份，而没选另外两只，那是因为中国船舶和广船国际都是基金重仓股，流通盘偏大，股价也偏高，不容易受到市场的追捧。"

"2008年12月2日你选出了这只股，后来买进了吗？"我问。"我头天听了新闻选出中船股份后，就锁定好，准备第二天买进它。果然，12月3日一开盘，中船股份就高开2%，瞬间下探后快速拉起。盘面上抢筹码现象非常明显。由于我早已做好了战斗准备，于是迅速出击，一路追买。"

"当天涨停？"

"对。我买后仅10多分钟，就封涨停了。筹码锁定得很好，全天没有打开。第二天一开盘，这只股就被蜂拥而来的大量买盘，牢牢封在涨停板上。在当天的最后一个小时，大盘出现快速跳水，大跌55点的情况下，该股并没受到影响，表现十分坚挺。"

"你持股到什么时候？"

"买后的第三天，该股依然强势封于涨停。直到买后的第四个交易日，即12月8日，中船股份才再次冲击涨停，股价最高冲到12.35元，但最终未能封上涨停。见此，我便在12元附近，全部卖出。"

"逮了几个涨停板，收益一定很可观吧？"

"4个交易日，获利在30%，我很满足了。有不少股友夸我有眼力，其实，这次追击涨停板能获大利，得益于两点：一是多亏了那条电视新闻的提示，我做好了战前功课；二就是要归功于中船股份那活跃的股性了。"（图3.6）

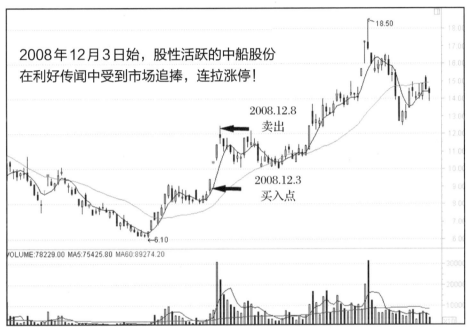

2008年12月3日始，股性活跃的中船股份
在利好传闻中受到市场追捧，连拉涨停！

2008.12.8
卖出

2008.12.3
买入点

图3.6　中船股份走势图

追逐"万绿丛中一点红"

举世瞩目的北京奥运会于2008年8月8日晚8时盛大开幕。开幕的盛况让全世界观众震撼，获得一片赞美之声。

然而，与此形成鲜明对比的是，股市在千万投资者的企盼中，却在奥运开幕的当天破位下跌，上证指数大跌120多点，跌幅超过4%；个股几乎全绿，近千只股票跌停。但是在奥运召开期间股市的暴跌中，却有一只股票走得异常坚挺。那就是长江投资（600119）！

2008年北京奥运会开幕的前一天，它就以放量涨停的方式，向奥运献礼。8月11日，别的股票都是"绿脸"，它仍然"笑容满面"地再次涨停。

12日，又是一根大阳线。盘中，该股的成交量明显在持续性地放大，呈现出一幅"平地起春雷"的景象，主力资金进场信号已十分明显。

这一切，都是那么强烈地吸引着"猎豹"的眼睛。

8月14日，大盘企稳。这是阿杜追击涨停的重要前提。就在这一天，长江投资低开高走，以一根大阳线吞掉了前一日的阴线并封于涨停板，形成了涨停加"多头炮"的必涨的K线组合。

阿杜发现了这种必涨的K线组合，看在眼里，喜在心头。他熟知K线理论，他知道，一般在K线图中出现两阳加一阴的"多头炮"，后市上涨的概率极大，后面的那根阳线是涨停板，一定必涨无疑。于是，他迅速以涨停板的价格追进。

随后，该股在其他股不断下跌市场疲软的情况下，又逆势连涨五天，成了那段时间最牛的一只股票，阿杜骑着这匹奋蹄狂奔的逆势黑马，收获了不少的银子！（图3.7）

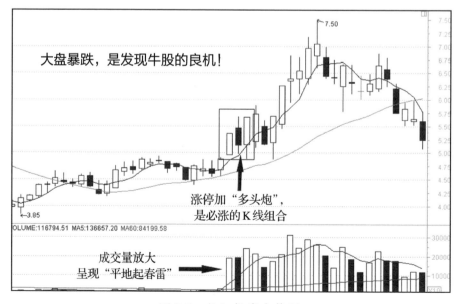

图3.7　长江投资走势图

下单，在总理话声刚落时

这是在我即将结束采访"猎豹"阿杜时，最后一个交易日发生的事。

那天下着雨。写了一夜稿件的我，仍赶在开盘前走进了阿杜所在的VIP室。可是，我没有看到他。我心想，昨晚我们谈得太晚，他说这两天大盘不好，周五不打算操作，天又下雨，可能在家睡觉未起来吧。

开盘一会儿了，我打电话给他，他在电话中只对我说了句："我正在买股票！等会儿再见。"

快中午时，他终于过来了。一问才知道，他一大早没有起来，赖在床上一边看电视，一边在手提电脑上浏览财经新闻。此时，电视和网络上都在播十一届全国人大二次会议闭幕后，国务院总理温家宝在北京人民大会堂金色大厅与中外记者见面并回答记者提出来的问题。

一直关心国家大事的阿杜，认真地听着总理回答记者的每一个问题。在回答香港记者关于中央在支持港澳方面有哪些新计划时，总理指出，年内将会签署CEPA补充议定书，港珠澳大桥融资问题已经解决，各项准备工作加紧进行，年内一定开工。

传闻已久的港珠澳大桥建造工程的利好终于落实了！

听到总理的这句话，阿杜的第一反应是港珠澳大桥概念股将再掀主题投资热潮，世荣兆业（002016）、华发股份（600325）、塔牌集团（002233）等一些与此有关的上市公司，将会上演一台好戏！其中流通盘较小、地处珠海的房地产开发上市公司世荣兆业更加吸引着他。

也就在总理的话声刚落之际，他立即决定狙击世荣兆业，毫不犹豫地下单，全仓杀入。这时，世荣兆业在开盘后经过一个小时的盘整，已涨了1%。他一路买进，直至涨停。

当天，世荣兆业在大盘下跌中逆势上扬，牢牢封于涨停，阿杜的账面已获利5%以上。（图3.8）

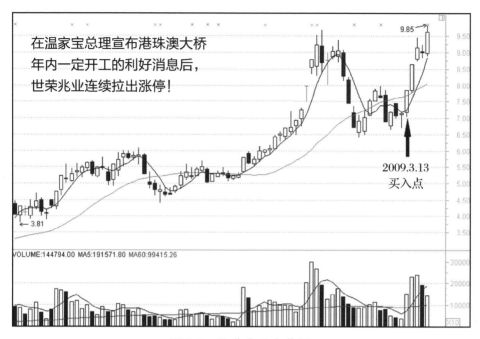

图3.8　世荣兆业走势图

周一，我已结束对阿杜的采访飞回深圳，但仍关注着世荣兆业的走势。

当日，世荣兆业再封涨停，一时，我也为能果断出击获大利的"猎豹"阿杜感到高兴。

总理的一句话，使他机敏地下单，仅两个交易日，就盈利15%以上，一辆"大奔"又开回了家！

狙击涨停板的十大要诀

听了阿杜狙击涨停板的一个个生动的故事后，我请他就"如何捕捉涨停板"谈谈自己在实战运用中的一些体会与经验。他概括为如下几点：

大盘是首要前提。"炒股就是炒大盘"，这是股市中常说的一句话。因为大盘是由个股组成的，个股走势与同期大盘的走势有着极其密切的关系。一般来说，大盘上涨，个股才能上涨；大盘下跌，个股就下跌；大盘横盘，个股也多数会横盘整理。

阿杜说："大盘若出现大面积带量上涨，表示市场处于强势，可以放心大胆操作。相反，如果大盘凶猛下跌，这时就要空仓以待，决不可盲目去追击目标股。"他认为，大盘的强弱是能否追击涨停最重要的一个前提。在熊市中，他只在大盘一波暴跌企稳后的盘整期或产生反弹的情况下，才大胆出手。

多年来，他对判断大盘当日的上涨或下跌，准确率比较高。他说，准确判断大盘的走势要靠"内功"，需要长期的修炼过程。如果用简单的方法，判断大盘当日涨跌，可从市场个股涨跌的家数和涨幅榜居前几名个股涨跌的幅度来分析：如果当日市场上涨个股数多于下跌数，且涨幅榜前几名均为涨停，说明大盘处在强势，可大胆出手。反之，若市场下跌个股数居多，居涨幅榜前面的个股涨幅有限，市场就不容乐观，应停止操作。

他说，还有一种情况应当警惕：指数上涨，个股却普遍下跌，这是市场主力在有意拉抬大盘指标股护盘。在这种虚涨中，应十分谨慎，保持清醒的头脑，最好以观望为主。

题材的挖掘。一只股票的涨停，只是一个果，其背后的题材才是因。有无题材，是选择目标股票的重要因素。

他概括了以下几种常见的题材：

政策直接影响着大盘和个股的走势。2008年9月18日，印花税单边征收和汇金增持三大银行股票的重大利好政策，使大盘于次日涨停就是最好的例证。在国务院十大振兴经济方案出台后，许多有关板块的个股才迎来"涨停"的繁荣景象。如阿杜操作的太行水泥，就是在振兴经济的政策出台中，掀起了一波连拉涨停的飙涨行情的。

重组是市场中的永恒题材。重组，会使上市公司发生翻天覆地的变化，甚至会使一些濒于倒闭的企业起死回生，出现"丑小鸭变成白天鹅"的神话。被重组的题材股，往往会爆出大黑马，出现连续涨停，这已不断被市场所证实。

概念是市场中的一个热门话题。它是人们对未来的一种憧憬。一般来说，它的内容是否能兑现并不重要，重要的是炒这个未来的"可能"和朦胧中的希冀。炒股就是炒未来，这是股市的一个真谛。2008年虽然处在熊市中，但市场涌现出的农业概念、奥运概念、迪士尼概念、创投概念、新能源概念等，都是市场中的亮点，其中许多个股都成了熊市中的明星股。

业绩是股票的价值所在。上市公司业绩的好坏，直接关系着股票在市场中的表现。许多黑马都是在"业绩预增"的前提下诞生的，尤其是意料之外的业绩大幅预增。因此，从业绩预增的股票中寻找潜力飙涨股，是一个重要的途径。

高送配是极易受市场青睐的一个题材。高送配公司的股票往往给人们以憧憬：业绩优秀、前景宏伟，上涨空间想象力大。一旦有了高送配题材，它便能聚集火热的人气，股票飙升涨停，便顺理成章。如具有高送配题材的中兵光电（600435，现名：北方导航）和深圳惠程（002168），在2009年1～3月初走势中不断出现涨停板的强势表现即是如此。

涨停个股形态。涨停个股出现的形态多样，有平台突破、双底突破、V形反转等。其中，突破长期盘局的涨停〔如杭萧钢构（600477）在2007年2月12日的突破〕，尤其是涨停创出历史新高的（如中兵光电在2009年1月15日的涨停）、多头炮涨停的（如长江投资在2008年8月12～14日的K线组合），是追逐的重点。

股性。这也是在选择狙击涨停板时，要考虑的一个重要问题。每只股票都是人做的。人有不同的性格，股票也有不同的股性。有的股票股性很好，涨停后，轻易不会被打开，而且一涨停就会连续来好几个涨停。如2008年前的明星股上海梅林（600073）、海虹控股（000503，现名：国新健康）；2008年以来的北京旅游、中体产业、界龙实业、中路股份、太行水泥等强势股，股性极活，常常出现连续涨停。这样的股票，就可踊跃参与。而有些股票，股性呆滞，"一辈子"没有一个涨停，或好不容易有了个涨停，也很快被砸开。这种涨停，便不宜参与。

流通盘大小。全流通以后，以5亿股以内的流通盘为宜。

封涨停的时间段。封涨停的时间段不同，采用的策略也不同，具体如下：

◆ 开盘涨停，最强。

◆ 开盘后30分钟内涨停，次强。

◆ 盘中涨停，一般。

◆ 尾盘涨停，不追。

◆ 长假后第一个涨停：如元旦、春节、五一、十一假期后的第一个涨停，可积极参与。

卖出。成功在于止赢。原则上涨停板的股票第二天不封涨停，都要卖出。大盘若处于强势，可以将获利预期定在8%左右。如果大盘表现一般，获利目标定在4%～5%。如果大盘很弱，平手卖出也是可以接受的，甚至微亏，也要果断斩仓出局。

抓涨停的流程。通常情况下，抓涨停可分为以下几步：

第一步：头天晚上和次日开盘以前，浏览大量信息、公告和个股的消息面及行业的动态，寻找具有题材的目标股票。

第二步：在9点15分至9点30分，若目标股票高开5个点以上，重点关注。开盘后，一旦涨停，迅速追击。

第三步：如果没有发现什么题材，当天大盘处于强势，可考虑在开盘后的前20分钟在快速涨停的股票中选择符合条件的股票追入。

第四步：盘中寻找即将涨停的股票，尤其是五档卖盘远大于买盘，但股价却不跌，呈现出"泰山压顶不弯腰"的态势，这样的股票当天涨停的概率极大，可重点关注。

四种不宜追击的涨停。通常情况下，可分为以下几种情况：

◆ 股本偏大。

◆ 股性不活。

◆ 基金重仓股。

◆ 在大盘处于阻力位附近，下跌可能比较大时封涨停的股票。

抓涨停高手的必备素质。一个抓涨停的高手，通常具有以下几种素质：

◆ 政策分析能力。

◆ 题材捕捉能力。

◆ 良好的心态。

◆ 严格的纪律。

◆ 敏锐的盘感。

◆ 准确的大盘分析能力。

◆ 猎豹般的反应和雷霆般的速度。

尾声：炒股大成者，必具"三商"

采访的最后，阿杜对我说，他有一句话想赠送给投资者：炒股要想大成者，必须具有"三商"——智商、胆商和情商。

智商，主要代表选股的能力。

胆商，代表买股票时的果敢和在卖股票时的坚决。

情商，代表的是控制情绪的能力。它意味着你不会因为止损后，股价却意外飙涨了起来而暴跳如雷；也不会因为买进股票之后股价暂时性的下跌而捶胸顿足。

只有很好地具备这"三商"，做股票才能在淡定从容中笑纳财富的增长！

翻倍黑马：

" 稳健盈利，是最好最快的方法。 "

在跌宕起伏的股海，他从一个"童星"，到"百万梦"的破灭，又从股市的一个"悲情乞儿"，到4年间夺得12次炒股大赛冠军，称霸中华股坛。他成功的奥妙何在？"翻倍"的秘诀又是什么？

投资简历

个人信息

翻倍黑马，男，1975 年 12 月生，广东广州人，大学文化。

入市时间

1992 年。

投资风格

崇尚精确选股。坚持"快""准""稳"的操作手法。在关键时刻，果断决策，快速出击，见好就收！

投资感悟

安全第一，赚钱第二。淡泊平静的心态，是做股票的成功关键。

第4章

△

神秘冠军
——记东方财富网炒股大赛冠军翻倍黑马

他，一位看上去稚嫩的小伙，却在漫漫熊途中，以115%和38.55%的骄人战绩，囊括了一次高难度模拟炒股大赛的双项冠军。

至今，人们都还不知晓他的真实姓名。只知道，他来自广东，参赛的代码是"fbhm"——翻倍黑马！

引子：熊市，走来牵金牛的人

2009年1月20日，上海，浦东。

下午两点半。在黄浦江畔的世纪大道，发生了一件令中国股坛为之震动的事：中国著名的财经第一门户网东方财富网举办的2008年"股往金来英雄汇"模拟炒股大赛的颁奖典礼，正在上海通用汽车展厅隆重举行。

这场赛事，创下了沪深股市三项"历史之最"：第一，参赛环境恶劣之最，2008年股市的惨烈暴跌前所未有；第二，参赛选手人数之最，逾10万人的参赛选手，挤爆了"通道"，比赛因故延期一周开锣；第三，中国数以千万计的投资者，热情观看在熊市中高手PK的激烈场面，创下了历届赛事的"观众数量之最"。

当日，历经初赛、决赛，和30个交易日的角逐搏杀，冠军已从10万多股林高手中脱颖而出。

开走"别克林荫大道"和"雪佛兰新景程"轿车的播主，到底是谁呢？

此刻，当东方财富网的总裁揭晓谜底，将水晶奖杯和两辆轿车的金钥匙，交给一位牵着金牛登场的神秘之人时，会场一下子沸腾了。

掌声、鞭炮声响成一片，缤纷的礼花撒满了捧着两个水晶杯的"双料冠军"全身……

顿时，数十名记者的照相机、摄像机的镜头，和现场所有人的目光，全聚焦在了这位30岁刚出头，戴着一副金丝边眼镜，斯斯文文、帅气十足的"股王"身上。

看到这位牵着体现财运和吉祥的金牛现身的冠军风采，许多人惊叹不已："哪来的这么年轻的小伙子，这么厉害！"

"熊市都在赔钱，他能在预赛、决赛均拿第一，从逾10万如云高手中胜出，真不容易啊……"

智领天下，"稳"夺双雄

面对2008年大盘的"腥风血雨"，面对全国逾10万股林高手的激烈竞争，他何以能开走"雪佛兰新景程"，又最终走向"别克林荫大道"？稳定的心智，是他成功的关键。

珠江畔，爆出一匹黑马

初次听到翻倍黑马的名号，是在2008年11月底。那会儿我尚在美国探亲。一天，一位年轻的同行——广州《投资快报》记者小王兴奋地打电话给我："珠江畔，爆出了一匹'黑马'！是个地道的熊市高手。在这轮史无前例的大跌中，许多股市高手折戟沉沙，但翻倍黑马不仅未失牛市战果，而且以其轻仓'弹药'获利70%，8个月来未失手一次的战绩又创造出一个'熊市牛人'的神话。"

他告诉我，翻倍黑马正在参加东方财富网举办的炒股大赛，目前在初赛中已名列前茅。

我在大洋彼岸开始密切关注华夏10万多炒股高手参与的这场角逐。

初赛时，这位广州小伙真的表现不凡，拿到了冠军。可接下来决赛的头一天，他却掉到了第91名。看来，拿总决赛冠军没什么戏了，因为比赛时间短，高手太多。此后，我便没有再把他当一回事了。

没想到，周末，当我再次打开网站观战时，翻倍黑马不知何时又神奇般地拱到了第一名，成了周冠军。接着，第二周，他再夺冠军。第三周时，我已回国。12月26日是比赛的最后一天，不知他最终能否胜出？

下午三点，我在收市后的第一时间拨通了他的电话。当得知他已踏上"别克林荫大道"时，我高兴地向他祝贺，并预约专访他这个"双料"冠军。

一场艰难的模拟比赛

2009年春节后，我在珠江畔见到了这位刚捧回大奖的翻倍黑马，穿着红夹克的他显得很阳光，眉宇间洋溢着青春的帅气。

"听说你以前多次参加实盘大赛，多次都拿冠军。这次，东方财富网举办的是场模拟大赛，对你来说，是不是'洒洒水'（小意思）啦？"一落座，我就问起了参赛的事。

"不。这可以说是我遇到的最难的一场比赛。甚至我感到这场模拟比赛，难于以往任何一届我参加过的实盘大赛。"翻倍黑马回忆着刚刚过去的大赛，似乎并不轻松地说："我说难，不光是股市处在熊市的下跌中，也不仅是因为参赛选手空前地多，更主要的是时间太短，初赛、决赛各15个交易日，容不得你出错。稍一失手，就会被淘汰出局。"

"最难的是，游戏规则太苛刻了！"翻倍黑马感叹道，"每天晚上我选好股，就把第二天要买的股票挂单。最要命的是，第二天大盘还没开盘，9:10，大赛组委会就把你要买的股票提前向全国公布出去了。"

"这样，全国那么多投资者看到你们的单，一定会影响你们的操作吧？"我问。

"是的。这是无可奈何的事。这决定了我每笔交易只能赚几个点，且不能出丝毫的错。"

"但你毕竟胜出了。"

"这是艰难的一次夺冠，也是对我最大的一次磨砺吧！"

开赛首日，出奇兵袭击"垃圾股"

"谈谈你参赛的具体过程吧。我在网上看到你第一天的比赛并不顺。别人都在追强势股买，你却买了一个貌似'垃圾股'的安纳达（002136），这是不是算一着'臭棋'呀？"我问。

"当时，的确有不少人这么议论。初赛的第一天，我排名第17位。表现不突出。特别是熟悉我的广东粉丝们都为我捏了一把汗。我参赛选的首只股票是安纳达。它不是我随意选的，是我用心走出的一着棋。"

他打开安纳达的K线图对我说："你看，这只股是2007年'5·30'暴跌那天上市的，当时最高价是29.81元，到我参赛前的2008年11月5日，股价最低已跌到3.76元了。"

"你是看它便宜才买的？"

"对。它的跌幅已高达88.8%，多便宜，还不值得买？"

"可你是在参加比赛，不在涨幅榜前列找黑马，却捡一只'乌龟'股，不怕它'瘟'在那儿拖累你的成绩？"

"我是把比赛当成实战打的。我虽年轻气盛，但我的操作风格似乎有点'老'，求稳。我追求的是在安全条件下买股票。"翻倍黑马指着安纳达的走势说，"再说，从它的走势上看，2008年11月12日，它的5日线已上穿24日线，形成金叉，已经连拉三阳，并且伴随有成交量的温和放大，这是它见底启动的一个重要信号。我是11月17日以4.54元的价位买入的，当天大盘涨了2.22%，它涨了5.58%。"

"你持股多长时间？"

"第二天一开盘就卖了。当日开盘，大盘高开，安纳达也瞬间向上冲了9个多点，我事先高填几个点挂的单，按开盘价成交。卖出后，大盘当天暴跌了6.31%，安纳达当日跌幅为7.44%。我不仅获利，而且逃过了一劫！"（图4.1）

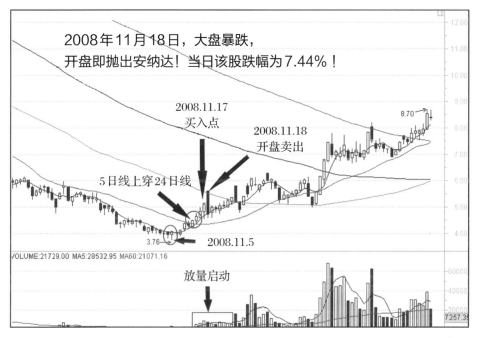

图4.1　安纳达走势图

"18日卖出股票后，按比赛规则当日不能再买股票。当夜，我选19日要买的股票。"

"第二只选的是什么股？"我问。

"蓉胜超微（002141，现名：贤丰控股）。"

"为什么选它？"

"因为18日大盘暴跌，人们恐慌情绪严重，我分析这是主力在打击散户信心。蓉胜超微当日也是跌停，但上升的趋势并未破坏。19日我买进后，大盘这天大涨了6.05%，蓉胜超微大涨了8.96%。当天，我的名次已冲到了前几名。"

"你的前进速度太快。第三只股买的啥？"

"仍是安纳达。"

"你对这只让你开赛首日获利的功臣股，可谓情有独钟！"

"不是对它有感情，而是再买它，有一定道理。"翻倍黑马说，"2008年11月19日大盘大涨那天，我见安纳达没涨多少，21日就再次买入了它。这天是周五。一周下来，我的复利成绩达到60%左右，成了周冠军。"

"我注意到，你在参赛的第一周，选的都是中小板块股票。是从技术上考虑，还是从基本面上考虑的？"我问。

"两者都有。当时正值温家宝总理在珠江三角洲视察，他看到一些中小企业受金融风暴影响陷入困境，强调要对它们大力支持。这是基本面。另外，从技术分析角度，中小板股票正处启动之际，也是最佳的买入时机。"

步履艰难夺冠路

比赛是残酷的。苛刻的比赛规则，使翻倍黑马在比赛第一周获冠军后，陷入了一种十分艰难和尴尬的境地。

"出师未捷身先死，长使英雄泪满襟。"用这句名诗来形容他当时的境况，是再恰当不过了。

2008年11月27日，大盘受利好刺激大幅高开，翻倍黑马趁机卖出了获利丰厚的安纳达。当晚，他精选出一只暴涨潜力股——莱茵生物（002166），准备第二天买进。

由于他在前一天挂单，第二天一早，翻倍黑马的挂单就"亮相"于华厦，人们都知道这是"冠军"选的股，一时风起云涌，该股高开7%，闪电般地上冲之后，便死死封于涨停。翻倍黑马事先高挂四个点未能成交，使他与这只精选出的大黑马失之交臂。

"它一连拉了三个涨停，都与我无缘。跟风抢买的人太多了。至今，都令我惋惜。"回忆当时的情景，翻倍黑马仍感遗憾，"更让我哭笑不得的是，我没有买上倒不说，媒体还大肆进行报道：翻倍黑马看好医药板块，成功买入了莱茵生物。"

"你眼光真准。看到莱茵生物这匹大黑马狂飙，你没有再追？听说追涨停板，不是你的拿手好戏吗？"我问。

"我没有追它。尽管它有潜力。但我不想害跟风者。万一下跌了，会把不少人套在高处。参赛中，我几乎买进的所有股票，后市都还有较大的涨幅。另外，追涨停板，是我在牛市中的惯用手法。而在熊市里，追击涨停，不是我的理念和风格。"

翻倍黑马自连夺周冠军后，名气越来越大，跟风盘越来越多，他操作的难度也更加艰难了。

但是，路是人走出来的。

灵性十足的翻倍黑马为了应对严厉的大赛规则，避免"莱茵生物"的事情再次发生，他在操作上一改过去集中攻击一只股票为两只股票一起买。

他仍把目标放在当时市场的热点中小板块上，选中了中钢天源（002057）和德棉股份（002072，现名：*ST凯瑞）。精确的选股使他赢得先机；灵活的战略，使他的操作变得轻松了许多。在最后冲刺阶段，两只股一同上涨。就这样，经过三周稳扎稳打的激烈搏杀，翻倍黑马以115.89%的惊人收益领先10万多初赛参赛者，一举夺魁，将雪佛兰新景程开走。

2008年12月7日初赛结束后，次日决赛便拉开最后角逐的引子。名列初赛前300名的选手参加决赛。

此时，比赛的游戏规则又发生了变化。根据决赛的规则，参赛选手每个交易日购买单只股票（或基金）的所用资金不能超过200万元，也就是说，每位选手的1000万元的资金，要买5只股票。

这一规则的改变，大大地增加了决赛的难度。它要求选手有很强的选股能力。在大盘震荡盘跌过程中，要寻找和买入一批弱市中最强的股票，才能胜出。初赛中，集中火力专打中小板股票的翻倍黑马，则在决赛中展示了他过人的选股能力。

"我每天晚上都要选取15～20只好股票，以备第二天买进。"他说。"熊市里每天要选出这么多好股票，也不容易吧？"我问。

"对于我来说，也不是一件难事。选股是我的强项。我通过设置的选股模式，在1000多只股票中，要选出十几只好股票，还是容易的。我等于天天在批发优质股票。"

"同时买进四五只股票，持股多长时间？"

"我头天买进，常常是第二天卖出，做的是超短线。"

"为什么不持股时间长一点？有的股票今天涨，明天说不定还会涨呢？"

"在熊市里这种震荡盘跌的行情中，持续涨的股票不多。即使是一只股票涨一周，另外几只跌了呢？所以我天天选股，天天换股。几乎都是挖掘次日能飙升的股票。一天涨几个点，累计下来，收益就不菲了。"翻倍黑马回答道。

"决赛中，还是要在头一天挂单吗？"

"规则变了，可以在盘中即时买进。"

"这样好多了。你的行迹就不会被人提前发现了。"

"大赛对选手买卖股票进行15分钟的屏蔽。但对在初赛中拿到冠军的我来说，只屏蔽几秒钟就公开了。"

"听说你夺得初赛冠军后，进入决赛的第一天并不顺。排名是91位，是吗？"我问。

"是。"翻倍黑马回答，"可能是点击率高的原因吧。我的目标太大，成千上万的人不断地在'刷新'我的账户。还有，初选之后退出的选手都加入了'你让谁为你赚钱？'的竞猜活动，也在时时刷新我的账户，可能造成了'堵塞'。那天，我怎么也进不了系统。直到下午两点半才进入，贻误了许多战机。决赛第一天（2008年12月8日）我买入了三只股票：美欣达（002034），买入价格4.62元，收盘价格4.92元；瑞泰科技（002066），买入价格7.78元，收盘价格8.03元；四创电子（600990），买入价格8.73元，收盘价格9.21元。仓位是58%。由于当天系统出了问题，我介入晚，收益大打折扣，至收盘，我的排名是第91位。这种'退步'和半仓的操作，当时曾让许多人不理解。"

"为什么半仓呢？特别是在决赛中，那不浪费资金和影响收益吗？"我问。

"我的操作一贯比较谨慎。买任何股票，都不能保证它100%地涨，除非确实有把握时。平时满仓，是操作的一大忌。再说，12月8日前，大盘已经连续上涨多日，累积了一定的上涨幅度。根据当日的走势，中午就到达了高点。下午，大盘出现了震荡下跌的走势，尾盘于下午2点25分前后，当日洗盘结束再次拉起，指数大涨3.57%，以高点报收。由于下午个股都已经上涨一定的幅度，此时追高也是风险巨大，我便没有满仓操作。"翻倍黑马说。

决赛第二天即12月9日，翻倍黑马收盘数据排名第16位，仓位仍为58%。此后几日，他仍然稳健操作，每日精选买进的5只股票几乎一齐上涨。周末，他不出人们意料地拿到了决赛第一周的冠军。

进入决赛的第二周后，翻倍黑马依然表现出众。他凭借超人的选股技艺，稳坐第一把交椅。他先后买入精心选出的辽宁时代（600241，现名：ST万恒）、精诚铜业（002171，现名：楚江新材）、大橡塑（600346）、宁波银行（002142）、南京银行（601009）、世纪光华（000703，现名：恒力石化）、江苏通润（002150，现名：通润装备）、同达创业、大龙地产（600159）、园城股份（600766，现名：园城黄金）等一批价格被低估的股票。

用他的话说："这些股票都是躺在地板上的个股，股价全在10元以下，有不少是5元左右。"他像在地上"捡钱"一样，每只股票大都是赚3%～5%就走，稳扎稳打，步步为营，收益率遥遥领先。

当时报载：由于限制了每只股票的购入金额，"英雄汇"的决赛变得更加激烈。初赛冠军翻倍黑马凭着其"凶悍"的操作风格再度蝉联"英雄汇"周冠军，而亚军位置则成了本次比赛争夺最激烈的位置，一周内就三易其主。

2008年12月26日，这场牵动千万投资者的激烈的大赛终于落下帷幕。翻倍黑马毫无悬念地以35.83%的成绩，夺得决赛冠军。

这一结果，也使90%以上竞猜他为冠军的人胜出。而跟着翻倍黑马买进股票的投资者，在他短线退出后，这些"冠军股票池"中的股票大都又涨了

20%～30%，也获利丰厚。采访中，翻倍黑马风趣地说："这场比赛，我赢得了两部轿车，而许多跟风者赚到了不少人民币。"

这的确是一场多赢的比赛！也是一场艰难的征战！更是一场精彩的对决！

自2008年11月17日初赛始，至12月26日决赛结束，其间，上证指数跌76.09点，跌幅为3.95%，而翻倍黑马初赛和决赛累积收益为151.72%。

这不能不说是他在熊市中创出的一个神话和奇迹！

12次实盘冠军称霸股坛

短短4年间，他凭借着超人的选股绝招、娴熟稳健的操盘技艺与扎实的功底，先后夺得12次实盘冠军，名扬羊城，震撼华夏股坛……

在翻倍黑马囊括了东方财富网炒股大赛的初赛和决赛冠军后，许多人才知道，他原来是一个屡次获得实盘大赛冠军的年轻"老股王"。在中国证券史上，他曾一次次地写下了光彩照人的篇章：

2005年从8月份开始，翻倍黑马开始参加《新快报》"短线实盘赛"，连续获得5次冠军。收益率分别为100%、45.41%、31.48%、20.41%和21.90%。

2005年9月，参加《投资快报》"股王争霸战"，连续获得4次冠军。收益率分别为：53%、20.87%、30.36%、16.23%。

2006年8月15日～2006年10月31日，参加"中投证券杯"股王争霸战，包揽前三名，获现金8万元。收益率分别为：167.82%、135.50%、121.50%。

2006年10月9日～2007年1月31日参加全国首届"金元杯"超级投资明星实盘大奖赛，以640%的成绩夺得第一名和第二名，获宝马汽车和价值10多万元的轿车各一辆。

炒股，玩的就是心跳

2005年8月8日，从这个吉祥的日子起，翻倍黑马就开始了他实盘的征战史。

采访中，当我问他为什么热衷于参加实盘比赛时，他回答说："炒股，玩的就是心跳。在实盘赛里，进退和收放的感觉，能在其他投资中运用得更好。最主要的，除了赚钱，实盘赛还刺激了以炒股决胜负的欲望，真金白银，更加刺激。"

《新快报》举办的短线实盘赛，是翻倍黑马参加的第一次实盘赛，他要展示自己的才华，把多年苦心钻研摸索出的一套操盘方法应用到实战中。自打报名的那刻起，他就做好了充分的准备。

他以2万元的资金账户参赛。

为了打响第一枪，他在选股上下了很大功夫。

"一定要首战告捷！"这是他4年前参赛时立下的志在必得的誓言。

他拿着当年报上刊登的加盖着证券公司公章的"操作实况"对账单，向我真实再现当时操作的"实况"：

2005年8月9日，他买进了参赛的第一只股票：中国服装（000902，现名：新洋丰），买入成交价是2.39元。对于为什么选这只股，他对着当时的K线走势说："这是一只超跌股，从2001年的最高价17.20元到2005年7月19日最低已跌到了1.95元。可喜的是，这么一只长年躺在地板上的超跌股已经'苏醒'了。2005年8月3日，5日均线已上穿24日均线，发出了买入信号。且8月8日出现了一个可喜的十字星，根据经验，第二天很可能涨停。于是，我一开盘就毫不犹豫地买进了它。"

果然，在他买入后，当天中国服装就表现不凡，盘中一度涨9.58%，以2.61元收盘，涨幅8.75%。

"什么时候卖的？"我问。

"第二天。我事先算好了它的短线压力位是2.65元，我是2.63元卖出成交的，收益10%。"

首战取胜后，颇有眼力的翻倍黑马于8月10日以2.92元的价格买入了ST特力（000025，现名：特力A），买入当天即以3.01元封于涨停。此后该股如脱缰的黑马，奋蹄狂奔，连拉7个涨停，翻倍黑马在8月18日该股拉至第7个涨停板时以涨停板价4.03元卖出，胜利出逃。7个交易日就获利38%。在他卖出后，ST特力便往下行，当日跌幅达4.95%。

接着，他于2005年8月24日，买入四环药业（000605，现名：渤海股份），买入价为4.37元，第二天以4.83元卖出，获利10.52%。

8月26日，翻倍黑马又抓到一只好股票。他买入了长春一东（600148）。他上午10点15分以2.30元成交后，当天，该股封于涨停，以3.50元报收。次日该股低开，他于3.38元卖出，获利8.75%。

对于这只当时呈震荡走势的股票，翻倍黑马充分发挥出他高抛低吸的短线功力，四次进出，对它进行多批次的"轰炸"，每次都满载而归。

之后，他又操作了蓝星石化（000838，现名：财信发展）、波导股份（600130）等股票。

9月7日，实盘赛结束，幸运的翻倍黑马已把所有的参赛选手抛在了后边，以100%的翻倍成绩轻松夺冠。

一年赚回30倍，名扬广东

当翻倍黑马以翻倍收益成为"短线王"后，他并没有止步。他一连在《新快报》参加了5届实盘赛，5届均获冠军。至2006年1月，他的回报率已经高达472%。

接着，他又参加了4届广州《投资快报》举办的短线实盘股王争霸赛，又以雄厚的实力夺取了4届冠军。

2006年8月15日～10月31日，已夺得9届实盘赛冠军的他再次披挂出征。他参加了中国建银投资证券有限公司举行的"中投证券杯"实盘比赛，跻身前三名，获奖金8万元。

他仍以稳健的风格取胜。比赛中，他从不追涨，每次操作看似都很平淡，他却能次次获利。对ST冰熊（600753，现名：东方银星）的三次操作，堪称其中一绝。

这只ST冰熊，就像它的名称一样，冷冰冰的，在参赛选手中，没有人能看上它。就算它涨停，ST一天撑死了只能涨5%。可翻倍黑马对所有股票都不嫌弃，只要稳，只要能赚钱，就行！

2006年9月6日，他开始拥抱"冰熊"，以3.30元的价格买入即将突破平台整理的这只ST股票。9月8日，他以3.62元的价格卖出，赚了10%。隔了两个交易日，即9月12日，盘中他看到冰熊上蹿下跳，觉得有机可乘。就在这一天，当主力将股价凶狠地砸至前期整理平台的"箱顶"时，他立即下单，以3.41元成交。次日上午10时，该股涨停。14日，冰熊再度冲击涨停，但盘中翻倍黑马发现有大单撤出，便即刻获利了结。9月28日，他第三次走近"冰熊"，以3.44元买入。次日，该股稍做调整，随后便一路涨停，翻倍黑马抱着这只"冰熊"，最终以167.8%的成绩登上了"中投证券杯"冠军的领奖台，成为广东省第一名。

他原来起始资金2万块钱，此时已变成了60万元，创下了一年翻30倍的纪录！

至此，十届"股王"名声大振，吸引的目光也越来越多。翻倍黑马像是腿上绑铜锣，走到哪，响到哪。

报纸上当时以巨幅标题"做到100万才收手！"记录着他的誓言。"但是，后来到87万元我就收手了。"他对我说。

"为什么？"

"这是一种无奈的选择。"他说，"我的账户一操作，跟风盘就来了，券商把我的交易信息透露出去，很多资金形成了'老鼠仓'，跟着我买。我的资金量小，他们的力量太大，我不下手他们不下手，我刚一买，就涨停板。我要卖，他们就猛砸，操作起来着实很难。"

翻倍黑马于是不断更换营业部、换账号。"但是圈子就是这么大，大家都知道我。我熬夜选好的股票，人家一个电话就跟上来。"

他不愿意做基金经理，他的获利率比基金经理高得多，但他觉得当散户比坐庄舒服多了。"坐庄要很硬的后台，不靠自己我就觉得不踏实。可以说我是个人主义，我也给朋友帮忙，不过证券交易是很私人的。我和助手在一个风景极好又完全隐蔽的地方操作，关掉手机，杜绝干扰。"

开走"宝马"，夺取全国第一名

翻倍黑马实战技艺日臻成熟，第一次高水平的发挥，是他首次参加全国性的大赛，那就是至今都不能忘怀的全国"金元杯"投资明星实盘大赛。

这次大赛是在红红火火的大牛市中展开的一次角逐。自2006年10月9日到2007年1月31日，历时3个多月，各地参赛者达4000人左右，是一次时间长、参赛选手多、水平高的全国性大赛。比赛一开始就是一场选手综合实力的大比拼。

大赛第一名的奖品是宝马汽车，第二名是价值10多万元的小轿车。鹿死谁手？最终谁能开走宝马？这个大奖成了众多参赛选手的争夺目标，也是全国千万投资者关注的一个焦点。

听着有宝马大奖，翻倍黑马一开始就报了名，"我就是冲着宝马报的名。"他坦诚道，"但开赛十几天了，我还迟迟没操作。因为当时说如果参赛选手不足3000人，奖品就可能不是宝马车。等了解到报名参赛人数已确实超过3000人时，我才开始行动。因为当时收取的手续费是按最高的标准，而我平时由于操作的交易量大，拿的都是非常优惠的近乎零的低佣金。如果大赛没有宝马的吸引，我就不一定参加了。"

"你参赛，就是奔着第一名去的？这么自信？"我问。

"是。要夺就夺第一。我只用两个账号参赛，因为我没想过拿第三名的一万元奖金，因为手续费高，恐怕我频繁的交易费比奖金还要多，划不来。我要力争前两名，开走两部车。"

竞争果然十分激烈。据报载，金元杯大赛第一个月，被武汉的一名选手领先。这名选手炒权证获得了62.40%的高收益。

虽说翻倍黑马实际操作晚，但他决心后发制人。他不碰曾因高风险让他亏过钱的权证，他精选股票，稳健操作。

果然，比赛的第二个月，出手不凡的翻倍黑马的两个账户就以328.45%、269.76%的优异战果占据了大赛第一名和第二名。

此时，他已遥遥领先，无须再紧张地搏杀，开始空仓休整。当时报上登了一条消息："'老广'习惯性空仓，锁定收益。"

再次操作，是在他看到西部股王阮杰已紧追不舍，离他的第二名账户的收益仅差10%之后。这种挑战，逼着他再开"杀戒"。

2006年11月29日，他买入中汇医药（000809，现名：ST新城），买入价格4.20元，当天涨了3.8%。第二天，他以4.45元卖出，收益6%。

2007年1月5日（周五），他买入了突破平台启动的白猫股份（600633，现名：浙数文化），7.10元买入，周一，他以7.50元卖出，收益5.6%。

就这样，他每次赚三五个点就走。因为是复利，到后来，他一天赚几个点，就相当于赚了几十个点。此时，他已没有紧迫感，完全处在一种休闲的状态。卖了，就空仓几天，再选股。当时跟风者很多，见他空仓，常催他："干吗不买股？老空仓！"

2007年1月15日，他以3.65元的价位吃进ST冰熊；16日，ST冰熊迅速涨停，他挂单卖出，以涨停板价格成交。当天，该股剧烈震荡，他在分时走势图中见后来的低点，未破第一个下打的低点，便在当天又趁机买入。下午开盘后，该股再度封于涨停。17日、18日几乎是复制16日的走势，虽有震荡，但均连续涨停，19日，当ST冰熊停牌一小时后，再度冲击涨停，翻倍黑马见涨停封不死，于是立刻卖出，以4.68元成交。5个交易日收益超过30%。

2007年1月17日，他再次短线出击。介入ST太光（000555，现名：神州信息）。以3.28元刚买入两分钟后，该股就神奇般地飙升至涨停。次日，他以3.50元抛出，收益6.7%。

1月底，最后的冲刺阶段来临了。早已锁定胜局的翻倍黑马选了一只正在加速腾飞的个股——同达创业。2007年1月29日，他以10.22元的价格买进。当时该股在10.15元左右盘整，他买入后仅两分钟便迅速涨停。由于抛压引起波动，该股当天涨了5.75%，以10.30元收盘。第二天，该股以11.30元高开涨停。翻倍黑马以涨停价卖出，以10.56%的收益牢牢锁定了胜局。

至此，历时3个多月，他以640%的高收益夺得全国冠军，开走宝马，同时，他的另一个账户也以484%的成绩获得第二名，获轿车一部。

走向"喝彩"的背后

掌声里有泪水，鲜花里有坎坷。在通往胜利的征途上，他付出了多少艰辛？洒下了多少汗水？在被人喝彩的背后，有着他12年不堪回首的风雨路……

当东方财富网炒股大赛冠军翻倍黑马牵着金牛沐浴在掌声和鲜花之中，震撼浦江时，4年间，当他一次又一次以骄人战绩多次夺得实盘冠军时，人们又何曾想过，这一闪耀"明星"的背后，有着什么样的秘密？

是长达12年的亏损与失败，为翻倍黑马铺设了通向胜利的路，铸就了他今日的成功。

年少不知"赔"滋味

翻倍黑马对股市梦幻般的迷恋来自青少年时代，是在他上中学的时候。有一天，他看到报上登了一篇《股市神童》的报道，是写美国一个13岁的中学生炒股成了百万富翁。这一下子牵动了他的心。他把这篇报道剪贴在自己的日记本里，不知看了多少遍。

"我觉得中午啃着面包去看股市很有意思。国外有很多人已经赚了钱，而我周围还没有人在玩股票。"

他憧憬着通过自己的脑力赚钱，也像那个美国学生一样，自己赚钱，不再靠父母。

他开始留意报上登的股票信息。当他看到股票每天的价格都不一样在上下波动时，发现"里面的确有赚头"。

"炒股，赚学费！不再问家里要钱！"是他当初的第一梦想。

他是三姐弟中最小的一个。上面有两个姐姐，一个在研究所，一个在一家跨国保健品公司，工资都很高。他这个小儿子，在父母眼里是个"宝贝疙瘩"。他撒娇似的向父母要钱，说要"干大事，要自立"。

当拿着自己的零花钱和问妈妈要的7000元第一次走进证券交易所大厅时，看到那红红绿绿的股票在闪动，看到人们像抢钱似的在拥挤着排队买股票，赚钱的欲望立刻在他心中强烈地萌动着。

他啃着面包排着队，到了跟前，却不知买什么，见一位大伯买什么，他也跟着填什么。排了45分钟队好不容易把"单子"递进柜台，看到原来涨得好好的股票，一下子变"绿脸"了。顿时，他像头上挨了一棍，茫然不知所措。

第一次买股票赔钱，并没有挫伤他赚钱的强烈愿望。他不服输，割了，再买。但不懂股票真谛的他，最终，不仅一分钱没赚到，连本也很快就赔光了。

一觉醒来，稚嫩的脸上挂满泪水。他再一次地把放在枕边的《股市神童》的故事捧在手里一遍遍翻看。此刻，大洋彼岸的股市神童似乎离他太远，让他越来越感到陌生了。他真的不能理解：这股市的钱咋就这么难赚？！

10万变99万的"秘密"

1995年，他踏入大学大门。中学时代炒股的失败，仍未泯灭他要到股市赚钱的那颗心。他报考的是金融证券专业。他立志要多学点东西，将来在股市能成大气候。

一学期下来，肚子里刚装了点东西，就又下海试水了。这一次，他又向家里要了点钱，凑了37000元重新开张。

"不光我炒，我是班长，就号召大家学有所用，每人拿几千元去炒。"翻倍黑马对我说。

但是，他这个班长，最终是带领大家赔钱。折腾了大半年，谁也没赚到钱。

可是，这时，他却发现了一个"秘密"：班里有一个潮汕同学，家里挺有钱，过年给他的10万元利是，一年，竟然变成了99万元！当他得知这一神奇的消息后，以班长的身份找他刨根问底。

那个同学告诉他，是他炒股赚的。

他不相信自己的耳朵：一年，10万元变近百万元？炒股能赚这么多钱？大家都赔钱，他怎么会有这么大能耐？

"是我哥哥指挥我买的。他让我买，我就买，让我卖，我就卖。"那位同学对班长交了底。原来，他的哥哥是房地产开发商，当时与机构联合坐庄。

聪明的翻倍黑马要来了这位同学所买的所有股票，见都是涨势剽悍的黑马股。他开始对这些黑马股的走势深入地研究，琢磨里面赚钱的道道。结果他发现了两个天大的秘密：一个是庄家介入拉升的股票，往往成交量明显放大，并持续放量；二是一些明明公布亏损的股票，却涨势如虹，原来"亏损"是主力"造"的。"买股只能看庄家！"接触庄家后，他之前奉行的"基本面分析法"被完全推翻了。

他开始追踪庄家的身影，发誓从庄家的口袋里抢回往日丢失的银子！

赚到第一个100万元

从此，他炒股不再去追高，学着庄家的样子，在股票下跌到低位时去吸筹买股票。渐渐地，他在股市赔钱的概率在降低，赚钱的概率在提升。

真正的转机，是在1999年的"5·19"行情爆发前。

那是股市最惨淡的一段日子。当时，上证指数在1100点的低位徘徊。5月8日，是个周六，新华社发出了一条新闻：以美国为首的北约轰炸了中国驻南联盟大使馆。周一，受这一重大利空消息的影响，大盘跳空低开，一根大阴线耸立盘中，人们恐慌无比。

而这时已成熟许多的翻倍黑马却显得很冷静。"这是主力有意在借机恐吓散户！"他游说朋友买股票，但当时他没有什么名气，没人信他："跌得这么凶，去买，那不找死？"

朋友不听，但他在这天买进了广州控股（600098，现名：广州发展）等股票。"当时资金太少，买得不多。那时候，没有什么家底，生活也很拮据清苦，中午我和爱人夫妻俩合吃一个7块钱的盒饭，晚上八九点钟商店快关门了，去买一些打折的煲汤料回家第二天煲汤。"他回忆说。

翻倍黑马买进股票后，一周下来，大盘没涨，还在往下跌，但他心里没有慌。到5月17日，上证指数创下了当年1047.83最低点。他想："离黎明不远了。"

两天后，"5·19"行情暴发！

这是网络股有史以来的最猛烈的一次行情。他8元多买入的广州控股连拉涨停，他第一次尝到了在低位买股赚钱的甘甜。

由于不断赚钱的效应，他在一群散户中的威望逐渐高了，找他代理操作的人也慢慢多了。

2000年春节前，一位在银行工作的朋友拿出400万资金找到他，让他代理。他感到每年年底是买股票的时机，便再次吃进了曾让他赚钱的广州控股等网络概念股，带着"年货"过年。

好运来了，不赚钱都难。春节刚过，一波以科网股为领头羊的春节行情掀起了大潮。他手中抢进的"年货"价，疯一般地往上涨。他靠运气与智慧淘了一桶重金，朋友给了他40万元的红包，这时，他终于在股市实现了自己第一个百万梦想。

得而复失的根源

之后，翻倍黑马操作越来越顺手，到了2001年上半年，他的账户资金已达到了187万元。

他兴奋了，也有些飘飘然，走路时，欢快的步子都带着风。他不知晓，厄运，此时正悄悄地向他走来。

2001年6月，股市开始了崩盘式的暴跌，每天几十点上百点地往下砸，盘面一片惨绿。毕竟经历过熊市，他在高点早已幸运溜掉。一开始，并没有受到伤害。

到了9月份，上证指数跌到了1800点时，许多股票从高峰摔落跌得很惨了。这时，他错误地判断："跌得差不多了，应该是抄底的时候了。"

他于9月5日买进了超跌的陕长岭（000561，现名：烽火电子）。当时该股从8.63元的高点已跌到6.30元。"跌掉了2块多钱，够便宜了。"当天，他抢在了长长上影线的顶上，买入价是6.43元。

然而，他低估了牛市见顶之后的杀伤力。

大盘并没有止跌。陕长岭逐日盘跌，9月10日，他以6.07元割肉出局。11日，陕长岭又涨了起来，冲高到了6.55元。此时他又错误地认为自己原来的判断是正确的，说不定大行情就要来了。他怕失去了抄底机会，便以6.54元又追了进去。第二天，该股大幅低开，然后整理，紧接着，开始连续下跌。他抱着反弹的幻想，不肯出来。9月27日，股价击穿6元大关，28日破平台，然后一根接一根的大阴线，将他的幻想砸得粉碎。没几天工夫，股价就跌到了5.10元。他的信心彻底崩溃。最后，他于2001年10月10日，以5.44元认赔出局。

光这一笔，就让他在短期内亏损了20%。

他开始对自己的判断力产生动摇和怀疑。他把求助的希望投向了市场的"专家"。一次，他去听了一场股评报告会，被台上的演讲迷住了，轻信了那个"专家"的话，并心甘情愿地掏腰包，缴了1.6万元的会员费，开始聆听"专家"指示。

2001年12月28日，他按"专家"的旨意，买进了宏源证券（000562，重组后代码为000166，申万宏源）。"专家"说："抱着这只股尽管睡觉，只赚不赔。"

他以10.03元买入。第二天，股价真的涨了，最高冲到了10.50元。"专家的水平就是不一样！"他想，说不定在这只股上能把在陕长岭上的损失补回来，于是没卖。没想到，好梦还没做完，三天后，该股开始暴跌，股价从10元，跌到9元，再到8元，7元……

2002年1月21日，就在该股再次跌停之际，他实在忍受不了这种疯狂下跌的折磨，把宏源证券卖在了"地板"上，痛苦地离开了交易所。

他的心烦躁死了，却无人倾诉。花了1.6万块钱，买来的却是巨大亏损！

他漫步在珠江边，望着滚滚江水，心如刀绞……最后，他来到自己多年来都喜欢去的一家购书中心，一个人呆坐在角落里的一个座位上。

大厅里有位乐手正在弹奏着一曲《高山流水》。那动人的旋律一下子让他忘掉了痛苦。接着又是一曲《渔歌唱晚》。在美妙的乐曲中，他烦躁的心绪立即平静了下来。

"在熊市下跌中过早抢反弹，杀伤力是致命的！"翻倍黑马回忆当年惨痛的教训，深有感触地说，"现在回过头来分析，当时没有一条指标符合买进条件，各项技术指标均为死叉，MACD是绿柱，成交量也未推升，而自己就盲目自信地进场了。最后，连自己都不相信，又把命运交给了"专家"，再次落入陷阱，教训多深啊！"

在熊市里享受快乐

在赔钱煎熬的日子里，翻倍黑马更多的时间是在反思自己，总结教训。他看了许多中外投资大师的书，其中巴菲特和索罗斯对他的影响最大。永不言败的他决心树立新的投资理念，向股市挑战。

2003年11月13日，上证指数最低跌到了1307.40点。近一年没操作的翻倍黑马看到机会来临，决意东山再起。

11月25日，他介入了领先科技（000669，现名：ST金鸿）。当日，该股的5日均线上穿24日线，形成金叉，他以7.68元买入，买后就涨。他不再贪恋股票，次日，当股价上冲时，他以8.15元果断卖出，赚6%。

接着，他于2003年12月16日买入自己熟悉的老股票广州控股，10.68元介入，自他买入后，该股股价节节攀高，连涨两个"平台"。到了2004年1月8日，他看到"上吊线"出现，股价涨不动了，便以12.03元抛出，获利12.35%。

"到这时，我的技术开始成熟了。买股不是追求买在最低点上，而要买在要上涨的启动点处。广州控股买入点正是选在它突破平台之时，所以赚了钱。"他对我说。

成熟后的翻倍黑马，渐渐进入股市赚钱的良性循环。尽管在熊市，他也能稳健地把握机遇。2004年1月30日，他买进了公用科技（000685，现名：中山公用）。买入价6.56元，于2月5日以7.63元卖出，持股6天，获利16.3%。

最完美的成功操作，应算是对弱市中的大牛股中集集团（000039）的操作。2004年7月13日，他以7.13元刚一买入，第二天该股就进入了主升段拉升，至7月19日以18.27元卖出，5个交易日便获得21.8%的丰厚利润。

2004年9月17日，他发现这匹弱市中的大黑马在整理了1个多月后又有了启动迹象，便于当日以18.80元追进。此后，他乘坐主力的快车，于10月8日以25元卖出，仅11个交易日，获利高达38.3%。

稳健操作，连连获胜，使他在熊市中享受到了无比的炒股快乐！

全国冠军"选股系统"揭秘

他为何在几年间能夺得12次实盘冠军、2次获得全国炒股大赛冠军？为何无论在牛市还是熊市都能获取骄人的战绩？他在实战中总结出的一套简单、神奇而精确的选股系统，是他屡战屡胜的核心保障。

"在风云变幻的股市，在高手林立的搏杀赛场上，你能在历次大赛中胜出，可谓不易。是因为你选出的股票好，买入能大涨，这是取胜的核心，对吗？"在采访中，我针对核心问题，追问翻倍黑马。

"你说得一点没错。我是胜在选股上。过去十余年我赔钱大都是赔在不会选股上，现在稳定地赚钱，也是赢在了选股策略和技巧上。"

"听说，你有一套选股系统，复杂吗？"

"不复杂，可以说，很简单，但很实用。"翻倍黑马回答说，"我可以演示给你看。"

"不保密？不怕我泄露天机？"

"这可真是我这么多年的最核心的机密。"翻倍黑马诡秘地一笑，"只要不伤害机构，把我的经验奉献给投资者，也无妨吧！"

"我代表全国的读者和投资者谢谢你的坦诚。"我说。

根据翻倍黑马的演示，我将他选股的核心系统揭示给广大读者朋友。

指标设置及判断大盘买入条件

选股前，要先设置指标。常用指标如下：

◆ 均线指标：5日、24日、72日、200日。
◆ 均量线：5日、60日。

满足以下条件时，可考虑买入大盘股：

◆ 必须满足的均线条件：5日均线上穿24日均线，形成金叉。
◆ 成交量必须满足的条件：5日均量线上穿60日均量线，形成金叉。这样，大盘就有足够能量推动指数上扬。
◆ MACD在0轴上，DIF（白线）必须上穿DEA（黄线）形成金叉。否则，不可买入。

实战案例：2008年底至2009年1月"开门红"反弹行情

上证指数于2008年10月28日创出1664.93点后，成交量逐渐放大。11月10日，5日均量线上穿60日均量线，形成金叉。

代表着中长期趋势走向的方向线72日均线，从下降开始走平。

MACD在2009年1月，白线与黄线在0轴以上形成金叉，呈现红柱。据此，给出了可以买入股票的强烈信号！（图4.2）

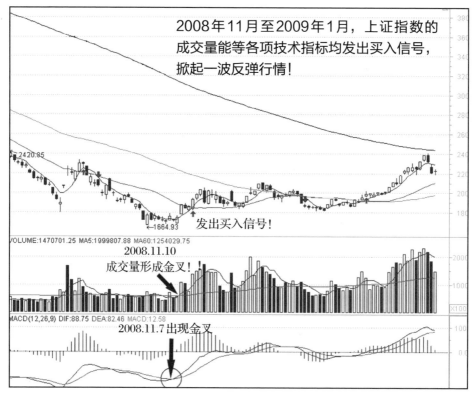

图4.2　上证指数走势图1

判断大盘卖出的条件

满足以下条件时，可考虑卖出大盘股：

◆均线条件：5日均线下穿24日均线，形成死叉。

◆成交量：5日均量线下穿60日均量线，形成死叉。能量萎缩，说明已无力再推动股价上涨。

◆72日线从原来上涨趋势走平，然后勾头向下。

◆MACD的DIF下穿DEA形成死叉，呈现绿柱。

实战案例：上证指数见顶

以上证指数为例：2007年6月19日，5日均量线下穿60日均量线，形成死叉，成交量出现的这一重要的信号，说明量能已不支持大盘继续上攻。当天，上证指数收盘于4269.52点。

按常理说，一波牛市的行情到此应该结束，投资者在此应该出局。但为什么此后大盘又强势不减，向上攻击到6124点呢？翻倍黑马认为，这是因为"5·30"的暴跌，让众多的中小投资者成了惊弓之鸟，当大盘迅速反弹至4200点左右时，人们纷纷逃离，而大的机构则是船大难掉头，深套其中。为了摆脱这种局面，只能再次将指数推高，再次吸引散户，把中小投资者套在高点上。

但是，从盘面上可以发现，成交量一直没跟上。即使是创出6124高点时，5日均量线仍在60日均量线下方，并没有有效突破60日均量线。

2007年11月1日，当日上证指数最高点为6005.13点，是自2005年牛市行情启动以来的第二个高点。

此时，上证指数走势有以下特点：

第一个特点：推动指数上扬的成交量，未能跟随指数一起上扬。

第二个特点：MACD的DIF未能上穿DEA，形成死叉，呈现绿柱。

仅从这两点，就可判断：顶部成立，应果断离场。（图4.3）

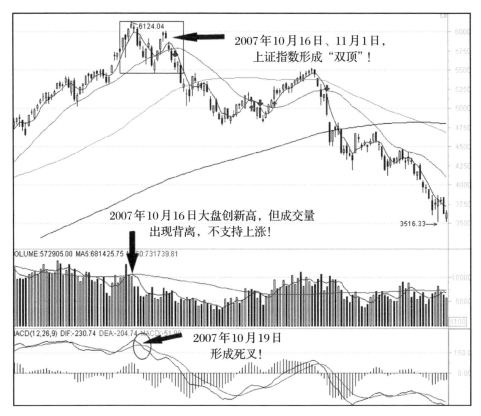

图 4.3　上证指数走势图 2

精选个股，挖掘明天能上涨的黑马

不论是在牛市还是在熊市，在股市的博弈中，只有抓到好的股票，才能获利。因此，精选出好的个股，挖掘到明天能上涨的黑马，是在股市中获利的关键。

翻倍黑马说，精选个股必须在大盘符合买入条件的前提下进行。

熊市选股

价格要低。首选严重超跌的股票。一般要求股价在5元左右，最高不超过10元。这样，一旦反弹，股价上涨空间相对大些。翻倍黑马说，当熊市终结时，行情反弹的第一波是严重超跌的低价股。这些股票原来的价格都在30~40元，现在不过3~4元，水分基本蒸发。一旦有资产注入、二次重组、政策扶持等利好出现，后期走势便十分看好。而第二波的反弹对象将是中价股。

他建议投资者在股市出现阶段性反弹时要回避基金重仓股。因为在熊市中大部分基民都是亏损的，股市反弹到一定程度，肯定有很多人会赎回基金，这时候基金经理就不得不卖掉股票，基金重仓股会承受很大的抛压。"到牛市中期，它们才会成为不错的选择。因为那时候大家已经意识到牛市到来，资金开始涌入市场。"翻倍黑马说。

短期没有大的涨幅。这里所说的"短期"，一般是指两个月内，其涨幅不得超过30%。

单日换手率不超过7%。如果单日换手率超过7%，说明股票已经在加速了。

流通盘最好选小于1亿股。因熊市交易量小，小盘股股性比较活跃，过大的盘子在缺少资金的情况下，难以有大的涨幅。

牛市选股

要选最强势的股买进。可通过"阶段排行"，寻找每个阶段的热点。

追击涨停。抓当天的热门股、飙涨股。"追击庄家，抢庄家的钱。追击时，以最快的速度下单，往往以秒来计。

做蓝筹大盘股。这类股票，往往是基金和市场主力青睐的目标，盘子不低于5亿股为佳。

捕捉短线"最佳买卖点"

选出好的股票，怎样才能做到"买了就涨"？翻倍黑马捕捉短线"最佳买卖点"的四大方法，将会使你一目了然。

短线最佳买点

做股票很重要的一点就是掌握最佳买点。特别是做短线的投资者更加要选好买点。买对了，就等于成功了八成了，剩下的就是赚多赚少的问题。因此，我们要在捕捉短线的最佳买点上下苦功夫，以取得"攻则必胜"的成功概率。

买在启动点上

买在股价上涨的启动点上，这是稳健获利的关键，也是短线最佳的介入点。

实战操作精要

5日均线上穿24日均线。这是入选"黑马池"的重要条件，也是选取最佳买点必备的首要条件。

成交量温和放大。5日均量线上穿60日均量线，形成金叉。

MACD指标在0轴上方呈现发散向上的形态。

突破盘整的平台。

实战案例：江苏开元

江苏开元（600981，现名：汇鸿集团）在2006年12月21日突破5日线的压制，形成完美的上涨通道。此时，5日均线与24日均线都开始上翘，且成交量温和放大，短线处于即将拉升的启动点。这个时候就是短线捕捉最佳买点的时机，应该果断迅速介入。（图4.4）

实战案例：力源液压

2006年9月14日，力源液压（600765，现名：中航重机）的5日、24日、72日均线黏合，15日开始向上发散，突破5日线压制，成交量成倍放大，MACD于2006年9月18日在0轴以上发散向上，股价处在启动点上，此为最佳买点。（图4.5）

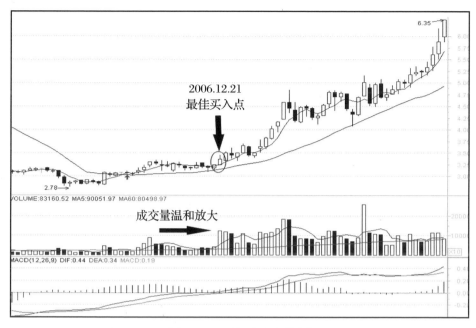

图4.4　江苏开元走势图

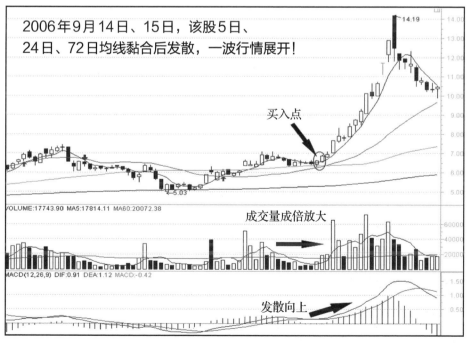

图4.5　力源液压走势图

实战案例：西安饮食

西安饮食（000721）股价自2005年12月22日上穿72日均线后，并站稳于72日均线上，MACD在0轴上方平行向上。2006年1月4日，该股在旗形整理的末端，向上突破拉升，是最佳介入时机。（图4.6）

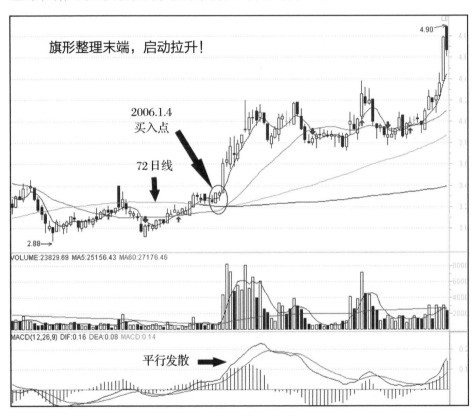

图4.6 西安饮食走势图

买在向上加速的突破点上

在股价向上加速突破之际介入，这是赚快钱的一种短线方法，如果时机把握得好，短期收益会很大。

股价形成上升通道，随着股价的不断上涨，各项技术指标日臻完美。

5日均线呈大于45°的斜率向上翘起。

成交量保持在60日均量线之上。

主力拉升欲望强烈，与市场投资者踊跃参与的旺盛人气形成共鸣。

实战案例：贵航股份

2008年12月30日，贵航股份（600523）突破前期高点，5日均线斜率陡峭向上，成交量成倍放大，新的一波主升浪展开，在加速点上，是介入的最佳时机。（图4.7）

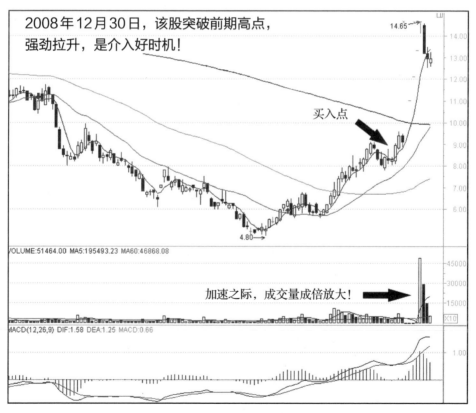

2008年12月30日，该股突破前期高点，
强劲拉升，是介入好时机！

买入点

14.65

4.80

VOLUME:51464.00 MA5:195493.23 MA60:46868.08

加速之际，成交量成倍放大！

MACD(12,26,9) DIF:1.58 DEA:1.25 MACD:0.66

图4.7　贵航股份走势图

实战案例：中国卫星

2006年2月～3月，中国卫星（600118）股价在上涨后，进行了一段时间的充分盘整，3月21日，5日线上穿24日线，均线呈多头排列，股价逐日攀升。31日，股价加速突破前期高点，MACD上涨斜率改变，陡峭向上，一波主升浪就此展开。3月31日突破之时，为最佳买点。（图4.8）

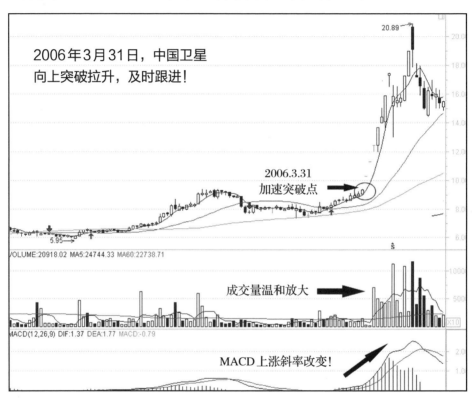

图4.8 中国卫星走势图

买在"最悲伤"图形V形反转处

这是在股价调整的末端，主力凶狠洗盘砸出一个"坑"后，出现V形反转时介入的一种方法。

跌破股价主要"平台",砸碎人们的"心理关口"。

主力"扫货"决心大,成交量持续放大。

在连续下跌后,低位出现长下影线的第二或第三个交易日时,为最佳买点。

实战案例:达意隆

自2008年8月～10月,达意隆(002209)股价连破三个整理"平台",股价从9元以上,被砸至最低4.85元。9月22日股价冲高,主力试盘;之后,主力进行最猛烈地砸盘,将股价从6元多又砸至4元多,一次次将人们的心理关口击破。10月13日出现一根长下影的阳线企稳,10月15日开盘涨停。从实战中买点看,10月16日为最佳买入点。(图4.9)

图4.9 达意隆走势图

实战案例：三元股份

该股受"奶粉事件"影响，股价连续暴跌。2008年9月17日，K线图中出现了倒锤子星的上攻信号，18日低开后很快飙至涨停，当日是最佳介入时机。此后，该股连拉涨停，成功实现V形反转，为市场所惊叹。（图4.10）

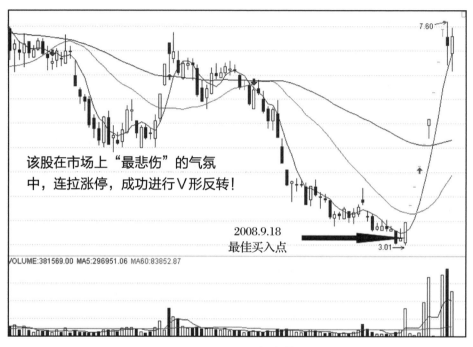

该股在市场上"最悲伤"的气氛中，连拉涨停，成功进行V形反转！

2008.9.18
最佳买入点

3.01→

VOLUME:381569.00 MA5:296951.06 MA60:83852.87

图4.10　三元股份走势图

买在回抽确认支撑位时

股价突破均线后上涨，当再度回调到均线遇到支撑时，成交量再度放大，此时，即是短线介入的良机。

实战案例：莱茵置业

2008年11月17日，5日线上穿24日线形成金叉，发出第一次买入信号。11月25日，莱茵置业（000558，现名：莱茵体育）回抽至24日线时遇到支撑，此支撑位处即短线再度介入的一个买点。（图4.11）

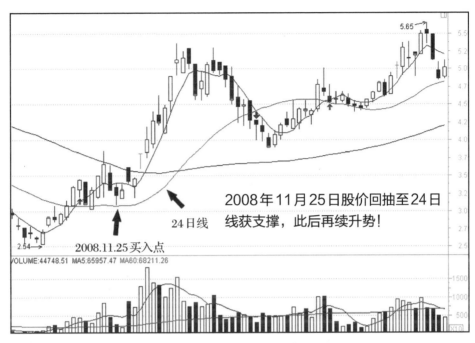

图 4.11　莱茵置业走势图

实战案例：江苏国泰

江苏国泰（002091）在突破24日线后一路上涨，在高位横盘。2008年12月1日回调确认24日线支撑，此后一路上涨。（图4.12）

实战案例：沙隆达A

2007年11月13日始，沙隆达A（000553，现名：安道麦A）以连续涨停方式先后突破5日和24日均线，然后回抽确认24日均线支撑，此时是短线的一个很好的介入点。股价获支撑后，又开始一路上行。（图4.13）

短线最佳卖点

对股票最佳短线卖点的把握，最重要的是识别高位的图形特点。在股票进入加速之后，如果出现"见顶信号"就是最佳卖出时机，这个时候要果断迅速卖出，如果错过了卖出时机就会出现巨大的亏损。

图 4.12　江苏国泰走势图

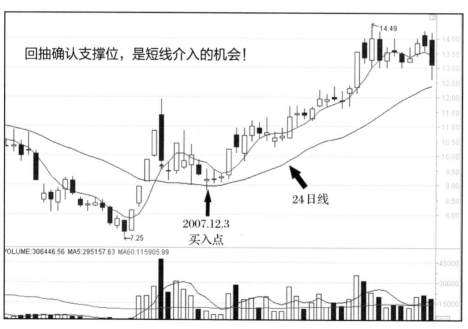

图 4.13　沙隆达A走势图

高位"十字星"

实战案例：烟台冰轮

2007年5月29日，烟台冰轮（000811，现名：冰轮环境）出现高位"十字星"卖出信号。股票上涨乏力，出现滞涨，这时就是最佳的卖出时机，最好是收盘前一分钟内把股票清空。（图4.14）

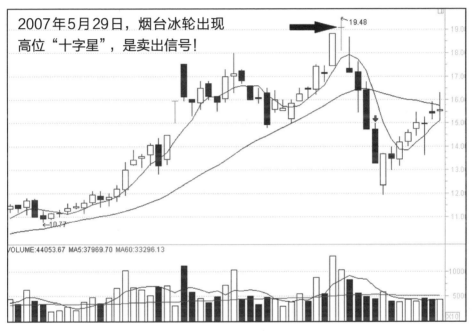

图4.14　烟台冰轮走势图

实战操作精要

股价高位出现对敲放巨量的走势，后面涨不动就是见顶信号，卖出股票。

当股票价格连续大幅度上涨之后，出现高位大幅度震荡，特别是出现"十字星"的时候要卖出。

股价跌破重要支撑线时就是卖出信号，这个时候我们应该要空仓。

跌破24日线之后不能够迅速修复跌幅的就要注意此时风险过大，不必急于抄底。

高位长上影线

实战案例：西飞国际

2008年1月8日，西飞国际（000768，现名：中航西飞）在高位出现长上影线，发出卖出信号。（图4.15）

图4.15 西飞国际走势图

实战案例：上海建工

2007年5月9日，上海建工（600170）出现连续加速上涨之后的长上影线，这种高位长上影线是最佳的卖出信号，通常都是在最高点才会出现。它伴随巨幅震荡出现大成交量，就是主力撤退的标记，应果断卖出。（图4.16）

图 4.16　上海建工走势图

实战操作精要

　　股价进入最后的加速阶段出现连续涨停,当涨停封不住的时候就是见顶的时候。

　　高位出现巨量,同时出现了典型的长上影线属于见顶信号。

　　出现不能够创新高的时候就是股价见顶的时候,应该以卖出为主。

　　当我们发现股票价格跌破均线,5日线成为压力线时要谨慎,不必急于抄底,刚见顶的阶段风险最大。

高位长下影线

实战案例:江西水泥

　　2008年5月21日,江西水泥(000789,现名:万年青)出现长下影线,股价在高位宽幅震荡，主力出货明显。当经常出现长上影信号和长下影信号，成交量在震荡的时候比较大时，我们应跟随主力出货。（图4.17）

图4.17 江西水泥走势图

实战案例：古井贡酒

2007年7月10日，古井贡酒（000596）出现长下影线，价格是连续上涨之后的高位，已经明显涨不动了，这个时候出现长下影线的信号是卖出信号，应果断卖出。（图4.18）

高位放天量

实战案例：四川路桥

2008年5月23日，四川路桥（600039）高位放出天量，这个时候换手率高达44.95%，确定为主力出货行为，应果断卖出。（图4.19）

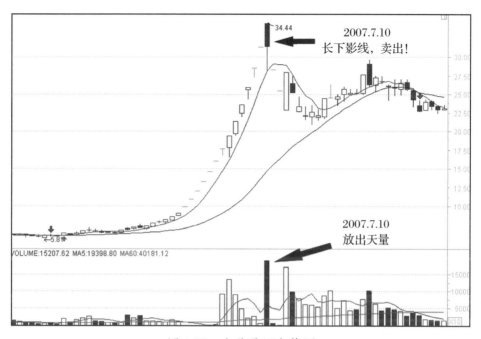

图 4.18　古井贡酒走势图

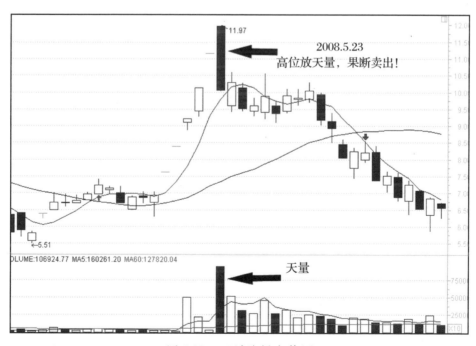

图 4.19　四川路桥走势图

跌破重要支撑点时

实战案例：广东鸿图

2008年1月22日，广东鸿图（002101）跌破24日重要支撑线，见顶的形态已经形成，抛压严重，击穿重要均线之后出现加速下跌的可能性很大，应果断卖出。（图4.20）

图4.20　广东鸿图走势图

实战案例：高鸿股份

2008年3月12日，高鸿股份（000851）股价击穿24日线之后没有反弹的力量，这个时候是最佳的卖出时机。（图4.21）

图 4.21　高鸿股份走势图

夺冠实战案例精选解析

翻倍黑马夺冠后，许多人都在探寻他如何选取短线飙涨黑马和如何把握买入时机的秘密。这里，仅对他在2008年底的炒股大赛决赛中的部分实例进行图文解析和点评。

实战案例：美欣达

2008年12月8日，大盘已经连续上涨多日，累计已有一定的上涨幅度。根据当日的走势，中午就到达了高点，下午大盘就出现了震荡下跌的走势，尾盘在14时25分左右开始当日洗盘，洗盘结束后再次拉起，指数大涨3.57%，以高点报收。由于下午个股都已经上涨一定的幅度，此时追高风险巨大。因此，选择在大盘震荡之后买入美欣达（002034，现名：旺能环境）比较安全。为了确保买入，提高价格挂单4.92元买入。该股在10分钟内就牢牢封住涨停板。（图4.22）

图4.22　美欣达走势图

实战操作精要

均线系统出现第二波加速的形态。股价突破72日线进入加速状态。

5日均量线上穿60日均量线之后回抽60日均量线不破，再次启动向上时。

MACD技术指标出现发散向上红柱增长。

股票价格突破近期高点。

实战案例：瑞泰科技

瑞泰科技（002066）经过底部盘升之后，顺利突破了24日均线，持续地上涨使均线变成比较完美的图形。在2008年12月3日出现24日均线上穿72日均线形成金叉信号，我们可以在这个时候选出备选个股，等待有把握的买点出现。比赛进入决赛第一天即2008年12月8日，大盘出现上涨，尾盘买入。第二天盘中冲高卖出，采取有赚就走的策略。（图4.23）

图4.23　瑞泰科技走势图

实战操作精要

上涨趋势形成之后，股价沿5日线上升随时可能加速。

24日线上穿72日线是短线大资金进场的标志。

成交量温和放大是加速的信号，短线有机会。

短线冲高就获利，见好就收，绝不贪心。

实战案例：四创电子

四创电子（600990）股价突破72日线进入加速状态，在上涨的过程中迅速买入，一旦次日冲高就可以快速卖出。捕捉加速的形态个股可以赚快钱，

根据大盘的状态来决定买卖的时机。这个节奏的把握是要有比较长的时间磨炼才可以形成的快速决断的条件反射。（图4.24）

17.27

2008.12.8
突破"平台"买入！

6.60

VOLUME:40899.10 MA5:25189.32 MA60:15203.01

图4.24　四创电子走势图

实战操作精要

确定上涨趋势的股票选择回抽24日线的价格买入。

价格突破72日线的时候是股价进入加速的时候，此时追买短线获利机会大。

在连续上涨之后冲到技术的压力线可以先获利卖出，等待机会。

遇到压力线经过盘整之后再次放量突破"平台"是最佳买入的时机。

实战案例：沧州明珠

沧州明珠（002108）在股价连续上涨之后，出现两根实体大阴线的洗盘，调整幅度巨大，股价基本调整到位，并在24日线受到支撑，成交量保持温和放量状态，随时重拾原来的上升趋势。（图4.25）

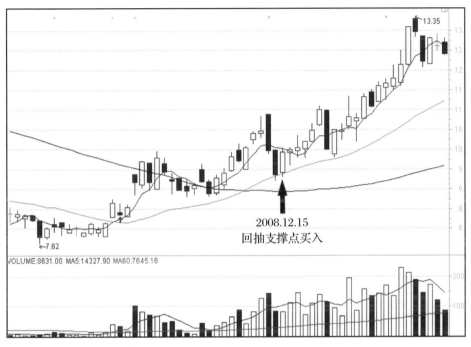

2008.12.15
回抽支撑点买入

图4.25　沧州明珠走势图

实战操作精要

　　股票上涨的过程中，每次出现大幅度下跌的震荡，次日就是很好的买点。

　　向上趋势形态未被破坏的股票，不要害怕实体阴K线，这是捡便宜的最佳时机。

　　成交量的5日均量线上穿60日均量线之后，如果不死叉就可以等待利润扩大。

　　往往不急不躁的上涨形态，是运作机构实力强大的标志，可进行跟踪追击。

实战案例：凤竹纺织

凤竹纺织（600493）该股在上涨途中出现大阴线回抽24日及72日线，受到支撑，是买入的最佳时机。（图4.26）

图4.26　凤竹纺织走势图

实战操作精要

在连续突破重要压力线之后还能上涨的股票是强势股。

在回抽24日线的时候是最佳买入点，既安全又获利快。

短线如果上涨的幅度超过30%，就会累积一定的压力，要注意节奏。

在高位放巨量出现长上影线是卖出的信号。

实战案例：大橡塑

大橡塑（600346，现名：恒力石化）股价在上涨过程中，回抽72日均线受到支撑，5日均量线上穿60日均量线，股价重新站稳在5日均线上方，形成

继续上攻的态势，此时为短线最佳买入时机。（图 4.27）

图 4.27　大橡塑走势图

实战操作精要

反复震荡盘升是机构吸筹的阶段，可以耐心低吸。

持续上涨的行情可以赚取高抛低吸的差价。

一旦 5 日线陡峭向上，则表明股价将要起飞，捂住股票就能大赚。

当价格进入持续上涨的阶段，就是等待利润扩大的时候。

实战案例：中钢天源

2008 年 12 月 17 日，中钢天源（002057）24 日均线上穿 72 日均线，形成金叉，次日为最佳的短线介入时机。（图 4.28）

图4.28　中钢天源走势图

比较活跃的股票是短线最好的选股标的。

绝对价格偏低、操作相对安全，是选股的一个重要前提，伴随成交量放大，往往会出现加速上涨。

当股票反复涨停的时候，说明市场已经形成共鸣，短线看涨。

根据5日线的价格作为强势股的操作依据。5日线上翘斜率越大，短线涨势越猛。

实战案例：德棉股份

德棉股份（002072，现名：ST凯瑞）均线组合形成多头排列，股价上涨速率正在加大，突破前期高点时，为短线最佳买入点位。（图4.29）

图 4.29　德棉股份走势图

　　该股的绝对价格具有优势，底部比较扎实，短线操作风险低。

　　5日线上穿24日线的时候就是短线开始走强的时机。

　　5日线上穿72日线的时候就是股价开始急速拉升的阶段。

　　成交量温和放大是持股待涨信号，但在高点放量要提防主力出逃，应及时获利了结。

实战案例：广州控股

　　2008年12月16日，广州控股（600098，现名：广州发展）的K线图中出现了长下影线的见底信号。次日，放量大涨，应果断出击。（图4.30）

图4.30　广州控股走势图

连续回调之后出现长下影线的阳线，是短线见底信号。

站稳24日线就是短线出击的时机。

5日均量线上穿60日均量线就是短线买入信号。

连续上涨时候，如果盘中放量，出现巨大卖盘，应见好就收。

实战案例：南纺股份

自2008年12月11日始，南纺股份（600250）在上涨途中连续出现四根阴K线，当时大盘正处于火热的上涨阶段，该股绝对价格偏低，涨幅较小，主力压制吸筹明显，补涨需求迫切，短线介入，必有所获。（图4.31）

图 4.31　南纺股份走势图

实战操作精要

绝对价格在3元附近不亏损的股票容易被挖掘炒作。

均线组合形成多头排列的时候就是买入的时候。

成交量5日均量线上穿60日均量线为短线买入点位。

做足功课，事前选好个股，在盘中出现买点时，才可以快速操作。

实战案例：同达创业

2008年12月16日，同达创业（600647）K线图中出现带长下影的十字星，呈现出见底信号。18日，股价重新站上5日均线，是短线介入时机。（图4.32）

图4.32　同达创业走势图

　　底部连续涨停的股票是主力进入很迫切的表现。

　　在均线突破72日线的时候最好继续买入。

　　翻倍的股票经常都是以涨停的方式开始启动的。

　　上涨过程中抛压稀少说明潜力巨大。

实战案例：中汇医药

　　2008年12月初，中汇医药（000809，现名：ST新城）股价震荡上行，当第一次回抽确认24日和72日均线时受到支撑，此时乃趁低吸纳的最佳时机。（图4.33）

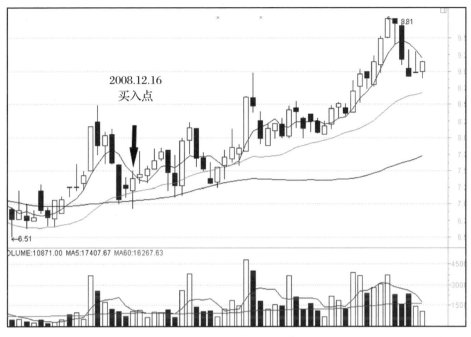

图4.33 中汇医药走势图

该股的特点是每次只要碰到72日线，都是买入的机会。

震荡市的操作模式就是冲高卖出，急跌买入。

组合均线形成多头排列是加速的重要信号。

在相对的低点去买入看好的个股，是控制风险的重要一环。

"翻倍"的核心秘籍

"有100%把握时才出手！"这是翻倍黑马屡次在实盘大赛中获胜的根本点，也是他征战股市17年，在近4年中保持不败纪录的制胜要诀。

有100%把握才出手

翻倍黑马坚信自己的操作系统。他说，他的一切操作行为，必须符合他自己的交易系统原则，然后才行动。这些原则包括大盘要处于牛市初期启动点，或者是处在牛市的上涨周期里，才可放手去做。对于个股，要处在跌无可跌，短线具有聚集强烈反弹的能量，并已出现明确的买入信号、所设置的技术指标，至少要有两个同时发出"买入指示"时，才可进行操作。如果所有技术指标发生"共振"，出击的把握性更大，成功率也会越高。

"这样做可回避许多因为不确定因素而造成的亏损。"他说。

2005年6月6日，上证指数跌破了千点大关，市场一片恐慌，而此时翻倍黑马却看到了大势转折的契机，向亲朋好友和周围的投资朋友发出大胆进军的"号召"。2005年12月23日，上证指数有效突破年线，MACD指标在0轴以上呈现出红柱状，所有的指标这时发生共振，说明上涨趋势完全确立，一波大行情喷薄欲出。

"这是千载难逢的机遇，该出手时就要大胆出手！"自2005年8月8日就参加各种实盘大赛，已连夺几届冠军的翻倍黑马，在谈体会时多次强调，历史给予我们这么好的机会，我们要很好地珍惜，这时出击就有100%的获胜把握。

精确选股，买进坚决

选飙涨的股票是获取胜利的第一步，也是最重要的保证。通过对千余只股票的筛选，建立起符合条件的股票池。在此基础上，从中再精挑细选，把最有机会先启动的个股，再建立一个"黑马池"。把黑马池中的股票，作为盘中重要观察的对象。

翻倍黑马认为："一旦通过精选，发现有完全符合自己选股系统的股票，且买入信号出现，就要果断坚决地买入，不可三心二意。在思考研究的时候可以犹豫或者慢一点，但是，已经深思熟虑之后，到操作的时候就要果断出击。坚决执行计划，不要错失良机。"

他举了这样一个例子：他的一个朋友在2006年3月30日给他打来电话，要他推荐一只股票，并开玩笑地说："买了房子，买了车库，还缺一辆车。"为了安全起见，翻倍黑马为他推荐了一只在底部准备启动的股票。但朋友看前期跌得那么凶，犹豫再三，不敢买入。结果不久，这只股票大涨，朋友后悔莫及，又打电话问是否还可买进。其时，股价已在高处，风险较高。机遇来临，犹豫不决，是赚钱的大忌。

在安全前提下，加快资金的周转率

翻倍黑马说，在股市里要想有较高的收益，有两种：一种是单一品种获利幅度巨大；另一种则是积少成多，通过短线滚动操作，像滚雪球一样，越滚越大，每次赚三五个点，步步为营，长年累月，收获也会不菲。

在东方财富网举办的炒股大赛中，有一位选手采取的就是第一种方式，而翻倍黑马采取的是第二种方式。刚开始那位选手抓了一只黑马股，涨势很凶，名列前茅，排名曾超过翻倍黑马两天。后来，这只股高位滞涨，他也不舍得换股。而翻倍黑马却一直不急不躁，通过买入大量精选的短线股票，频繁操作，排名稳步上升，最终"乌龟"跑赢了中途睡觉的"兔子"，登上了冠军的领奖台。

在震荡市中通过高抛低吸，行情上涨空间有限，捂住一只股票不放，很可能收益平平。而在安全的前提下，买入更多有上涨潜力的短线品种，加快资金的周转率，或许是获取高收益的一个良策。

集中兵力打"歼灭战"

分析师常说："不要把鸡蛋放在一个篮子里。"翻倍黑马却说："要把鸡蛋放入一个安全的篮子里，并集中精力维护好篮子的安全。"这是他多年获胜的一个体会。

他认为资金在500万元以下，一般只会去买一只股；在1000万元以上，也只买三只股票。这样做，有利于集中精力照顾好"篮子"的安全。有的投资者资金不多，但买的股票却不少，有的二三十万元的资金，竟买入了几十只股票，结果机会来临，顾了东顾不了西，也不能很好地把握买卖点，亏损是必然的。

"一个人的精力有限，时间有限，做股票千万不要贪多，而在于精！"这是他对投资者的忠告。

主动向市场认错，莫让亏损失去控制

著名投资大师索罗斯为自己的成功投资总结出两点：一是当趋势形成时，他往往会利用杠杆作用，获取最大利润；二是当判断错误时，他会主动向市场认错，将亏损率降到最低。

他告诫我们："重要的不是你对市场的判断是否正确，而在于你在判断正确的时候赚了多少钱，在判断错误的时候又赔了多少钱。"

翻倍黑马说，在充满风险和风浪的股市中，要想保持常胜是很难的。犯错误也是经常会发生的事，关键是要及时修正自己的错误，莫让亏损失去控制。

主动向市场认错，修正越早，损失就会越小。如果明知错了，也不去主动改正，而是听之任之，只会是越套越深，最终不能自拔。这是许多投资者常犯的一个错误。

稳健是复利赚钱的最快方法

"稳定、安全"，这是我在采访翻倍黑马时，他重复最多的两个词。有些人认为，作为短线炒手，特别是超短线炒手，一定是敢冒大风险博取暴利的。其实，恰好相反，高手们最讨厌的是风险。

巴菲特有句名言："永远不要赔钱。"争取零失误，安全操作，不亏就是胜利。翻倍黑马在获胜后的一篇文章中写道："在暴跌中表现稳健，在上涨中出类拔萃，这是投资股票的追求，也是一个成熟的短线高手应备的基本素质。我参加过十多次公开大赛，都没有出现急功近利的混乱操作，都是采取步步为营的策略。看上去每次只赚3%左右，但是累积起来，就是很大的收益。看似普通的操作，在每次的复利下，就会出现神奇的效果。在我看来，其实很平凡的操作，稳健去盈利，就是最好最快的方法。建议所有投资者珍惜自己的财富，稳健操作，有把握才去做，这样也会赚到翻倍的业绩。"

巴菲特的理念＋索罗斯的风格

翻倍黑马最崇拜的投资大师是巴菲特和索罗斯。他们的操作理念深刻地影响着他的投资决策。

他说，巴菲特最让他崇尚的理念是："保住本金！""保住财富！""永不赔钱！"索罗斯影响他最大的是"果敢！""快进快出！""永不与趋势作对！"在熊市中，他的持股仓位一直控制在20%以内，止损点位控制在3%之内（包括手续费）。

他说，把资金安全、防范风险始终放在第一，几乎是所有股市幸存者执着坚持的一个信条。而索罗斯顺应趋势、快速反应、果敢操作的风格，更是熊市中制胜的法宝。只有采用巴菲特的理念＋索罗斯的风格，你才能在股市中立于不败之地。

事先确定退出策略，买之前就知何时卖

在实盘操作中，翻倍黑马严格遵守自己事先定好的操作计划和原则，从不随意冲动地改变。这也是他获胜的重要一条。

一般他选好准备介入的股票时，都事先想好了"退路"，绝不会因盘面的诱惑而轻易变化。在熊市中，常见许多人在利好时，盲目乐观，冲动追高，结果深套其中。也有人在低位买入，明明有赚，被利欲迷惑心智，本来该高位获利了结的，想追逐暴利，不舍得走，结果坐着"电梯"从高山之巅，又回到"山谷"。这种只知买、不会卖的投资者，只能在山冈上义务而痛苦地为主力"放哨"。

"在我进入之前，我就知道何时退出了。"请记住投资大师布鲁斯·柯凡纳的这句话。只要事先制订的投资目标已达到，就要及时退场。有时因为

股价的上涨风险的累积，或遇突发利空影响，已经不符合当初买入的条件，很难再实现预定的目标时，也要果断卖出。

坚信自己的原则，不被"消息"左右

"听消息炒股，是许多投资者赔钱的重要原因。"翻倍黑马说，"我一直坚信自己的原则，从不听消息。如果你相信'消息'，那就是你赔钱的开始。"

巴菲特说过一句名言："就算你有足够的内部消息和100万美金，你也可能在一年内破产。"

成功的投资者都在坚持自己的原则，不被别人忽悠。而亏损被套的投资者多数没有自己独立的买卖系统，喜欢到处打探"内幕消息"，费尽心思，结果却不尽如人意，最后被"消息"所害。

在每个投资者的股市生涯里，都有过赚钱的经历。要珍惜和认真总结自己的这些宝贵经验，找到让自己赚钱的根源是什么。把它们提炼出来，变成自己的投资原则和操作系统，然后坚持下去。

"请相信自己，重复做让自己赚钱的事，你很快就富了。"翻倍黑马说。

学会逃命，保住战果

这是熊市高手的一个共同点。

2007年5月份股市到达高潮，翻倍黑马看到家里的保姆和菜场卖菜的阿姨都在谈论股票，他清醒地意识到风险即将来临。

后来，他看到市场中的两个重要的"风向标"发出卖出的信号：一个是巴菲特卖出了中石油，另一个是李嘉诚在2007年9月份套现股票。他想，既然两个投资界的名家都不看好后市，我为什么还待在里面呢？于是，他为保住胜利果实，迅速清空股票，成功在5200多点出逃。

他说："在风险来临之前，要卖出股票。通常，在风险真正到来时，你想卖，恐怕已经来不及了。"

果断决策，永不后悔

翻倍黑马是个超级短线客，他说他持股时间最长不超过5天。

"你操作那么多的黑马，有许多股票在你抛出后，还在大幅飙升，难道你不后悔吗？"我问。

"不后悔。只要是我做出的决断，都会立即执行。哪怕我卖出股票后，它又飞涨，我也绝不后悔。我选的股票，有许多连续涨停，我只抓了一两个涨停板就抛出了。回过头来看，有点可惜，可我并不后悔。因为你不是坐庄者，你不可能吃尽行情。同时，我相信，股市永远有明天，赚钱的机会很多。犹豫不决，操作患得患失，最害人。"

果断决策，是翻倍黑马多年夺冠成功的手法之一。

"我追过许多涨停板。一旦我看到封涨停的巨量封单松动，就撤退，我会在第一时间毫不犹豫地卖掉它！哪怕是庄家设的骗局，我也先行退出，保住已得的胜利果实。"

他举了两件让他印象深刻的事件：

一件是2007年5月28日，他看到大盘走得比较怪，下午一点开盘，他做出决定，抛出手中所有股票。

"那正是'5·30'暴跌的前夕，难道你听到什么消息了？"我问他。

"没有。利空消息是5月29日深夜才发出的，我哪里知道呀？"他坦诚地说，"我那天清仓，只是盘面给我的第一感觉是：让股价上涨的力量还没跟上，获利盘也没消化完，就急着往上涨，感到很'不舒服'，于是，我就立刻卖掉股票！"

另一件是卖中石油。2007年11月5日，是中国石油上市的日子。"那天，一开盘，看到集合竞价开出那么高的价格，那一刻，我脑子只闪过一个念头：'太离谱了，卖掉它！'我便立即果断挂了卖单。几分钟后开盘成交。"他打开盘面指着中国石油上市当天的那根大阴线对我说，"成交的第一笔单子里就有我。它瞬间冲高，最高价是48.62元，我的成交价是48.60元。光这几秒钟内做出的果断卖出的决策，就让我赚取了200多万元。"

机会未出现前，要有无限的耐心

超级短线客，是不是天天都在交易呢？

翻倍黑马的回答是否定的。他说："当机会未出现前，要有无限的耐心，有时甚至要等很长时间。正如投资大师巴菲特所说的，'如果无事可做，那就什么也不做'，'一种近乎懒惰的沉稳一直是我们的投资风格的基石'。索罗斯也说过，'为了成功，你需要休闲。你需要供你自由支配的时间'。他们都在告诫我们要养成一种良好的投资习惯，即当我们找不到符合我们标准的投资机会时，要学会耐心等待，直到发现机会。"

他正是这样一个能忍受住空仓孤独寂寞的短线高手。2007年9月，大盘在5400点一带，还在往上攀行。这时，他已感到高处不胜寒，开始清仓，并建议身边的朋友也该果断撤离。果然，一个月后，上证指数到达6124高点后开始暴跌，而翻倍黑马一直在空仓观望，等待新的机会的到来。

"一直到2008年9月之前，我只是偶尔操作，约两成仓位，但是到9月份收益已经达到了70%了。其实，做短线并不一定意味着每天进出，看准了只需要做几次交易，频繁操作反而增加了亏损的风险。我有时为等一只股票的启动时机，会关注很长时间。一旦机会出现，股价启动，涨幅到达3%左右，我都会立即卖出。无论等多久，赚钱了我就撤，这样安全操作才能持久。如果把我4年以来的交易清单打出来，每一笔都是赚钱的。"翻倍黑马说，"在这种等待时机、安全操作的前提下，4年以来，我从未出过错。"

放松的心情会减少失误率

采访中的一天下午，我正在紧张地工作着。翻倍黑马走到我的身边，笑呵呵地对我说："白老师，我给你带来了两张碟，听听音乐，放松一下吧。"

说着，他把一张《水晶钢琴曲》放进了手提电脑的CD驱动器。立刻，一曲曲跌宕起伏的美妙琴声，充满整个房间，让人立刻置身在一个音乐天堂里。

"这曲子我每天都听。你听，一会儿明快，一会儿舒缓，听着这种没有歌词的纯音乐，会让人的思绪更清晰……"

的确，我抬眼望着窗外碧波荡漾的珠江，听着明快爽心的钢琴曲，刚才紧张工作的情绪，在音乐声中立即得到了放松。

"我最喜欢的还是《出水莲》。"说着，他换了另一张光碟播放。一曲用古筝弹奏的更加荡涤心胸的《出水莲》响起。

"啊，这行云流水般的悠扬古筝曲，多么像把我们带到了云雾缭绕的高山之巅。"伴着拨人心弦的《出水莲》，我第一次看到他满脸孩提般的笑容，展开双臂，诗兴大发，"那高山，那云海，我们坐在古老的石桌边对饮着名茶，望着山下滚滚而去的江水……"

他陶醉了。我也陶醉了。

"听着这乐曲，真让人心情放松。每天操盘太枯燥，操盘过后我就喜欢听这些美妙的曲子。"翻倍黑马动情地说。

"难道比赛时，你也听它不成？"我疑惑地望着他。

"对。我比赛的时候就听它。我体会到，买卖股票，最好是在没有任何压力的情况下进行。人有了一种极其放松的心情，操作的失误率就会减少很多。"

"是吗？这也是一个你透露的翻倍秘密？""呵呵……"他开心地笑着，点了点头。

尾声：炒股是一种生活方式

"实盘大赛你获得了这么多次冠军，今后还有什么新的想法和目标？"结束采访时，我问翻倍黑马。

"刚开始参赛，只是想展示自己的才华，证明自己的江湖地位。"翻倍黑马望着窗外那滚滚的珠江水，深情地回答道，"人生的路很长，就像奔腾不息的江水一样。其实，过去的这些成绩和荣誉并不重要，它只是我人生的一种经历而已。我还很年轻，投资事业对我来说只是一种生活方式，我还有更多更远大的梦想，现在梦想才刚刚开始……"

他顿了一下，又说："40岁以前，我会努力去赚钱；40岁以后，我要为慈善事业多做一些事情；50岁开始，我要退隐股市，陪伴家人，呵呵……"

此刻，他帅气的脸上，再次露出灿烂的笑容！

【采访后记】

从凤凰自行车到劳斯莱斯

2014年11月1日。

我从北京飞抵广州，参加《投资快报》在广东广播中心举办的广东民间股票投资高手翻倍黑马和东莞小文与投资者面对面交流投资心得的专场报告会，并想借此对两位高手进行重访。

自从2008年年底采访了他们后，我有机会与东莞小文在北京相处了3年多，目睹了他的变化。而对于翻倍黑马，我已有6年未与之谋面了。

他又有什么变化，有什么发展呢？这，一直是我关注的一个问题。

下午两点许，会议开始前，只见一辆耀眼的酒红色劳斯莱斯向会场驶来。随后，我看到下来的正是时隔6年多未见面的、曾12次获得全国和广东省实盘炒股大赛冠军的翻倍黑马。

"嗬，好家伙，翻倍黑马，这辆加长版的劳斯莱斯是你的？几年不见，又鸟枪换炮了？"

"嗯，最近买的，私人定制。"他热情地握着我的手，微笑中，我看到他的眉宇间，透露出的仍是他特有的灵性与睿智。

"很贵吧？怎么，又进步了？你的名车，都快能开个车展了吧？"我调侃他。我知道，历次夺冠让他得了不少名车，仅2008年底东方财富网那次炒股大赛，他一次就夺得两部轿车。此时，看到他又开来辆劳斯莱斯，不禁调侃起他来。

"加上私人定制的费用，1000万左右。"他爽朗地笑答，"2000点启动的行情当中，赚了一些钱，就毫不犹豫地买了自己的梦想之车。"我欣喜地望着眼前的翻倍黑马和他的豪华座驾，禁不住又想起了6年前采访他时，与他在珠江边朝夕相处的半个多月的时光，想起他给我讲述的20多年投资路上的艰辛……

此刻，我仿佛又看到当年骑着凤凰自行车、啃着面包炒股票的那个帅气的男孩，看到他一次次夺得大赛冠军的辉煌历程。一幕幕，是那么真切地在我眼前显现着……

如今，翻倍黑马已有约30年的投资经历了。在他看来，漫长的炒股历程，赚的不仅是劳斯莱斯，还有快乐生活，众多的投资朋友和粉丝，很多很多。尽管投资的路充满坎坷，但他表示，会面对风雨，一直勇敢地走下去。

祝愿他在自己丰富多彩的股市人生中，佳绩不断，辉煌永驻！

麦挺之：

> 熊市里要是不会逃，即便是你赚到了钱，也会死光光。

曾经迷失熊市的阿麦，历经12年股市腥风血雨的磨砺，凭借几度在熊市"烈火"中炼就的股市制胜利剑，成为一名身怀绝技的熊市猎手。在熊步沉沉的2008年，他，一个业余股民，竟谱写了翻倍收益的奇迹，令众人惊叹与瞩目。

投资简历

个人信息

麦挺之，别名：阿麦。男，1977 年 11 月 20 日生，广东中山人，高中文化。

入市时间

1996 年。

投资风格

善于在别人最恐慌时寻找战机，波段操作，稳健获利。

投资感悟

看懂大盘炒股票和学会放弃，是熊市制胜的关键所在！

第**5**章

△

熊市"猎手"

——记麦挺之在熊市中创造翻倍收益的股市传奇

这是一个神话,一个奇迹。

倘若不是亲眼所见,我怎么也不会相信,面前这位31岁的文弱书生模样、拥有多家商业实体的小老板,竟是一位创造熊市翻倍神话的奇人。

众所周知,2008年,是沪深股市灾难深重的一年。大盘自2007年10月的6124高点暴跌以来,仅10个月,跌幅高达72.8%,跌幅之巨,实属罕见!

在这波惨烈的下跌市道里,数以千万计的投资者伤痕累累,很少有人能逃脱股市迅猛暴跌的灭顶之灾,甚至资金雄厚的基金和实力机构也难逃一劫。

然而,在中国股坛,却出现了一个在恶浪滔滔中的弄潮儿——他不仅在2008年的熊市中没有赔钱,反而创造出了资金翻倍的奇迹。

而更让人想象不到的是,创造这一神话的,竟不是一个职业投资人和专业炒手,而是一个业余炒股的实业家,一个拥有多家私营公司的老板。

他就是广东中山市小榄镇的赫赫有名的"阿麦"。

引子:一封邮件的震撼

阿麦进入我的视线,是广东中山市一位《民间股神》的热心读者小梁向我力荐的。

那是2008年10月,我正在美国探亲。虽然身处大洋彼岸,但心却时刻牵挂着祖国，尤其是作为一名在中国证券一线坚持采访民间高手的记者，此刻置身在世界金融风暴的中心，目睹美国道琼斯指数和纳斯达克指数的凶狠暴跌，以及波及中国及世界各国股市连续数月的狂泻，每当看到沪深股市沉浸在那绿色海洋的走势，我的内心和千万投资者一样，心如刀绞。打开我的"伊妹儿"，无数在熊市中备受煎熬的投资者一声声撕心裂肺的呼救与倾诉，时时刺痛着我的心……他们渴望着我能在熊市中寻找真正的高手，以便能够向他们学习，摆脱熊市地狱！

覆巢之下，岂有完卵？我无奈地等待着，期盼着奇迹的发生和熊市高手的涌现。

一天深夜，我打开邮箱，一封发自广东中山市的邮件，引起了我的关注。那是读者小梁向我力荐"熊市猎手"的一封信。他在这封信里写道："白老师，我向你推荐一位我身边的'熊市猎手'，他的名字叫麦挺之，31岁。他从2008年1月份到现在已获取了70%以上的利润。随信附上他的部分交割单和联系方式。"

看着小梁的举荐信和附件中那长长的交割单，我不禁眼前一亮，同时深受震撼：这么惨淡的行情，有这么优异的成绩，真个是"万绿丛中一点红"，简直不可思议，不可思议！

我立刻拨通了阿麦的电话，核实情况，并与他进行了初步交流。此后，我在海外一直追踪着他的账户，了解他在熊市中的表现。果然，他身手不凡，的确是熊市里少见的超级短线高手。

2008年12月中旬，我回到深圳没几天，就急匆匆赶往中山市小榄镇，去寻访这位"熊市牛人"。

那天，下着蒙蒙细雨。当前来接我的阿麦出现在面前时，我心里不免有点"打鼓"：就是他？一个小小的个子，瘦瘦的，文质彬彬的，还是个经营着多个实体"忙里偷闲"炒股的业余散户，在熊市中竟这么厉害？

"白老师，采访我，可能会让你失望。我的故事很普通，一点也不精彩。我文化不高，也说不出什么道道。"他用艰涩的广式普通话对我说，"这段时间，大盘震荡不大，机会不多，我一直没做。前天刚搞的英式酒吧才开业，每天都忙到夜里两三点。您先住下，我们再慢慢聊吧。"

迷失熊市，备受煎熬

他拽着"牛尾巴"入市，在熊市中历尽磨难，几度迷失。然而，在痛苦和失败中煎熬的他，以执着的追求，和发誓要报"熊市一箭之仇"的信念，苦苦探索，终于走向成熟。

追梦暴利，折翼股海

麦挺之出生在广东省中山市小榄镇一个经商世家。他的童年是在商海里泡大的。才1岁多时，父亲就去世了。为了生活，母亲开了一个五金店，抚养着他和哥哥、妹妹。

懂事的小阿麦，7岁时就帮着妈妈看店，10岁就骑着三轮车，为店里进货。从小在商海里耳濡目染的他，精打细算。初中毕业后，为了减轻家里的负担，他选择了上一所财务职业中学。由于他生性调皮，经常逃学，学校为杀一儆百，让他留级，这在当地的职业高中里是"破例"的。阿麦觉得在同学中没面子，便弃学回家。

在家里"封闭"了两个月后，他的妈妈通过别人介绍他到一家皮具工厂做会计。虽然还没有毕业，但聪明的阿麦跟着前面会计的"足迹"，瞒天过海地竟在澳门老板的眼皮底下混过了两个月，但他很快醒悟过来，觉得这样混日子不行，便自动到成人会计班去读书。学了一个月，他竟取得了全优的好成绩。他拿到了会计上岗证，珠算成绩在班里一直名列前茅。

后来，他觉得做会计整天待在屋里很闷。一次，他在香港电视剧里看到有一个做人寿保险的经纪人厚着脸皮上门做保险被人拒绝，看上去很难堪，这触动了他。他也想锻炼一下自己的意志，便去报名兼职做了半年保险，"脸皮厚了许多"。于是，他辞掉了会计工作，全职做保险。有一年，他竟做到了全中山市的前40名。

然而，富于挑战精神的阿麦并不满足这些。

"我喜欢暴利，喜欢冒险，喜欢刺激，这就是我随后踏入股市的原因！"他对我说。

一天晚上，很晚才回到家的阿麦，和一个好友去吃宵夜。朋友见他很疲惫的样子，对他说："看你整天跟人'吹水'（吹牛皮），一天到晚累得像个陀螺，现在股市行情这么好，不如跟我去炒股吧。"席间，朋友一直在鼓动他，并告诉他，自己买的一只工益股份（600804，现名：ST鹏博士）股票，经常一天涨百分之几十。

"好嘥厉（厉害）！"阿麦听后，心动了。

他是个说干就干的人。第二天就拿了自己的积蓄和妈妈开电影院收的门票钱走进了证券交易所。

那是1996年的12月6日。他按朋友的指点，于9.10元的价格也买入了工益股份，第二天该股大涨了16.74%，算下来，一天就赚了3000元，阿麦喜不自禁。

没想到，第三天，股票没有再涨，开始下跌，但当日至收盘，账户仍盈利，阿麦就持股没动。他想，今天不涨，明天准涨。不料，之后又连续跌了两天，他一下子被套住了。而当时阿麦并没有害怕，因为朋友对他说的"股票一天能涨百分之几十"的话一直响在他耳畔，不获暴利，岂能认赔出场？他企盼着工益股份冲天的一刻。

令他想不到的是，这时，国家出台了股票涨跌幅限制，他手中的工益股份不仅没再涨一分钱，反而雪上加霜，连续跌了三个板，彻底把他解套赚大钱的梦想毁灭。

夜里，阿麦独自爬上龙山，望着夜幕下薄雾笼罩着的沙口河，不抽烟的他，一支接一支地抽着闷烟：仅仅十几天，他的资金账户被腰斩。妈妈几个月开电影院挣的辛苦钱就这样十几天就没有了，怎么向家里交代？

他心痛，他愤恨，但倔强的他没掉一滴眼泪。就在这一刻，他立下誓言：这辈子我一定要报股市赔钱的一箭之仇！

复仇再赌，重陷囹圄

虽然股市的首战失利让阿麦耿耿于怀，但他并没有再急于入市。在之后的五年间，他开始储蓄力量，以便来日东山再起。

1999年，他承包了中山市一家房地产中介服务公司。2000年，他又成立了一个物业代理公司。

他的财力在不断集聚。2001年8月，阿麦成功运作了一单房产置换，获取了一桶重金。

"君子报仇，十年不晚！"在财力的支持下，他再度燃起到股市"报仇雪恨"的念头。

这时的他，仇恨大于理智。他完全没有顾忌此时上证指数已经从2245点滑落至1800点左右，满仓买入了中集集团（000039）、天鸿宝业（600376，现名：首开股份）和首钢股份（000959）。

但下跌的股市，没有给他留下一点点复仇的机会。从8月到9月，上证指数以秋风扫落叶之势，狂跌不止。

仅一个月，他的资金又亏了10%。他不再死守，割肉出局。

2001年10月22日，证监会发出了紧急通知——《减持国有股筹集社会保障资金暂行办法》。这突然出台的利好，使上证指数从1520.66点一口气连涨了两天，最高摸到1744.92点。看到股市得到了证监会的支持，阿麦于10月25日再次杀入股市。这次，他买入了当年最热门的网络股——烽火通信（600498）、聚友网络（000693，现名：华泽钴镍）、亿阳通信（600289，现名：ST信通）、数码网络（000578，现名：盐湖集团，已退市）。因为他当时看到李嘉诚的儿子李泽楷创建的TOM.COM网络，股价暴涨，许多人买了一夜暴富，甚至只要戴有"COM"的光环，无不"鸡犬升天"。

然而，股市却似与阿麦有仇，给他的热情再度泼了冷水。大盘在横盘了一个月后，带着阿麦的希冀，滑向了更深的低谷，一路狂跌到2002年1月29

日的1339.20点。这波惨烈的下跌，使他的本金又损失了10%。

"与1996年底不同的是，我学会了逃跑，不再死守。尽管这样，我还是亏损不少。买进，割肉；再买进，再割肉——熊市真让我把苦头吃了个够！"阿麦拿着当年缩水的交割单，对我说。

以智斗"熊"，首次扭亏为盈

熊市遭到重挫后，阿麦开始偃旗息鼓，退出股市休息。在2002年至2004年上半年的两年半里，他基本处于休眠状态。这期间，虽然他很少买卖股票，但他一刻也没有忘记关注股市的走势。

"哪里跌倒就要在哪里爬起来"的信念，在他心中一直没有泯灭。

他仍要伺机报复，决心战胜"吃"掉他财产的那头可恶的"大熊"。他不相信在商战中有着经营头脑屡战屡胜的自己，会老输给股市。

2004年7月14日，他再次踏入股市。

"为什么等了两年多，这时候要进去呢？"看着交割单上的记录，我不解地问。

"回想起来，那时我还不成熟。"阿麦回答说，"我当时看到大盘从2001年6月的2245点一路跌下来，2004年4月又从1783点跌到1400点了，感到机会到了，我准备抄底，找回我原来的损失。"

"从现在回头看，当时大盘正处在下跌中，一定又上了熊市的当，落入它的陷阱了吧？"我问道。

"是的。不过，吃一堑长一智，走老路，不是我阿麦的做事习惯。"说到这，他狡黠地一笑，"我采取的是投石问路，只是先少买一点，逗它玩，免得让熊大开尊口咬死我！"

"你买的什么股票？"

"冤家路窄，我还是咬着让我亏大钱的工益股份不放，当时它已改了个好听的名字，叫鹏博士。"

"多少钱买的？又吃套了吧？"

"你看这交割单上有，第一次是7月14日进的，4.89元成交价。我那时心想，它是从2001年的15.50元跌下来的，已够便宜了。没想到这么低了，还是吃套。"

"止损出局了？"

"熊市行情真是妖啊。你眼看着它要反弹起来了，想卖又舍不得，反而抢进去，再买一点，可你一买，它又跌下来了，结果又买在了高点。"

"后来又采取什么对策？"

"简单一句话，就是高抛低吸、严格仓位管理。"阿麦指着交割单上当年的买卖记录说，"由于那时对行情还不摸底，操作变得很谨慎，我开始是1000股、2000股地买，后来它越跌，我越买，越到低位仓位越重。你看，最低的买入价是4.06元，我一共买入了14次，做了许多次高抛低吸，至2004年11月11日以4.80元的价格全部卖出。"

"收益情况如何？赚了，还是亏了？"我问。

阿麦对照交割单，用计算器算了一下说："盈利2.5%，这是我在熊市中经历挫折后的首次获利。重要的是，通过这几年的磨砺，我在股市中更加成熟了。同时，经历多次失败后，我摸索出了一些在熊市中如何制胜的体会和经验。这里，我也愿意说出来，与更多的投资者分享。"

决胜熊市，资金翻倍

在2008年的金融海啸中，上证指数从5261点跌到1820点，跌幅达65.4%，而阿麦的资金账户却达到了翻倍收获。何故？他的熊市制胜七大秘籍，揭示出了其中的奥秘。

抓住"破位"良机，在弥足珍贵的"反弹"中抢银子

在采访阿麦前，我认为他在熊市能获利一直是个谜。力荐我采访他的读

者在信中对我说，阿麦所做的股票，没有一只是黑马股。既然没有暴涨股，获利靠什么呢？

"靠分析大盘。"采访中，阿麦果断地回答道，"虽然2008年大盘一直向下狂泻，但并非每天都是大跌，总有反弹。特别是大盘每次重要点位的向下破位，是我最佳的狙击时机。"

"大盘重要点位的击破，通常是恐慌盘大量涌出之时，你竟没怕深套进去？"我问。

"诚然，重要支撑位被击穿，往往是投资者纷纷抛出股票，但我发现，暴跌和恐慌之后，必有一个惯性的反弹，就像皮球落地后的弹跳一样。这种反弹，在熊市里是极其珍贵的获利机会。"

"你每次都能把握时机进场？"

"我粗算了一下，大概有四次大的破位，我抓住了三次半机会。三次是低点买进，有一次不是最低点进入，因为我平时大部分时间在忙生意，不是天天盯盘，所以，那次是次低点进的，只能算半次。"

抢反弹操作实录1

时间：2008年4月22日。

大盘运行状况：当日盘中首次击破3000点。

操作过程：4月18日，他先前买入相对稳定的交通银行（601328），买入价：9.15元；4月22日盘中破3000点，他当天买入金钼股份（601958），买入价：19.13元。同时，还以10.97元买入了中铁二局（600528，现名：中铁工业），次日继续加仓。

买入理由：因金钼股份是刚上市不久的新股，没有套牢盘，大跌之后，其反弹力度会大些。

2008年4月25日以10.92元卖出交通银行，获利19%；以约13.80元卖出中铁二局，获利26.5%；以24.87元卖出大部分金钼股份；28日以23.71元的价格卖出剩余的金钼股份，平均获利约27%。（表5.1）

表5.1 麦挺之交割单1

20080418	5351	证券买入	−184081.410	487055.290	A251108984 证券买入 601328 交通银行 9.1500*20000.0000
20080422	5903	证券买入	−288600.620	198454.670	A251108984 证券买入 601958 金钼股份 19.1300*15000.0000
20080422	6619	证券买入	−110335.300	88119.370	A251108984 证券买入 600528 中铁二局 10.9700*10000.0000
20080423	4465	证券买入	−28838.080	59281.290	A251108984 证券买入 600528 中铁二局 11.4700*2500.0000
20080423	4555	证券买入	−57575.620	1705.670	A251108984 证券买入 600528 中铁二局 11.4500*5000.0000
20080425	15735	证券卖出	217593.760	219749.430	A251108984 证券卖出 601328 交通银行 10.9200*20000.0000
20080425	16593	证券卖出	1387.600	221137.030	A251108984 证券卖出 600528 中铁二局 13.9500*100.0000
20080425	17067	证券卖出	150246.020	371383.050	A251108984 证券卖出 600528 中铁二局 13.8350*10900.0000
20080425	17115	证券卖出	96105.750	467488.800	A251108984 证券卖出 600528 中铁二局 13.7800*7000.0000
20080425	17439	证券卖出	247794.680	715283.480	A251108984 证券卖出 601958 金钼股份 24.8700*10000.0000
20080428	4645	证券卖出	115755.840	833979.320	A251108984 证券卖出 601958 金钼股份 23.7100*4900.0000

抢反弹操作实录2

这次即为上文提到的"半次"抢反弹，是创新低的次日介入的。

时间：2008年7月4日。

大盘运行状况：大盘自前期3786高点下跌途中，连续出现了罕见的九连阴，阿麦判断会有反弹出现。7月3日，大盘创2566点新低，他于次日介入。

操作过程：分别以8.74元买入实益达（002137）、以约4.50元的价格买入澳柯玛（600336）、以6.91元买入自仪股份（600848，现名：上海临港）、以7.41元买入雪莱特（002076，现名：*ST雪莱）。

2008年7月14日，分别以9.22元卖出实益达，以5.10元卖出澳柯玛，以7.15元卖出自仪股份，以7.73元卖出雪莱特，获利分别为5%、13%、3%和4%。（表5.2）

表5.2　麦挺之交割单2

20080704	560	证券买入	−43835.470	851124.580	0098885961 证券买入 002137 实益达 8.7400*5000.0000
20080704	546	证券买入	−43785.320	807339.260	0098885961 证券买入 002137 实益达 8.7300*5000.0000
20080704	1481	证券买入	−36280.100	771059.160	A251108984 证券买入 600336 澳柯玛 4.5200*8000.0000
20080704	1609	证券买入	−31674.870	739384.290	A251108984 证券买入 600336 澳柯玛 4.5100*7000.0000
20080704	1465	证券买入	−18059.800	721324.490	A251108984 证券买入 600336 澳柯玛 4.5000*4000.0000
20080704	1637	证券买入	−40634.550	680689.940	A251108984 证券买入 600336 澳柯玛 4.5000*9000.0000
20080704	1739	证券买入	−45049.200	635640.740	A251108984 证券买入 600336 澳柯玛 4.4900*10000.0000
20080704	2621	证券买入	−58694.350	576946.390	A251108984 证券买入 600336 澳柯玛 4.5000*13000.0000
20080707	7919	证券买入	−69324.210	507622.180	A251108984 证券买入 600848 自仪股份 6.9100*10000.0000
20080707	5324	证券买入	−74329.720	433292.460	0098885961 证券买入 002076 雪莱特 7.4100*10000.0000
20080708	7859	证券买入	−20706.980	412585.480	A251108984 证券买入 600848 自仪股份 6.8800*3000.0000
20080708	7771	证券买入	−68822.660	343762.820	A251108984 证券买入 600848 自仪股份 6.8600*10000.0000
20080710	5327	证券买入	−67618.940	276143.880	A251108984 证券买入 600561 江西长运 6.7400*10000.0000

20080710	5590	证券卖出	99590.290	375734.170	0098885961 证券卖出 002137 实益达 9.9900*10000.0000
20080711	4027	证券买入	−105190.040	270544.130	A251108984 证券买入 600848 自仪股份 6.9900*15000.0000
20080711	7793	证券卖出	102401.500	372945.630	A251108984 证券卖出 600336 澳柯玛 5.1370*20000.0000
20080711	760	证券买入	−47647.250	325298.380	0098885961 证券买入 002137 实益达 9.5000*5000.0000
20080711	1092	证券买入	−23472.540	301825.840	0098885961 证券买入 002076 雪莱特 7.8000*3000.0000
20080711	1262	证券买入	−7794.090	294031.750	0098885961 证券买入 002076 雪莱特 7.7700*1000.0000
20080711	1524	证券买入	−15507.930	278523.820	0098885961 证券买入 002076 雪莱特 7.7300*2000.0000
20080714	3420	证券卖出	124420.090	402943.910	0098885961 证券卖出 002076 雪莱特 7.8000*16000.0000
20080714	4114	证券卖出	45962.080	448905.990	0098885961 证券卖出 002137 实益达 9.2210*5000.0000
20080714	4883	证券卖出	128283.030	577189.020	A251108984 证券卖出 600848 自仪股份 7.1500*18000.0000
20080714	4899	证券卖出	152495.700	729684.720	A251108984 证券卖出 600336 澳柯玛 5.1000*30000.0000
20080714	6859	证券卖出	325327.150	1055011.870	A251108984 证券卖出 600336 澳柯玛 5.1000*64000.0000
20080714	6867	证券卖出	49794.230	1173582.200	A251108984 证券卖出 600848 自仪股份 7.2400*6900.0000
20080714	6921	证券卖出	50931.590	1224513.790	A251108984 证券卖出 600336 澳柯玛 5.1100*10000.0000
20080714	7003	证券卖出	94014.510	1318528.300	A251108984 证券卖出 600848 自仪股份 7.2000*13100.0000
20080714	6945	证券卖出	101863.180	1420391.480	A251108984 证券卖出 600336 澳柯玛 5.1100*20000.0000
20080714	7081	证券卖出	101863.170	1522254.650	A251108984 证券卖出 600336 澳柯玛 5.1100*20000.0000

抢反弹操作实录3

时间：2008年9月18日。

大盘运行状况：2008年9月16日，大盘跌破2000点。

操作过程：2008年9月18日，大盘开盘即击穿1900点，盘中最低跌至1802点。当天，阿麦全仓买入浦发银行，买入价：13.20元。

买入理由：一是因为浦发银行是金融股的龙头；二是便于大资金进出。

2008年9月22日，该股当日涨停，阿麦在接近涨停时，以16.24元全部卖出。盈利：23%。

卖出理由：感到大盘还要往下调整，尚未调整到心目中的理想点位。阿麦卖出的次日，浦发银行跌6.73%。

2008年9月24日，阿麦再次买入浦发银行。买入价：14.73元。25日，以15.72元的价位跑掉，做了一个超短线，获利6.5%（表5.3）。

表5.3　麦挺之交割单3

20080918	1509	证券买入	−541594.530	914.960	A251108984 证券买入 600000 浦发银行 13.2000*40900.0000
20080922	0	批量利息归	844.350	1759.310	批量利息归本
20080922	0	批量利税代	−168.870	1590.440	批量利税代扣
20080922	8745	证券卖出	662116.030	663706.470	A251108984 证券卖出 600000 浦发银行 16.2400*40900.0000
20080924	1271	证券买入	−443459.250	220247.220	A251108984 证券买入 600000 浦发银行 14.7500*30000.0000
20080925	2501	证券卖出	470108.040	690355.260	A251108984 证券卖出 600000 浦发银行 15.7200*30000.0000

抢反弹操作实录4

时间：2008年11月6日、7日。

大盘运行状况：大盘于2008年10月28日，创出1664点最低点。

买入理由：大盘在创出1664点低点之后，至11月7日，连续在低位整理了9个交易日。当时市场一片惨淡，但重要指标股中国平安已率先反弹，整个大盘反弹可期。

操作过程：2008年11月6日，以4.06元买入皖维高新（600063），以2.56元买入东风科技（600081），11月7日，以6.24元买入浙江阳光（600261，现名：阳光照明）。

2008年11月13日，以7.46元和7.38元卖出浙江阳光，获利18.55%；11月10日和13日，以2.82元和3.00元卖出东风科技，获利13.5%；11月14日以约5.00元卖出皖维高新，获利19%（表5.4）。

表5.4　麦挺之交割单4

20081106	3811	证券买入	−40695.260	650992.510	A251108984 证券买入 600063 皖维高新 4.0600*10000.0000
20081106	3821	证券买入	−128318.800	522673.710	A251108984 证券买入 600081 东风科技 2.5600*50000.0000
20081106	4097	证券买入	−43284.500	479389.210	A251108984 证券买入 600081 东风科技 2.5600*16866.0000
20081107	1271	证券买入	−56680.730	422708.480	A251108984 证券买入 600081 东风科技 2.5700*22000.0000
20081107	1239	证券买入	−118997.310	303711.170	A251108984 证券买入 600063 皖维高新 4.2400*28000.0000
20081107	1405	证券买入	−53021.570	250689.600	A251108984 证券买入 600081 东风科技 2.5800*20500.0000
20081107	1601	证券买入	−173860.080	76829.520	A251108984 证券买入 600261 浙江阳光 6.2400*27800.0000
20081107	2167	证券买入	−75957.140	872.380	A251108984 证券买入 600063 皖维高新 4.2100*18000.0000
20081110	4553	证券卖出	1025.090	1897.470	A251108984 证券卖出 600081 东风科技 2.8200*366.0000
20081113	2557	证券卖出	40153.710	−211569.280	A251108984 证券卖出 600261 浙江阳光 7.4600*5400.0000

20081113	3869	证券卖出	164777.130	-46792.150	A251108984 证券卖出 600261 浙江阳光 7.3800*22400.0000
20081113	4205	证券卖出	176392.300	129600.150	A251108984 证券卖出 600081 东风科技 3.0000*59000.0000
20081114	5953	证券卖出	178390.630	307990.780	A251108984 证券卖出 600063 皖维高新 4.9720*36000.0000
20081114	6171	证券卖出	99731.810	407722.590	A251108984 证券卖出 600063 皖维高新 5.0030*20000.0000

关注环球股市风云，在"激变"中抓战机

阿麦炒股票，不是只"埋头拉车"，只盯着内地股市，只盯着手中的几只股票，而是眼观六路、耳听八方，尤其是对美国和我国香港股市的动向，更加关注，几乎每天都要详细地研究其走势。

他说，世界经济是一体的，特别是美国的经济和股市对世界各国的经济及股市影响极大，尤其是在金融风暴的影响下，全球股市因为信心的崩溃失去支撑的时候，美国股市在某种程度上对全球股市起着巨大的引导作用。同时，香港的H股在其股市中占的比重也很大，它们的动向无不影响着内地股市。洞察先机的主力，往往会以美国股市和我国香港股市为镜子"察言观色"，兴风作浪。因此，关注美国股市和香港股市的动向，尤其是它们激变的走势，常常是内地股市的一个先导，可以从中寻觅到许多战机。

例如，2008年10月1日～10日，美国股市连续8天暴跌，出现了罕见的八连阴。道琼斯指数从10月1日的10882.52点，一口气跌到了10月10日创出的7882.51点的新低。8个交易日的最高点到最低点的跌幅达到了惊人的27.5%。对于一个百年股市而言，这种跌幅简直是一场大灾难。道琼斯指数和标普500指数在7个交易日的跌幅，为1987年10月股灾以来的最大跌幅，而纳斯达克在这7日的表现则是2000年12月以来最惨烈的。从10月10日开

始，西方七国集团财长和央行行长于美国华盛顿召开会议，讨论金融危机问题，在某种程度上为人们带来些许希望。

阿麦注意到道琼斯指数当天走势非常微妙，开盘8533点，最高8889点，最低破8000点。创出7884点低点后，开始强劲反弹，收盘于8451点，当日收出带有长长下影线的一根十字星阴线。他心里揣摩着：这一走势，一定会影响到内地股市。

10月13日，周一，股市一开盘，上证指数即往下行，阿麦趁着大盘下沉之时，大胆杀入，买入浦发银行、沧州大化（600230）等股票。下午1时，大盘开始发威上攻，直冲到2000点以上，从最低点1931.47点到最高点2074.47点，大涨143点，阿麦买入当日即获利。第二天，大盘高开，阿麦立即抛出手中股票，仅1天多，就获利16%左右。

再如，香港恒生指数从2008年10月22日的15161.69点一直跌到10月27日的11082.26点，4天跌幅达30%。一直关注恒生指数走势的阿麦，感到香港股市必有一波报复性反弹行情。那些天，他天天盯着恒生指数和天天看香港电视台节目。他看到被电视台采访的香港股民极度恐慌，感到机会来了，让朋友们做好抄底抢反弹准备。

10月27日，他看到继续暴跌中的恒生指数走势，在自己下单的同时，向持有H股的朋友立即发出指令："有多少钱买多少钱！" 10月28日，反弹日子终于来临。当天，香港股市大涨1265点，涨幅达11.42%。阿麦有位头天进场的朋友一天就赚了几十万港元。

与此同时，这一天，上证指数创出了1664点新低后，中午收市为1695.53点，跌了49.92点，跌幅为2.90%。因为恒生指数上午比上证指数晚收市一个钟头，当阿麦看到香港指数中午收市是11691.6点，上涨了609.34点，他想，香港报复性反弹，必然会带动上证指数展开反弹，因此，他号召周围的股友们在中午立即大胆填高价挂单吃进股票。下午开盘后，沪指果然开始直线拉升，股票几乎全线飘红。听了阿麦话进场的朋友们都夸阿麦有眼力，让他们在两个市场都赚到了钱。

一旦发现热点、指标股"打雷闪电"，"逃跑"为上

熊市里的杀伤力是致命的。那么，怎样才能躲过防不胜防的"灾难"呢？

当我就这一问题征询阿麦时，他说："学会逃跑。这是熊市中至关重要的保命方法，也是保住极其难得的胜利果实的一个撒手锏。熊市里要是不会跑，即便是你赚到了钱，也会死光光。要是不跑，今天我的交割单就不是这样了。"

"你是怎么判断和逃顶的呢？"

"逃顶的方法很多，而我最常用的只有一个，就是紧紧盯住近期热点和大盘指标股的表现。它们只要一旦转势，哪怕开跌5%，我就变得十分谨慎。只要出现跌停，我会坚决立即离场而去。"

"为什么你只盯住它们的表现？"

"因为它们是大盘的风向标。只要它们一闪电打雷，一场暴风雨就会来临，就好像是地震前的征兆一样，不跑，准会死！"

他向我列举了他几次"逃命"的事：

2008年1月18日，正挣扎在"牛熊分界线"间的A股市场，突然遭遇中国平安近16亿元再融资方案，这一消息是在周日这个让人忽略的日子公布的。对政策和市场极度敏感的阿麦意识到这一重大利空消息可能引发的后果，做好了逃跑的准备。

1月21日（周一），一开盘，阿麦就先卖出了手中持有的每股获利近2元的华芳纺织（600273，现名：嘉化能源），另一只中国铝业（601600）在前几次操作中也已获利不少，但此次刚刚又买入，若卖出，每股还要亏1块多钱。走还是不走呢？此时，他从盘面看，金融、有色金属、煤炭、钢铁、地产等主流板块全线位列跌幅榜首，于是，他毫不犹豫，斩仓出局。结果，当天中国平安跌停，大盘5000点已失守。第二天，大盘指数以缺口方式跳空下行，并向下击穿前期低点，中国平安当天又死死地封于跌停。如不及时逃身，在这一雪崩式的暴跌惨案中，损失将是灾难性的。

2月20日，大盘早盘沪指尝试上摸4700点，市场的反弹似乎在进一步展

开中，但早上10时左右，风云突变，浦发银行股价像断线的风筝，直奔跌停而去。在其"示范"之下，银行金融股纷纷跟风下跌，权重股板块整体重归弱势，两市总市值前30名的个股除了停牌的中石化、上港，全部出现了下跌。这一信号给了阿麦极强的刺激，使他感到了"山雨欲来风满楼"。他立即将手中持有的厦门空港（600897）和厦门港务全部清仓。

"从这两只股的走势看，当时都涨势不错呀，走了岂不可惜？"我看着他卖出的交割单，对照着这两只股的走势，有点不解。

"这是我操作的铁律，一定要这么做。来自系统的风险，有时很难把握，不能大意。股票行情一时踏空不怕，机会多的是，可是万一大意失荆州，后果将不堪设想。"阿麦对我说，"这种逃跑的例子很多，我几乎没有因为判断失误而被深套过。你顺着交割单往下看，2008年3月24日，也是我集中卖股票的一天。"

"这天发生了什么事？"我问。

"其实，在这天的前几天我就有种不妙的预感了。2008年3月20日，上证指数上午10点31分创出了3516.33点的新低，之后展开了反弹行情，最后报收于3804.15点，涨1.13%。但第二天，即3月21日，出乎所有人意料，早上开盘低开50.14点，跌1.32%，全天的成交量比前日明显缩小，说明机构观望氛围很重。那么，3月20日创出的新低，绝非底部，后市仍可能下跌，因而操作中我便十分谨慎。果然，3月24日，中国平安再度跌停，中石油也创出新低，跌破了20元。在此影响下，盘中多只股票跌幅巨大，就连前几日表现较好的有色、钢铁股也出现了杀跌，见此，我全部卖出了当时持有的申通地铁（600834）、动力源（600405）、芭田股份（002170）等股票，均只赚了5%左右就了结出局。直到4月1日，我才再次短线买入股票，避开了500多点的下跌损失。"

关心国家大事，挖掘相关题材股票

2008年的中国发生了太多的大事。这一年，北京成功举办了世人瞩目的奥运会；3月台湾地区领导人选举；5月12日，四川汶川发生8级大地震；在金融风暴中，中国政府力挽狂澜，用4万亿元拉动内需……

每一件大事的发生，都牵动着股市的涨跌。在奥运会召开前，奥运题材股是盘中上涨的一大亮点；在汶川大地震后，与救援有关的水泥、医药、建筑类的股票飙升；11月，拉动内需的4万亿元投资计划出台后，与受益的钢铁和铁路、公路及机场等重大基础设施建设相关的股票也转熊为牛。凡有头脑的投资人只要适时抓住这些机会，在弱市中都有获利的机会。阿麦在台湾地区领导人选举前成功猎击"三通"板块股票，即是在熊市中成功操作的一个典型案例。

在台湾地区领导人选举前一个多月，阿麦意识到"三通"历来都是海峡两岸的一个热点问题。于是，他在二月初，趁大盘下跌的低点，就悄悄潜伏于"三通"板块的股票之中。他重点买入了厦门港务、厦门国贸（600755）和厦门空港（600897）三只股票。

在他的交割单中显示：2008年2月4日，他以11.60元的价位买入厦门港务后，这只股逆势连续飙升，至3月24日最高达20.44元，涨幅达56%。阿麦于3月5日以18.19元抛出，中间做了不少差价，一个月收益率达40%多。

对厦门空港的操作则是一波三折。2008年1月30日，他以23.36元买入，次日，见该股走势不好，他迅速以21.90元止损出局。2月1日，他以20.72元再次吃进该股，至2月20日，以24.40元卖出。

接着，他于3月19日以20元的价位买入了厦门国贸，由于3月21日马英九在大选中获胜的消息已经提前知晓，所以他于当日把持有的厦门国贸以22.82元全部获利了结。

至此，他在狙击"三通"板块这一热点的一个月里，平均获利约23%。

逆向思维，在众人"遗弃"中寻找机会

在股市中赚钱难，在熊市中赚钱更难。要想取胜，必须和多数人的思维不一样。"不正常"的人才能出人头地。这几乎是一条真理。

"别人不要的，我要；别人抢的，我就退出。"多年来，阿麦就是坚持

着这样一种"不正常"的操作思路。

2008年中国平安（601318）自从发布了16亿元的融资方案，市场对这只昔日大盘的"定海神针"的崇敬心理便发生了动摇。2008年11月17日（周一）晚，中国平安突然发布业绩预亏公告，称通过对2008年第三季度财务数据进行的初步测算，预计本集团2008年前三个季度的净利润（归属于上市公司股东）将出现亏损。

11月20日（周四）中国平安低开高走，并未掀起太大波澜。但从11月21日始至28日，随着股价一路下跌，成交量不断放大，明显是在业绩预亏公告发布后，大量恐慌盘抛出。28日这天，中国平安正式公告业绩亏损，最后的利空此时已"出尽"。阿麦见该股在连续下跌后已基本企稳，便对朋友说："今天是买中国平安的好机会！"他指导股友们在尾盘以20元的价位，大胆吃进许多人仍在恐慌抛弃的这只明星股。随后，中国平安放量拉升，稳步攀高，十多个交易日，股价就上了27元，涨幅达38%，许多介入的朋友都获利丰厚。

阿麦在股市中逆大众思维操作的例子还有许多。他的助手阿勇告诉我这样一件事：2007年5月11日下午一点半，中国化工集团旗下的河北沧州大化集团有限责任公司TDI分公司硝化工段的硝化装置发生爆炸，引发甲苯供料槽起火。事故发生后，厂区装置关闭，水电被切断，厂家停止出货。而这起爆炸事故造成5人死亡，近百人受伤，7000人被转移。

事件发生后，沧州大化（600230）这只正处在上升通道中的股票立即被停牌。面对这一突发的"利空"，阿麦则泰然处之。沧州大化是他最爱操作的一只股票。它股性活，时有主力关照，阿麦在它身上赚过不少钱。这时，他冷静地打开该股资料，发现有不少基金进驻其内，于是他便更加密切地关注着这只"落难"的股票。

2007年5月30日，戴着"巨大利空"帽子的沧州大化复牌。巧的是，这天，正是中国上调证券交易印花税税率之日，股市全天天量暴跌，近千家个股跌停。阿麦心想，沧州化工选择这天复牌，绝非偶然，主力极可能与上市公司达成了某种默契，借大盘利空惯性"顺水漂流"，连跌了两个跌停板。6

月1日，它只跌了6.64%，并未再与一大批跌停股票"同流合污"。

阿麦断定，主力一定还在其内，此后必有自救行为。于是，他在当日以13.26元的价格买入沧州大化，与这位多次操作过的"老朋友"握手。6月4日、6月6日，他又分别在13.20元和13.39元加仓。6月19日，沧州大化最高涨至16.32元，阿麦在这天以15.81元的价位全部清仓离场，获利19.7%。

谈起这次操盘心得，阿麦对我说："机构做股票，最怕遇到不可预测的事件。一般来说，遇到一些突发利空事件复牌后都会有自救行为。类似的例子还有受黄光裕事件影响的中关村（000931），在2008年12月1日复牌后也是跌了两个跌停后便出现了反弹自救行情。这种突发的'不幸'，不是逃跑，有时反而是我们伺机获利的机会。正所谓，富贵险中求。有时看似有'险情'，但也往往蕴藏着很多机遇。危机，危机，有危必有机嘛。"

做熟悉的股票，不断进行波段操作

在采访阿麦时，我审视他整个操作的交割单，发现一个重要的现象：他很少去追逐市场中那些很热门的"黑马股"，一两年之内反复做的也就十只股票左右。他说："我不会抓'黑马'，我只做我熟悉的股票。其实，我们投资股票，不一定非要刻意去抓大黑马。常言道，三十年河东，三十年河西。只要质地不很差，股票都有涨的时候。做自己熟悉的股票，能了解它的脾性。它什么时候涨，什么时候跌，跌到哪可买，涨到哪该抛，我们都能心中有数。另外，在熊市中不能买了一只股就死抱到底，只有做好高抛低吸，波段操作，才能获取更多的利润。"

例如，他在2008年的2月底至7月下旬的5个月里，就对中铁二局（600528）进行了8次波段操作，其中有7次成功，1次失利止损。其成功率为87.5%。

交易的明细记录如下：2008年2月28日，他以18.67元第1次买入中铁二局，3月4日以20元卖出，盈利7%；3月5日以19元第2次买入，3月10日以19.38元卖出，盈利2%；3月11日以18.75元第3次买入，次日以18.66元止损出局，亏1%；3月18日，以14.09元和14.06元第4次买入，3月19日以15元、3月24日以15.98元卖出，盈利10%；4月1日以14.66元第5次买入，4月9日以14.88元卖出；4月15日、22日、23日分别以13.40元、10.97元、11.47元第6次买入，4月25日以13.85元卖出，盈利15.9%；4月28日以13.52元第7次买入，5月7日以13.88元卖出，盈利2.7%；7月18日以7.30元第8次买入，7月22日以7.80元卖出，盈利6.8%。

在这5个月里，中铁二局这只股票，从他第一次（2008年2月28日）买入到最后一次（7月22日）卖出，股价一路下跌，跌幅达35%。而阿麦采取8次高抛低吸的波段操作，总共获利44.9%。

再如，他对浦发银行在2008年下半年曾进行7次波段操作，5次成功获利。成功率为71.4%，详情如下：

2008年6月17日，他以23.94元第1次买入，19日盘中剧烈震荡，24元卖出，此次操作亏手续费约0.5%；7月22日以22元第2次买入，23.33元卖出，获利6%；9月18日以13.20元第3次买入，9月22日以16.24元卖出，获利23%；9月24日以14.75元第4次买入，9月25日以15.72元卖出；10月9日以12.95元第5次买入，10月10日以12.50元止损，亏3.5%；10月27日，以11.41元第6次买入，次日以11.86元卖出，获利3.9%；12月3日以12.46元第7次买入，12月5日以13.56元卖出，获利8.8%。

在此期间，浦发银行下跌43.42%，而阿麦7次波段操作，累计获利约44.3%。

除此之外，在这一年，他还对高金食品（002143，后更名为：印纪传媒，现已退市）、中国铝业（601600）、云南铜业（000878）、东风科技（600081）等股票进行了波段操作，均有不菲的收益。

重大盘，轻个股

阿麦是个忙人，平时经营着几个实体产业；他又是一个怪人，炒股从不看什么"线"，他谦虚地说，他不懂那些复杂的技术分析，甚至很少蹲在办公室里看电脑，平时大多数时间是靠手机炒股票。

那么，一个忙人，一个"不懂"技术分析的人，为什么会赚钱，而且是在多数人都在赔钱的熊市？

"我没有别的本事与绝招，只有一点，就是按大盘走势操作。市场中有些人认为炒股要轻大盘、重个股，我不敢苟同这种观点。我认为大盘走势，是股市的灵魂，炒股一定要重大盘、轻个股。"阿麦说，"只要我认为大盘到底了，就一定介入。这时，我并不在意哪只是黑马，也不挑三拣四，只捡自己了解的股票大胆买进就是了。而大盘只要到顶了，我一定跑，哪怕手里的股票亏损也要跑！"

的确，我采访他时，并没有发现他有什么神奇之处。他并没有像有些高手那样抓到能翻数倍的大黑马，他炒的股票都是极普通的个股，只是他踩大盘走势的节奏踩得很准。这可能是他获利最根本的原因所在。

阿麦的交割单上记录着他的足迹。2005年6月6日大盘破了千点大关，当时市场恐慌情绪严重，有的说要跌到800点、500点，而他看到从4月29日中国证监会已宣布启动股权分置改革试点工作，敏锐地感到这是一件大事：多年遗留的问题就要解决了！既然大势已明，股市见底的日子为期不远了。

此后，大盘无量急速下跌，人们仍在恐慌抛出股票，而阿麦认为这是大盘在"赶底"，是黎明前的"黑暗"，不必再恐惧。他多次劝周围的朋友不要再继续杀跌，而是要看清大势，大胆进场才对。

交割单上显示，他在2005年4月29日开始至6月28日，以2.90～3.10元一路买进鹏博士（600804）和北人股份（600860，现名：京城股份）。买入鹏博士后，虽然他没有持股很长时间（这只股后来涨到近60元），北人股份也不是什么黑马股，但由于他看清了大势，对大盘准确的判断使他获利丰厚。

2007年5月中下旬，大盘在4000点上方暴涨不止，"风险教育"的风声越来越紧，可是"狼来了，狼就是不来"的故事麻痹着众多的人，而阿麦却十分小心地逐步减仓。5月30日凌晨有关部门宣布，交易印花税税率由1‰调整为3‰，阿麦立即意识到这是一种"降温信号"。这天，一开盘，他立即将手中持有的股票全部卖出，避免了此后下跌的重大损失。

他说："看着大盘做股票，就不会出错！大势看对了，即使抓到再赖的股票，也不至于亏钱！这一点，在熊市中至关重要。"

恪守原则，乐在熊市

在漫漫熊市的暴跌中，怎样才能趋利避害，躲过那一场场猝不及防的灾难？阿麦恪守的几大操作原则，一直保障着他快乐地"活"在熊市，并稳健地获利。

止损要快，不能死守

在采访阿麦时，我和他的亲友经常接触，也常常和他的许多要好朋友相聚。谈起股票，他们多数人会叹息："这'市道'，只看着阿麦在赚钱，我们都亏钱。""听阿麦说，他每次买的股票都告诉过你们呀？"一次我与阿麦及一些朋友晚饭后一块爬龙山时，问阿麦的一个好朋友阿荣。

"知道。他抄底买的鹏博士，2008年买的浦发银行、沧州大化，还有许多股票呢，我们都知道。"

"那为什么不跟着做呀，咋能赔钱呢？"我不解地问。

"他跑得快，我舍不得跑啊。赚了点钱，不肯走，套住了，又舍不得割。结果越套越深，索性不动了。"阿荣无奈地说。

"是啊，关键是舍不得止损，干脆就不动了。"我听了感叹道，"这几乎是大多数投资者最易犯的一个错误。"

"阿麦，你被套过吗？你是怎么处理的？"我问。

"被套过！怎么能没被套过呢？我又不是神仙，次次都准，总有判断失误的时候。"阿麦坦诚地说道，"我是跑得快，被套一点赶快跑，也就是止损一定要快，要在第一时间出局，不能拖沓。越不动，死得越快。"

"你的止损点是多少？"

"牛市里我的止损点是7%左右，熊市里我目标定得严，一般是3%，最大限度不能超过5%。到了止损点，一定要出，不能有任何侥幸的心理。如果有，那就完了，必死无疑。比如，前面说的中铁二局，有一次操作中我亏了1%就跑了。对浦发银行的总体操作我赚了不少钱，但局部操作我也失误过几次。当时如不及时止损修正，就会贻误后面的许多战机。

"还有一个例子，就是对莱钢股份（600102，已退市）的失败操作。那是2008年1月14日，我以24.45元买入莱钢股份，结果判断失误买在了高点。后来，我又于1月22日上午开盘后以20.30元低位补仓。结果当天大盘暴跌，破5000点下行。我当即以19.35元割掉一半，1月28日全部清仓认赔出局。现在回过头来看，这只股最低跌到了4.79元，不止损出来，损失会很惨。"

"你出局时，不会计较成本？"

"是的。当时我想的只是出局保护自己本金不受更大伤害。一般来说，在割肉时，我是不管自己的成本价是多少，只要看大盘不对了，一定止损出来。这一点很重要，一些投资者老忘记不了自己的买入价，这种'舍不得'是及时止损出局的最大心理障碍。"

"那么，如果已经被套住了，比如许多人的资金被套一半，还有不少人百分之七八十的资金都被套在里面了，难道也要止损出局吗？"我问阿麦。

"这个问题真叫我难以回答。"阿麦对我说，"这种状况，是大家都不愿看到的。但这却是事实。我身边就有一位朋友，他采取的自救方法可以借鉴。他手中一只股票被套住50%以上，他就不停地在这只股票上做T+0操作。但他现在学乖了，无论这只股票涨或跌，都要当天离场。因为他对这只股票已经非常熟悉，操作起来总体上赢多输少。这样做有两个好处：一是可以提升自己的短线技巧；二是可以学会止损的本领。几个月下来，他的这只股票现在已快解套了。当然，这只是亡羊补牢，一种权宜之计而已。核心的问题，也是最重要的教训则是在第一时间出局，保护自己的'生命源'，千万不能死守在里面！"

适时空仓，学会等待

阿麦说，他不是专业炒股的，不能天天盯盘子，有许多时候都是空仓。一来他说他生意忙，有时资金周转不开，要调用股市里的资金；二来他说大势不好，只能看准了，炒一把；看不准时，就一直空仓，决不"泡"在里面。

忍耐和等待，这应该是他熊市操作所坚持的第二个原则。

对一个执着的投资人来说，有时空仓是件很难受的事。"账上有钱，手就痒痒"这是许多人易犯的毛病，尤其是对一个短线手来说，更是这样。而阿麦则不是这样的。没把握，他宁肯空仓，也是死活不会进场的。

2008年3月，大盘自前期的4472点的高峰一路下跌到3月18日。其后，大盘虽然连续进行了3天平台整理。不过，阿麦看到大盘脚跟仍没站稳，量能也没有放出，仍有可能下跌，便于3月24日卖出手中股票，然后空仓观望，直至3月31日、4月1日才进场大量买进股票。做了一波反弹后，于4月9日大盘跌时再次离场。

2008年8月12日～9月1日，大盘在2400点上下反复震荡。9月3日，多空激烈争斗的"平台"被击破，阿麦当天即抛出股票离场观望，直至9月18日大盘创出1802点的新低，他才进场。

"为什么没在破2000点时就进场呢？"采访中，我提出疑问。

"股市不是一部一成不变的书。破3000点时我进场了，是因为当日3000点被击穿之后，很快有大量资金涌入，量能也放出来，当天收了一个倒锤子星阳线。而破2000点时我没进场，主要是因为盘中没有任何力度的反弹迹象。另外，从主力的角度考虑，历史不会次次重演，2000点如果不制造恐慌氛围继续往下打，会有许多买盘进场抢筹码。所以，在创出1802低点那天，我见有放量才进场的。"

2008年10月14日，大盘又是高开低走，阿麦再度离场。10月28日，大盘创出1664点的新低，他于10月30日入场。

2008年12月22日，大盘再次破2000点，阿麦看到自1664点反弹以来，已超过两个月，许多股票已从低位涨了百分之三四十，甚至有的翻倍，可操作空间已很少。这时风险已大过机遇。于是，他便又一次离场，直至12月31日一直空仓以待。

"空仓和等待，也是炒股票一种极正常的状态。在熊市中，空仓也是猎手养精蓄锐观察猎物动向的一个很好的时机。休息好了，看准了，再出手，收获就会更大。"阿麦深有感触地说道。

速战速决，决不恋战

从交割单上看，阿麦全年成交量很大，操作次数极其频繁，最长的也不过三五天，短的一到两天，有许多时候都是头天买进，第二天卖出，搏一个差价就走。

问其原因，他说："在熊市里，大盘跌得很凶。就拿上证指数来说，从2007年10月的6124高点跌到2008年10月的1664点，跌去了72%，许多股票都被腰斩，甚至还有不少股票跌幅达到了百分之七八十。就这样，大盘还没止住。在我心中，大盘还没到我真正想买股票的底部，所以一直等待。在这种情况下，我的操作只能是波段性的高抛低吸。我恪守的一个原则就是速战速决，遇到机会，捞一把就走，决不恋战。"

"能举例说明吗？"

"这种例子太多。"阿麦浏览了一下交割单，"咱们随便挑一只吧。就拿我操作的云南铜业（000878）来说，我是2008年2月27日以47.50元买的。27日这天它是高开低走，我就是在它向下沉时买进的，当天收了个阳十字星。第二天，它一开盘就冲高至50元，我先在49元抛出一半。又过了两天，也就是3月4日，它一开盘，又一个高开高走，直冲55元，我便趁势在52.88元把剩余股票全部卖光。"

"这么好的一只股票，没想过长期持有一段时间？"我问。

"没有。再好，也不能长期持有。"阿麦说，"我这个人总不爱与股票黏着。炒一下，就走人。3月4日那天，云南铜业的K线呈高位'射击之星'，离跌不远了。尽管3天后它创出了55.97元的高点，我没能在最高点抛出，但我在高位中'咬'了它一口，已很过瘾，没有遗憾。在我操作后的第四天它就开始暴跌了，除权后最低跌到6元多，让人都差点认不得它了。你想，不速战速决行吗？！要是和它谈恋爱，长厮守，那不完啦？"

"你在速战速决中，获利的标准设的是多少？"

"没一定的标准。有一点，抓一点；没有，就跑。千万不能给套住，这是原则。有时，哪怕只有几分钱的利，也搏一下，因为熊市里赚钱不容易，只能是一点一滴，积少成多。"

他对澳柯玛（600336）的几次操作就是遵照"抓一点，就跑"的这种原则。

2008年8月13日，该股低开低走，盘中创出3.97元的低点，阿麦以3.98元下单成交。次日，澳柯玛高开低走，盘中震荡很大，最高冲到4.28元。他于4.23元抛出，也只有6%收益。8月22日，他又以3.92元买进，第二个交易日他见该股高开低走，即借冲高之时，以4.07元卖出，仅赚了3%左右即离场。不久，该股便跌至3.04元。

"速战速决中，你感到执行起来最难的是什么？"我问。

"最难的是利润在前，不肯果断离场。"阿麦说。

他举了这样一个例子。那是2008年4月22日，大盘破3000点，阿麦进场抢反弹。这天，他进场的同时也通知香港的一个好友一同进入。当时香港恒生指数正在爬坡。两个人进场后，阿麦于4月25日即获利出局。而那个朋友获利后看到他买的股票还在涨，不肯卖。结果没几天，恒生指数再次回落。那位朋友由赚到不少钱，到最终又被套了进去。不按既定方针及时离场的教训，使他最终吃了苦头。

相信自己，不听消息

无论是在牛市还是在熊市，市场上的消息几乎是满天飞。有来自各大媒体，如报纸、电台和电视台的，也有各种小道消息渠道。许多人做股票，不是凭自己的判断，而是迷信各种"消息"，整天跟着"消息"走，而听消息炒股票，十有八九会上当。阿麦说有句话说得好："听'消息'炒股，赢就赢一颗糖，输就输一间厂。"

阿麦说他自己就曾经上过这样的当。一次，他去听一个有头面的分析师上课。会上，这个分析师极力推荐了一只股票，让大家周一一开盘就买进，目标位30元，至少有20%的收益。在熊市里不要说有20%的收益，就是有10%的利润，就要烧高香了。阿麦本来不信这个，可他的朋友有个账户在他手里，一定要他买点试试。阿麦拗不过他，只好买了几手。

没想到，周一开盘，该股往上冲了10分钟不到，就拐头向下。阿麦见势，立即止损出局。然后，该只股一路走低，股价从26元一直跌到6元左右。如果听信了那个分析师的话，后果不堪设想。

还有一次，是他的一个密友送消息给他的。那个密友是当地一家上市公司的营销员。这家上市公司具有奥运题材，产品与奥运有关。早在2007年10月股价就像刮风似的从6块多钱狂飙，至2008年5月，股价翻了1倍还多；至5月6日，已创出15.80元新高。

一天晚上，那个密友悄悄告诉他："公司头头说，这只股要涨到20块钱。快点买，准发财啦！"

"你天天往厂里跑，最近订单怎样？"阿麦问他。

"今年比往年倒是少了不少，不过公司头头说，有庄在做，不怕！"他回答。

阿麦对身边的这家公司传出的消息并没有盲目相信，而是谨慎清醒地分析：他通过了解内情，公司的产量在锐减，生产景气度也有所下降。虽然有奥运题材，但股价早已炒高透支，没有再操作的空间了。他劝身边的人不可再听信诱惑之言盲目跟进。结果，从2008年5月创出新高后，该股在没有业绩支持下，节节"败退"，听了谣传跟进的人都后悔莫及。

"信天信地不如信自己。"这是阿麦炒股的原则和体会，也是很多投资人"听消息输钱"凝聚的教训。我在采访阿麦时，与不少股民接触，发现他们炒股赔钱，其中很重要的是对自己缺乏信心，只信别人，不信自己。有的更可笑的是迷信上天，迷信运气。有一个老大妈在她的电脑边就放着两块算卦用的半月牙形的"阴阳板"，买卖股票，全靠"神"开口：摇出阳板，买进；阴板，卖出。这是多么好笑的做法。

坚持"六不炒"策略

阿麦在熊市里还坚持"六不炒"策略。

一是不熟悉的股票不炒。炒股最怕怯生。不熟悉的股票，不了解它的股性，不清楚它的基本面变化，也不掌握其主力的动向、操作手法及脾性，涨跌的规律也难以把握。古人云：知己知彼，百战不殆。炒自己熟悉的股票，了解主力做盘手法，对它的脾性了如指掌，做起来就顺手多了。

二是"利好"明朗和题材已兑现的股票不炒。炒股是炒未来，炒朦胧。一般"利好"已明朗或题材已兑现的股票，股价往往都已炒得很高，没有太大的上升空间，炒这种股风险会很大。

三是人气很旺的股票不炒。人气很旺的股票，往往已被推至高位。就如去拍卖一套房子，若有50个竞投者去拍，往往会以比市场价高的价格才能成交。房价往往被高估。如果一套房子只有两个人竞拍，成交价一般会比市场价低，房价往往会被低估。如中国石油上市时在各方舆论的吹捧下，人气空前高涨，预期也相当高，结果跌得最惨，也最伤投资者的心。

四是"上报纸"的股票不炒。一登报纸，往往是见光死。只要哪只股票上了报纸，要么疯涨，追不到；要么，一见报，主力会反做，就下跌。主力不会轻易拉抬，让众人舒舒服服地坐轿。

五是高位放过巨量的股票不炒。凡高位放巨量，一般都是主力出货的典型征兆。尤其在熊市，只要见高位有量放出，一定先要出局。因为一旦放量，随后调整就会到。等到调整结束方可再次介入。

六是股性不活跃的股票不炒。凡是股性呆滞的股票，一般成交量不大，死气沉沉的，在熊市里即便是大盘反弹，它也总比别的股票反弹得少。而相比之下，那些股性活跃的股票，上下震荡比较大，短线操作的机会会更多一些。

三十六计，走为上计

面对熊市伤痕累累的投资者，阿麦有句诚恳的话。他说："股票市场的操作是一门复杂的艺术。只要有悟性，肯学习，肯付出，一定会拿到成功的钥匙。相反，一个不看基本面，又不懂技术分析，也没有一颗平常心，又不肯学习的人，是不会成功的。说实在的，这个世界上没有免费的午餐。这样的人，要我说，还是'三十六计，走为上计！'"

尾声：保持良好心态，不追涨杀跌

使自己始终保持一种平稳良好的心态，是阿麦熊市制胜的一个法宝，也是他熊市操作中的一个非常重要的原则。

他说，说起心态，是个老话。表面上看很简单，其实很复杂，也很难做到。可以说，有一个平和良好的心态，是炒股的最高境界。

他对我说，他开始入市时就遇到大跌，把自己多年的积蓄都赔了进去，当时的心态就特别糟糕，用肝肠寸断来形容一点也不过分。那时幸好他离场了，否则会越赌越亏的。

还有，在2006年和2007年大牛市中，他虽然也赚钱，但和身边那些赚几倍的高手相比，也只赚百分之四五十，显得太少了。那阵子，在这种不平衡的心态下，他一度头脑发热，追涨杀跌，整天一心想的就是怎么抓住盘中的大黑马，频繁地操作。用他的话说，是"见一个，爱一个"，到头来，一个也没抓到，只能挣一点蝇头小利。

在这种梦想追逐暴利、思绪异常纷乱的时候，有一天，他出门旅游，登上一座高山，走进一座云雾缭绕的寺院，看到迎面的墙上，写着一首著名禅诗："菩提本无树，明镜亦非台。本来无一物，何处惹尘埃？"他一边读，一边揣摩着。

一位大师见他一脸虔诚的样子，给他解释道，世上本来就是空的，看世间万物无不是一个"空"字。心本来就空的话，就无畏外面的诱惑。任何事物从心而过，都不留痕迹。这是禅宗的一种很高的境界，领略到这层境界的人，就是所谓的"开悟"了。这一切，深深地触动着他的内心世界。

他牢记着法师的名句。为了铭心志，在寒冷的冬天，他奋身跳进冰冷的水塘中游起泳来，而且此后天天如此。说来也怪，自打那天起，他不仅身体强壮了，就连操作起股票来心态也平和多了。他逐渐做到手中有股，心中无股，不再追涨杀跌。暴跌时，他不惊慌；暴涨时，他不心跳；踏空时，他不急躁，而是冷静处之，越做越好。他说："我炒房产，曾拿100万去做3000万的生意，成功了；熊市里，跌那么惨，我心不惊，胆不颤，照样乐呵呵地赚钱，为什么？我认为都是一个好的心态给予的，它是我人生中最宝贵的东西。我会永远珍惜它！"

君山居士：

> 证券市场是一个利用智慧和汗水进行财富再分配的场所。

在最惨烈的一轮熊市中，他和他的许多"弟子"却没有受到丝毫的伤害。每次"大顶"，都被他神奇地准确预测，并八次吹响撤退的"集结号"，且以95%的胜算率，带领"弟子"们20余次成功抄底。他的"独门暗器"——"君山股道"，究竟隐藏着怎样的秘密……

投资简历

个人信息

康会民，别名：君山居士。男，1973 年 9 月 22 日生，河南人，大学文化。

入市时间

1993 年。

投资风格

牛市重拳出击，抱牢股票；熊市空仓以待，伺机进攻，以游击战法在波段操作中稳健获利。

投资感悟

宁可错过交易机会，也绝不能发生亏损，这是熊市成功操作的铁律！

第6章

△

解读"君山股道"密码

——记羊城股坛奇人"君山居士"股市制胜绝技

当我怀着一腔激情，敲击着键盘，为读者写下这篇纪实报道时，一时，真感到手中的这支笔似有千斤重。

因为，我不知该用怎样的陈述，才能把发生在君山身上的奇事儿，全部真实地再现给读者；也不知该用怎样的文字表达，才能让读者更加真切地感受到这些是实实在在的"纪实"，而非虚构的"小说"！

引子：将军山，有个"熊市牛人"

我之所以会有这种心理负担和想法，是因为在2008年，一直坚持在中国证券一线采访的我，目睹了太多的悲剧，听到过太多的悲歌：牛熊的转换，使股市数千亿、数万亿、数十万亿的资金瞬间从人间蒸发，不知有多少千万富翁一夜之间变成了百万富翁；而从百万富翁又一下缩水成了20万元户、10万元户的，比比皆是。数以千万计的散户英勇"抵抗"，奋战"沙场"，一辈子的血汗钱，却早已荡然无存……

可怕的熊市！股市赚钱的神话没了。昔日牛市中的英雄豪杰们，此时也销声匿迹了……

在漫漫熊市里，赔钱才是司空见惯的事。保本，那要算是奇迹。而要说到赚钱，用广东话讲，那就肯定是在"吹水"！

是呀，谁会相信熊市还会有赚钱的？如果跟100个人说，保准有99个人都会摇头说"不相信"。

的确，在最惨烈的一次大熊市里，有哪个人会比主掌大势的基金、机构更聪明？精英们尚且都扛不住大势，还会有谁能扛得住？

然而，就在中国南疆的羊城，却有一个神秘的"居士"，竟然用他神奇的"君山股道"去"普度众生"，靠着他的智慧"道法"，带领着他的弟子们与"熊"搏斗。在大盘从6124点暴跌以来，他不光成功逃脱了一场场灾难，还奇迹般地数次成功抄底、逃顶，在2008年某段时间的收益甚至还达到了120%左右。其战果累累，令人惊叹，真可谓"熊市牛人"！

何方"居士"，这么厉害？有何"神功"，能"捉妖降熊"？这令许多人不解，也极其渴望探寻其中的奥秘。

2009年1月11日，我带着这种疑惑，来到绿树遮掩郁郁葱葱的羊城将军山麓，探访隐居在这里的名噪一时、被人称作"君山老师"的"熊市牛人"。

在与他朝夕相处的日子，这位来自中原大地的豁达"居士"，把凝聚着他16年心血的操盘技艺，毫无保留地袒露了出来。

本文揭示和解读的，正是他那"捉妖降熊"的神奇的"君山股道"密码！

股灾中的"幸福一家人"

在世界金融危机风暴中，2008年的沪深股市发生了灾难性的暴跌。它使千万投资者遭受了巨大损失，整个市场惨不忍睹。然而，就在这罕见的股灾中，却幸福地生活着"一家人"。他们没有受伤，没有悲哀，这群熊市牛人，感动着2008年，感动着华夏那受伤的股坛！

"2008年，我们是炒股人！"

这是一次巧遇，也是感动沪深股市的一刻——

2009年1月11日中午，我刚刚到达广州，与君山在麓湖边进行第一次交谈后，就随他去送别从各地来羊城专程看望他的第一批学生。

他们在一起的聚会即将结束，见到我的到来，他们很开心地主动自报家门。一位看上去只有20岁出头的靓女先开了腔：

"白老师，我是傲气俏丫丫，来自深圳宝安。如果说许多人在2008年都不敢说自己是炒股的，那么，我们这些来自各地的朋友，都敢自豪地说，2008年，我们是炒股人！因为我们在这一年很快乐，并赚到了钱！"

"我叫佳宝，是南京人，也有人喊我'总理'。过去我总爱捂股票，2008年10月，我有幸成为君山老师的学生。他经常教导我'不要老把股票当孩子养在家里！'现在我学会卖股票啦。"我身边又一个年轻女孩如是说。

"我的网名叫新也，是福建南安人。我是2008年3月才入市的。幸运的是，我一入市，就在君山老师UC的免费课堂上学到不少炒股知识。一年下来，我炒股的成绩虽说不如师哥师姐们，不过也赚了50%，这是我在股市赚的第一桶金。我永远都忘不了。"坐在我对面，一个穿着红色羽绒服的帅哥开心地对我说："白老师，现在我已辞职，想做个职业投资人。说不定，我以后会成您书中的'股神'呢！"

这时，一位长得酷似鲁迅先生的学者模样的人笑道："我叫米老鼠，来自杭州。我刚刚下海办公司，又不干了。别以为这是金融危机惹的祸，主要是股票市场对我的吸引力太大了。"

"米老鼠，这一年可没少赚钱啊！"这时，不知谁插了一句。

"是啊！要不，我公司董事长不当，下海炒股，我傻呀？"说完，他哈哈大笑起来。

"他是北大毕业的，是我们群里最有灵性的一个，人称'小鲁迅'。这种熊行情，可他还经常逮到涨停板！"我旁边的女"总理"向我介绍道。

北大学子米老鼠的话音刚落，一个年轻小伙子就笑呵呵地开了腔："我叫木阳，来自河南。人家说我是'没阳（线）'，只要我一买股票，就会跌。其实，那是反话。涨和跌，牛和熊是一对矛盾的统一体。我木阳，没阳，我买股专门找'没阳'的时候到'弹坑'里捡股票，对吧？这都是跟着君山老师学的！大盘掉到1664点以来，我可捡了不少便宜货，反正账户都在大家面前公布过了……"

"我叫'咖啡'，来自新疆，也是君山培养的一个股市'女赌徒'！"

"我叫'涨不停'，来自南宁，也是2008年的幸运者！"

…………

听着一阵阵欢声笑语，看着一张张笑逐颜开的脸，真让人振奋，让人激动：熊市里，我从没见过这么一群快乐的股民。他们没有悲叹，只有开心。

他们，是股灾中幸福的"一家人"！是熊市中真正的一群"牛人"！

答谢的"饺子宴"

我挺有口福的。没想到，我刚到君山家落脚，就赶上了一顿丰盛的饺子宴。

不过，那倒不是为迎接我的到来，而是君山的学生们为他特意献上的。

他们是君山的另一拨"老学生"，是专程从武汉、黄山、郑州、长沙、苏州等地乘飞机来看望君山，并为他包一顿饺子的。

那天，我走进君山家门时，正赶上这场"饺子宴"的"尾巴"，平时喜欢包饺子的我便也凑热闹和这些"学生"一起包。

长沙的"湘妹子"忙着擀皮，苏州的"码头"和"隼"在当"小工"，穿梭般地搞"运输"；河南郑州的"小小星"精心地包着拿手的"水晶饺"；浙江淳安的"乐乐"和"敏"在厨房忙着准备酒菜。

"呵，有水晶饺，还有荞麦面的健康风味饺，真够丰富的！"开饭了，我看到十多个来自天南地北的朋友围在一起吃着美味的饺子，回忆起在部队过年包饺子时的情景，心里热乎乎的。

"我们是来感恩的。老师免费教我们一年课，让我们赚了不少钱。送礼呢，老师不要；给钱，他更是一分不收。我们真不知道怎么谢老师，于是就相约着来看看老师。他爱吃饺子，我们就给他包顿饺子，也算对老师的一点心意吧！""小小星"对我说，"要不是老师指点，我家今年的这个年关，真不知道该怎么过……"说着，她的眼里盈满了泪花。

"小小星，跟君山老师几年了？"我问。

"要是几年就好了。可惜，相识太晚了呀！我是一个新股民，初入市时见行情好，不知深浅，投资了不少，想多赚些钱，为两个孩子以后上学成长着想。哪曾想，一进去就摔了个大跟头。'5·30'暴跌，让我快速赚钱的梦碎了。开始跌的头一天，我不懂走，也舍不得走。硬撑到第四个跌停板，我灰心了，心想：逃吧！哪曾想，我出来了，割掉的股票又涨了。看到才几天工夫，账户上十几万块钱就没了，回到家，我抱着孩子伤心地哭了……

"在我无助的时候，我花了5000元去一家咨询公司学炒股，想早点把损失补回来。可是，没想到学费交了不少，炒股还是找不到北。后来，朋友告诉我说UC有个君山老师免费教学讲得很好，我不信，我想，花钱的，都不行，这免费的，还会有真招？但我还是抱着试试看的态度，进了君山老师的课堂去试听。也算是'死马当活马医'，随便碰碰运气吧。没承想，我遇到了真正的高手和真心教我们的老师，自从那会儿起，我什么时候买，什么时候逃，老师都一点一滴地教我，真是苦口婆心啊。有时指导我买股，叫我买两成仓位，我心急想早点扳本，悄悄买了七八成。他硬逼着让我打开账户，否则以让我'出群'来惩罚我。没办法，我第二天立即调整了仓位与心态。后面炒得很顺，盈利百分之四五十总有吧，我这才算活过来了。你说我能不开心，能不谢恩吗?！"

我们一边吃着饺子，一边听着"幸福一家人"的故事。

从武汉来的王汉林一边为我斟红酒一边说："我的网名叫666，年龄最大，56岁了，所以他们也叫我'大哥'。我是一个老股民了，1993年入的市。那年，我炒邮票的小型张和新股的'中签表'赚了不少钱。当时炒股可以跟券商一比五地透支，开始赚得挺多，有一千来万吧，算是证券公司的'超级大户'。"

"后来，胆子越来越大。但到1994年行情越来越差，也是熊市，赚的钱又赔进去了。末了，我反欠证券公司5000块钱，被迫出局。那是1994年的11月18日，我一辈子都不会忘记那一天。"他接着说。

"以后，没再炒股？2000年的行情也不错啊？"我问。

"一朝被蛇咬，十年怕井绳。没敢再涉足。教训太深。离开股市后，我一直搞工程，不再碰股票。到2007年，全国股市的行情太火爆了，我实在忍不住，这才又重操旧业，玩起了股票。"

"那年，应该赚了不少吧？"

"是。我这次投资了三四百万，翻了一倍多，是行情好啊。当时，舆论都在说沪深股市迎来了黄金十年。我乐得天天睡不着觉。正准备加大投资，可是在2007年国庆节我们来广州见到君山老师时，他却给我当头泼了一盆冷水。当时，一起来的有30多人，老师为我们上了4天课，他给我们讲如何防范风险，讲炒股要把资金安全始终放在第一位。记得那会儿大盘在5500点左右，他对我们说，回去马上卖股票。我10月7日回到武汉，8日卖出了全部股票，手里都是正在赚钱的股票啊。"

"当时舍不得走吧？"我问。

"嗯。不光舍不得，还有些逆反心理：许多专家都说大盘很快要上8000点，君山老师却叫我卖，这不唱反调吗？不过，我是在股市受过伤的'老兵'，还是听了他的话，全卖了，撤下来再说。"

"卖了后没后悔？"

"卖了后，大盘一个劲往上攻了7个交易日，创了6124点新高。我心里不是滋味。可是没几天，股市开始暴跌后，我内心不得不佩服老师高明了。""666"感激地说。

"此后，有没有再买回股票？"

"没有。我一直空仓至今，是一张'白卷'。我保住了在牛市赚的钱，一分钱也没受损失。我是幸运的。虽然，我知道我们群（注：指QQ群）里不少人，如'码头'和'隼'，跟着老师做了不少短线，就连我的司机看了都眼红，可我不眼红，因为我忙，我没空做短线，我能保住大牛市的胜利果实一直到现在，已经非常满足了。股市有大把的机会等着我。现在我虽然没有股票，但群里一有活动，就算我再忙，也要坐飞机赶过来，看看老师，看看一同战斗的'一家人'，听一听大家的经验，跟着学一些东西。"说到这里，"666"把我拉到君山家的阳台上，悄声对我说，"白老师，我给你说句心里话，如果当时进UC课堂，要是收费的话，我反倒不踏实，我不是交不起学费，而是那种赚学生钱的人讲的话，我信不过。而君山老师不收我们一分钱，他讲的，我信！"

凌晨，故事仍未讲完……

"666"的故事，触动着我。在沪深股市这场暴跌的股灾中手握重金，一股不买的人，可是太罕见的例子了。他，无疑是高人中的高人了。他保住了上千万的资金丝毫无损。假若还在里面企盼8000点，至今，他说，其后果，他想都不敢想……

当晚，他们要走了，我有点舍不得。真想多与这些真正的"赢家"交流交流。有很多人的故事，我还没来得及听。

当我听说来自苏州的"码头"和"隼"是第二天一早的飞机时，尽管已夜里11点了，我还是忍不住，又赶往了他们住的宾馆，硬"缠"着他俩，一定要他们讲讲他们的故事。

他俩来自丝绸之乡的苏州盛泽。"码头"说他三十几岁了，以前连方圆两百里的地方都没出去过。可自从一年前认识了君山老师，改变了他的生活。他有生以来坐的五次飞机，都是跑到广州来看老师，向老师请教的。在股市这波从6124点下跌以来，他与"隼"跟着君山老师22次抄底买股票，除一只外，21次均获成功。他开心地说："我们是幸运者！我们真的是幸运啊，大跌前，我们跑光了，保住了资金；下跌了，我们又跟着老师赚了不少钱，能不开心？！"说到这，这位有点腼腆的苏州小伙拍拍自己壮实的身板，"白老师，我过去体重只有100斤，现在长了10多斤了！""饭量大了？""不。"他笑道，"有句话叫'人逢喜事精神爽'，现在，我才真正体会到了啥叫人逢喜事精神爽了！哈哈……"

"隼"的故事也是一波三折。他是1998年入的市。只在1999年的"5·19"行情中赚过一点钱，但没走，之后又套了进去。后来割肉出局，先前投入的30万元只剩下10万元。到2006年10月，他再度进场，尽管行情好，但他手里的股票不涨，换来换去的，没有赚到钱。到2007年2月，他又追加了30万元，以3.67元满仓买入大成股份（600882，现名：妙可蓝多），可股价涨到11块多时不知道走，直到"5·30"大跌的第四个跌停才割肉，赚到的钱又缩掉了一半。后来，他52元买进了地产股招商地产（现已退市）。到9月份涨到70多元了，他很开心，也就在这时，"码头"介绍他认识了君山。他们一同于国庆节来到广州听课，老师要他们卖股票，他不情愿。

老师看出了他的情绪，临别时，千叮万嘱："记住，回去后一定全部清仓！"

"你不愿走？还拿着招商地产？"我问。

"我当时一股赚了20多块，我睡觉都在笑，还想抱着它冲上100块呢！不过，我思想斗争了几天，回想起过去赚钱后没马上走的教训，掂量着君山老师诚恳的话语，最后还是按他的要求走了。"

"不后悔吗？"

"后悔！一开始后悔死了！我是78.90元卖的，没几天这只股就冲到102元了。后来我都没敢看它，一看它涨，我这心里头就难受得要命，毕竟少赚了不少钱啊！"

"后来呢？"

"后来看到它很快随大盘从高峰开跌了，而且最低跌到了10元钱，我又庆幸，感到走得对了。现在想，即使当时不走，可能会抱到102元也不会舍得走，还会再往高处想，绝不会卖在那个高点上！而跌下来，更加舍不得离开，说不定现在还被深套在里面呢！"

"出来后还有没有再做股票？"我问。

"出来后，我们保住了可贵的本金。后来，老师指导我们在下跌中如何抄底，我和'码头'一起都参与了，而且几乎次次成功。"

说着，两人打开随身带的手提电脑，一只只讲给我听。每次他们都买在最低点，除交通银行次日止损外，总收益都超过50%了。

"现在，还怪老师吗？"

"我们感激都感激不过来呢！""隼"说。临别时，"码头"和"隼"诚恳地对我说：

"白老师，你把我们这'幸福一家人'的家长——君山老师写一写吧！他的理念与操作方法，很有实战性。写出来，让更多在熊市中受煎熬的投资者受益，也让他们和我们一样，开心地生活，好吗？"

"好，好。"我连连点头，答应着。

夜幕下，我回望着"码头"和"隼"，他们不停地向我挥着手。

我看了一下表，已是凌晨四点了。一个小时后，他们就要赶往机场，开始新的一天，继续书写他们在熊市里的快乐……

八次吹响"集结号"

熊市的顶，是扼杀生命的残酷战场。面对险恶，他八次吹响了"集结号"，成功地转移了"大部队"（巨量资金）。凡听到"号"声的，都实现了胜利大逃亡，无一个"阵亡"；而没有听到"号"声的，则葬身沙场，付出了永远讨不回的血的代价！

战争中听不到集结号，后果是多么可怕！而在激烈残酷的股市博弈市场，主力是不会跟你吹"集结号"的。如果听到了，那是你的幸运。中国股坛，在熊市里那活跃着的"幸福一家人"，就是在真真切切听到君山八次吹响的"集结号"后，才欢乐地"幸存"到现在的。他们胜利大逃亡的经历，见证了君山这位民间高手那超人的思维与超前的心智。

英雄"私募"，不愿与"疯子"跳舞

时间：2007年8月中下旬

大盘状况：4800点

集结号：解散私募，化整为零

君山是岭南一家拥有大资金的实力私募。早在2005年大盘击穿千点之后，有着先知先觉眼光的君山，就悄悄"潜伏"在一家质地优良的股票一侧。他趁着大盘震荡下跌，大量吃进，一路跌，他一路吃。这只股票在逆势中上涨了一倍。眼尖的分析师在报上评论："一流的公司，一流的走势。"

而自从"报上有名"后，一直到2006年6月5日，它却再也不涨了。大盘在强劲上涨，而这只股票却像进入冬眠一样，整整长期盘整了半年。君山在牛市中顶着各方压力，在痛苦中煎熬着。

卧薪尝胆，经过半年的煎熬和折磨，2007年1月开始，睡醒的狮子开始怒吼，君山团队开始发起强劲上攻。只短短一个月内，股票连续涨停，他获得了四倍的利润，收益超过了别人一年的总和，令市场刮目相看。

资金增长后，他又操作了一只具有奥运题材的股票，从4.80元时建仓介入，拉升到12元时撤退。之后，他集中资金转入大盘股的波段操作，成功运作了粤高速A（000429）和城投控股（600649，原名：原水股份），在股价接近翻倍时退出。

那时，大盘在3800点。之后，他一直踏空到"5·30"暴跌前的4300点。那段时间，大盘和个股都在涨，许多股票天天涨停，他却在空仓中忍受着煎熬。但他并没有休息。他时时在用鹰一般的眼睛注视着市场动向。2007年6月5日，在粤电力（000539）的第五个跌停板时，他终于出手抄底，当天从跌停到涨停，即获利20%。他没有恋战，8日出局。同时，在这期间他也狙击了华帝股份（002035），很快获利退出。

2007年7月23日，他以11元大举介入宝钢股份（600019），至8月10日即获利出场。

谁也没想到的事发生了：8月底，君山带领的这支所向披靡的英雄私募，突然宣布"解散"。这是他第一次在大盘正在强劲飙涨时，吹响的第一次"集结号"。

"为什么大盘正向5000点发起进攻时，你却要撤退？"

"你傻啊？赚钱了，你有份；赔钱，你不用管，为什么要解散？"来自四面八方的朋友，怎么也想不通，都在质疑他。

大盘呼呼地继续向上涨。君山背负着极大的压力。"这比赚钱的压力更大！"他对我说。

"大势那么好，你为何在4800点就提前撤了呢？"我疑惑地问他。

"我感到市场走向了疯狂。"君山坦诚地说道，"我对全球股市进行了深入研究，如美国2000年的纳斯达克指数、日本1989年的狂涨。此外，我还研究了我国台湾1990年的大涨，发现与沪深股市当时的情况非常相像。"

"有危险的痕迹？"

"是！我发现我们的股市处在崩盘的前夜！"

"有这么严重？可这时市场还是一片劲歌呀？"

"而我眼中看到的是一个疯子，是疯子在狂舞。它要到哪里，我不知道。我不愿当疯子，更不愿与疯子一同去跳舞，只能退出场外观看它的表演。"

"你在大盘正在上涨的途中，吹响了这第一次集结号，解散了自己经营多年的私募，不感到遗憾？原因究竟是什么？"

"理由只有一条：大盘太疯了！你想，大盘不歇气地涨了一年多了，个股都翻了番，有的翻了好几倍，有的股价高得离谱，能不歇歇吗？经验告诉我，此时风险已经很大了。"君山说，"另外，我的撤退原因还有一点，是受了美国投资大师巴菲特的影响。人们崇拜这位股神的价值投资，几乎都以为他买入股票从不抛出。其实，是人们误解了。据我所知，世界大师巴菲特在狂热的股市中，也曾两度解散他的私募而空仓。所以我向大师学习，4800点，就胜利大逃亡了！"（图6.1）

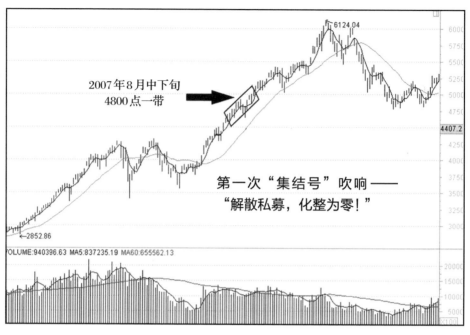

图6.1　上证指数走势图1

发布"新兵退役"令

时间：2007年10月15日

大盘状况：突破6000点

集结号："新兵"离场，"解除武装"

2007年10月15日，周一。这是沪深股市历史性的一天。大盘在这一天强劲上攻，上证指数突破了6000点大关！

在那一刻，围在证券公司看盘的广大投资者，看着那红彤彤的大盘，突然爆发出一阵阵狂呼：上6000点了，看来，8000点不远了，这真是神的速度啊！

人们欢呼雀跃！碰杯，聚会，庆贺！

晚上，近千名投资者挤爆了君山在新浪UC的"抄底逃顶"房间。"大盘上6000点了，今天看君山老师怎么说！"

"他从4800点到现在踏空了1200点，少赚了多少钱啊？"一些人替他惋惜。"我看，他的胆子还不如咱们新入市的股民大呢！"一个新股民嘲笑道。

人们在叽叽喳喳议论着，也有的人在等着看君山怎么"下台"。

"我知道此时大家的心情很激动！但今天我是来给大家泼冷水，是来吹响第二次集结号的！"君山响亮的声音，震撼着在场每一个人的心。

"今天大盘是冲破了6000点，本是值得高兴和庆贺的。但我要说的是，大盘上了6000点，我没有看到任何的喜悦，我看到的全是悲剧！我今天在这里郑重宣布：新入市的股民，必须马上离场，要不然，到时哭都来不及！"

"凭什么叫我们走？就你们行，我们都不该有赚钱资格？"许多"新兵"不服。

"你踏空了，还想要我们踏空啊！这老师，也真是的，哼！"

不解，责问，甚至嘲讽，溢满整个课堂……

"我不是瞧不起新股民，而是因为他们是最易受伤的群体。"君山语重心长地说，"你们一定要听劝，千万不能头脑发热啊。说不定，大盘暴跌，就要在眼前了！"

"为什么你那么坚定地这么说，有内部消息？如果说，大盘真上了8000点，你不害了许多投资者踏空了？"我问。

"我之所以这时吹响了第二次集结号，让大家退场，尤其强调没有一点风险意识的新股民必须退场，是因为我判断大盘暴跌就在眼前。"君山肯定地说。

"理由呢？"

"理由有四：一是宏观经济开始紧缩，通胀升温，国家调控的力度越来越大；二是从盘口看，量价背离，许多股票高位已经滞涨；三是管理层加快了扩容，许多大盘股在加速发行；四是从2007年6月5日到10月12日，按循环理论，它的时间周期为89天，到了变盘的时间窗口。"

大盘运行结果：第二天，上证指数创下有史以来的最高点：6124.04点，然后正如君山所准确预测的，步入暴跌。听了君山课的不少投资者，次日离场的，成了真正的幸运儿。（图6.2）

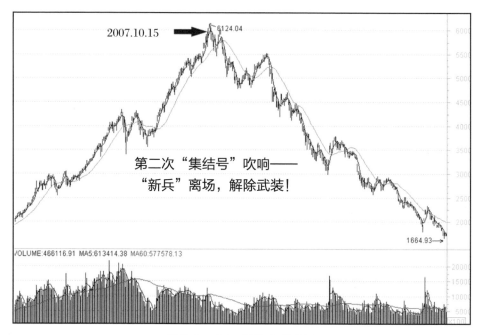

2007.10.15

6124.04

第二次"集结号"吹响——
"新兵"离场,解除武装!

1664.93→

VOLUME:466116.91 MA5:613414.38 MA60:577578.13

图6.2　上证指数走势图2

高位最后的逃命点

时间：2008年1月14日

大盘状况：5500点

集结号："不走的，要战死！"

2008年1月14日，大盘自2007年12月初从4800点上涨到5500点。这天，大盘在高位收出了一个阴十字星。

当天晚上，君山在讲课时，适逢电影《集结号》在全国各地隆重上演。他风趣地说："大盘正在上演'集结号'。在这5500点一带的高地上，多空必有一场恶战。但空方力量过于强大，血战在所难免。要赶快走，不跑，就要战死！这是从6124高点下来第一次反弹的高点，也是最后的逃命点，千万千万要珍惜！"

"你判断继续下跌的理由呢？"我问。

"理由有三条。"君山回答说，"一是根据循环周期理论判断：从2007年11月28日到2008年1月14日，已有32个交易日，已接近变盘的时间周期点；二是从量能上看，高位放量已经滞涨；三是从技术分析上看，大盘反弹到5500点一带，正好回抽到颈线位。基于此三点，下跌是必然之势。"

大盘运行结果：次日开始，大盘逆转直下，连续暴跌。（图6.3）

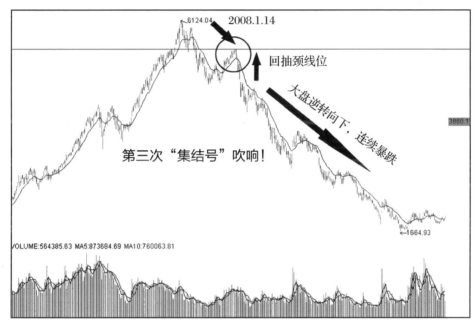

图6.3　上证指数走势图3

主力已乘黄鹤去

时间：2008年3月14日

大盘状况：破4000点

集结号：多头防线失守，新一轮下跌开始

大盘自年初下跌，在4000多点经过两个多月的盘整，终于在2008年3月13日，击破了4000点的整数关口。此时，正在外地进行"证券万里行"的君山，刚从长沙到达武汉。他和湖北的学生们一同登上黄鹤楼，眺望着滚滚东

流的长江，想着大盘多头防线的失守，回到住地，夜不能寐。他久久地审视着大盘的破位之势，禁不住在博客中写下一首诗：

主力已乘黄鹤去，股市空余小散户。

主力一去不复返，天天下跌跌不休。

他一再告诫学生们：多头防线已经失守，主力已大规模地撤退了。没进的，千万不可再踏入一步；还没撤退的，要坚决离场。新一轮的下跌将是更加迅猛的！

大盘运行结果：大盘自破4000点之后，似一江春水向东流，一直持续下跌到3000点。（图6.4）

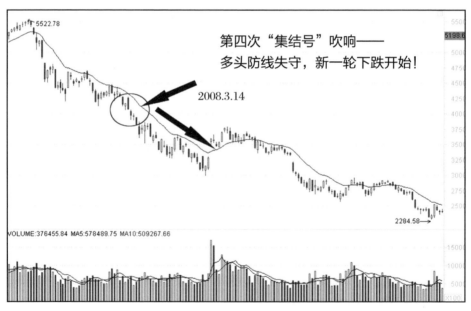

图6.4　上证指数走势图4

重大利好难阻下跌趋势

时间：2008年4月24日

大盘状况： 在重大利好刺激下，大盘大涨9.29%

集结号： 历史警示未来，重大利好难阻下跌趋势

2008年4月23日晚间，国家税务总局宣布，从4月24日起将证券交易印花税税率由现行的3‰调整为1‰。消息传出后，市场各方迅速做出积极反应。全国各大媒体很快转发了这一消息，投资者无不拍手叫好。4月24日，大盘在重大利好的刺激下，大幅高开，全天上涨9.29%。

而就在4月25日，在市场憧憬着"涨势一片的美好未来"的时刻，君山却在此时发出了不协调的声音。

这是君山吹响的第五次"集结号"！

"为何你把利好当利空呢？"采访中，我问他。

"好消息往往是我们的坏朋友，我一贯这么看。"君山坦诚地说道，"历史常常会简单地重演。我们都不会忘记2001年10月22日、11月16日和2002年6月24日那三次重大利好带给我们的启示。"

2001年10月22日新华社发布消息：中国证监会新闻发言人表示，考虑到有关具体操作办法尚需进一步研究，中国证监会经报告国务院，决定在具体操作办法出台前，停止执行《减持国有股筹集社会保障资金管理暂行办法》第五条关于"国家拥有股份的股份有限公司向公共投资者首次发行和增发股票时，均应按融资额的10%出售国有股"的规定。

"谁人不知，2001年股市从2245点开始惨烈地下跌，起因就来自国有股减持。新华社发布的这一消息，无疑被千千万万的投资者看成是天大的利好。可是股市仅仅涨了两天，第三天就是一根大阴线，然后继续下跌。不久，2001年11月16日，印花税税率下调，大盘仍是扶不起的阿斗，高开低走，跌势依旧。

"为救市，2002年6月24日，国务院决定停止在国内证券市场减持国有股，证监会制定《关于进一步规范上市公司增发新股的通知》，提高增发门槛。在重大利好的刺激下，大盘再现井喷。上证指数开盘涨幅达9.09%，全天震荡后涨9.25%收盘，收出长下影线。而此后，股市继续走低，宣判了惊

天利好的'短命'。这也再次充分验证了股市里的一句老话：利好出尽便是利空。这是因为大盘连续从6000多点被腰斩，看到利好后，很多股民奋不顾身杀入，巨额的成交量预示着将会有许多的投资者被套在'半山腰'。因为成交量比以往都要大，所以损失也是极其惨重的。事实也证明了这一点。"

大盘运行结果： 自发布降低印花税的利好消息后，大盘经历了短暂的冲高之后，重新又步入新一轮更加猛烈的下跌！（图6.5）

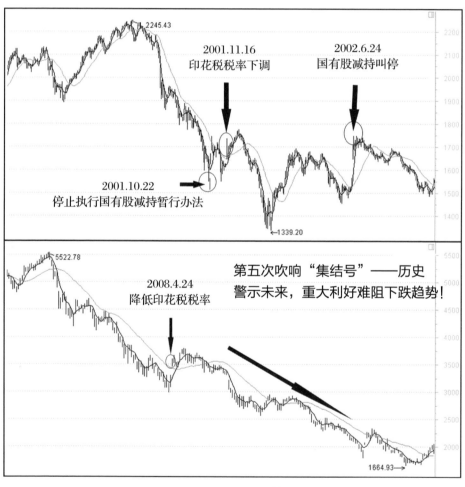

图6.5　上证指数走势图5

飞流直下三千尺

时间： 2008年7月28日

大盘状况： 在企盼奥运的热烈气氛中，运行在2900点一带。

集结号： 开幕式拉开股市下跌的帷幕

2008年7月28日晚。君山的UC课堂挤满了上千听众。许多人手里拿着奥运板块的热门股，在操作上聆听老师的高见。

北京奥运盛会，举世瞩目。它实现了华夏大地几代龙的传人的梦想。同样，全国的千万投资者对大盘和具有奥运题材的股票充满期望，期待着它们能借奥运火炬的点燃，展开一波升势。

没想到，望着那企盼的一千多双眼睛，君山却先朗诵起了唐朝大诗人李白的《望庐山瀑布》中的著名诗句："日照香炉生紫烟，遥看瀑布挂前川。飞流直下三千尺，疑是银河落九天。"

李白的这首著名的诗描绘的是：壮观的瀑布从高处急冲直流而下，真让人怀疑这是从天上倾泻下来的银河。这首诗写出了庐山瀑布向下倾泻的磅礴气势。现在，君山老师朗诵它的意思何在呢？莫非，他不看好后市……

"是的。今天我在这里用这首李白的诗，为大家再次吹响'集结号'！"君山神情严肃，"手里拿着奥运板块股票的赶快抛出，2001年7月13日随着中国申办奥运会成功，奥运板块的股票全线跌停的悲剧，还会重演！有的股票会跌得很惨，像中体产业这只股票，今天收盘是22.45元，已'高处不胜寒'。我预测它会跌到三四块钱，不信，大家可以见证！"

"那么，8月份，我们该如何操作？"一个学生问道。

"我在这里宣布：8月份，我不会做股票。"君山回答道，"为什么？原因有三：一是8月份是2008年大小非解禁的最高峰，市值高达2400亿元；二是历史会重演，奥运利好的兑现，将会迎来暴跌，会带来奥运幻想的破灭；三嘛——"说到这里，君山狡黠一笑，"中国有史以来第一次举办奥运会，我要看精彩的奥运会，没时间也没心思做股票！"

大盘运行结果：真如君山朗诵的李白的诗句那样，"飞流直下三千尺"：从2900点附近，带着人们的梦想和希冀，在奥运会的欢呼声中，大盘最后坠落。一大批生气勃勃的奥运题材股票"魂飞魄散"，中体产业最低跌到了3.02元，实在惨不忍睹。（图6.6）

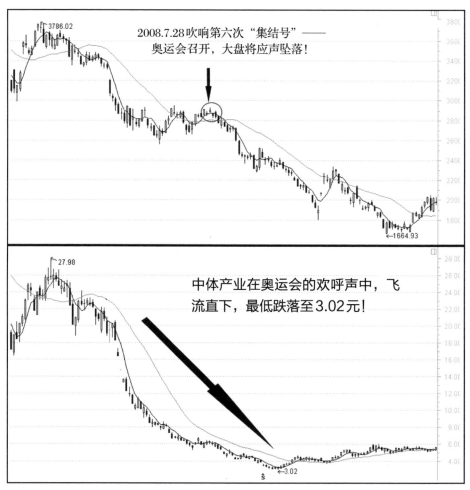

图6.6　上证指数与中体产业走势对比图

三大利好难掩熊市迷茫

时间：2008年9月18日

大盘状况：沪指已击穿2000点，当日收盘于1895.84点

集结号：三大利好难掩熊市迷茫

2008年9月18日，在大盘破了2000点，熊气弥漫，人心涣散之时，三大利好重磅出击，再现救市方略。

当晚，《新闻联播》传来重大消息：

经国务院批准，财政部决定从2008年9月19日起，对证券交易印花税政策进行调整，由现行双边征收改为单边征收，税率保持1‰；同时，国资委明确支持央企回购或增持上市公司股票；"国家队"汇金公司则高调宣布在二级市场增持"三大行"（工行、中行和建行）股票。

当这些消息公布后，中石油和中煤集团率先进行增持。三大行等指标股强劲飙升，大盘燃起了一团熊熊烈火。

难道，大盘真的要转熊为牛？

君山的回答是：这三大利好也难掩熊市迷茫。这一天，他第七次向投资者吹响撤退的"集结号"！

"你看，三大利好公布后，指标股大涨，拉动指数向上，掩盖了大盘下跌的真相。在这种上涨的假象掩盖下，许多个股上演的则是更加疯狂的下跌。所以我仍告诫股民朋友，不要抱有幻想，这是又一次冲高逃命的机会！"君山说。

大盘运行结果：大盘在三大利好的刺激下，引发了脉冲式的上涨。但在2000点上方没站稳几天，就再次遁入下跌途中，并于10月28日创出1664点的新低。（图6.7）

2100点上方，下跌的齿轮开始运转

时间：2008年12月11日

大盘状况：中央经济工作会议刺激上证综指逼近2100点

集结号：剧中没有喜悦，你仍然躲在你的梦里面！

2008年12月8～10日，在国际金融危机持续蔓延的大背景下，备受瞩目

的中央经济工作会议在北京召开。许多投资者翘首以待，指望中央经济工作会议为资本市场提供实质性利好。

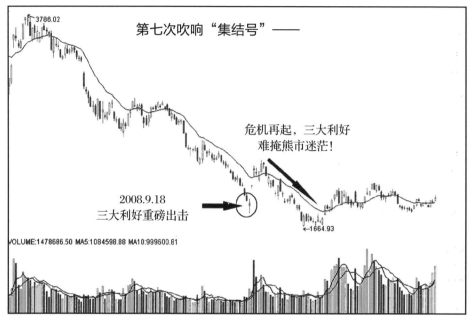

图6.7　上证指数走势图6

就在中央经济工作会议刚刚结束的第二天清晨，君山写了一篇博文：

　　……远处传来一首凄婉的老歌《吻别》。我已经看见一场悲剧正在上演，剧中没有喜悦，你仍然躲在你的梦里面！

他用这篇凄婉的博文，向投资朋友吹响了第八次"集结号"。12月初，多头曾宣称，要坚守到中央经济工作会议。硬挺着大盘在2000点上方盘桓了几天，但企盼过后是失望，人们没有等来喜悦，仍然躲在梦中。

12月4日，君山在他的一篇《多头将坚持到中央经济工作会议》的博文中写道：

在经济面接二连三的利好的刺激下，多头再次发力，今天将重新攻占2000点。由于中央经济工作会议马上就要召开，多头还会坚持几天，到开会走人吧，别想太多！ 2000点对沪深股市来说，绝对高。短线会不会涨，我不知道；会涨到哪里，我也不知道。但我知道，看远一点点，一定会跌！会暴跌！过年了，一路走好！

他对我说，利好出尽是利空，大盘再次选择向下是十分正常的。再则，大盘自10月28日的1664点反弹，已有33天，到达了变盘的日子。

在他的新浪博客里，我还发现了他准确预测大盘的神奇功底。2008年12月8日下午收盘后，他在博客中，曾对大盘的走势，提前进行了预测：

周一（12月8日）长阳，预示着：周二（12月9日），冲高回落；周三（12月10日），探底回升；周四（12月11日），中阴下打……

大盘运行结果：大盘运行与君山的预测分毫不差，其准确度简直令人惊叹。（图6.8）

图6.8　上证指数走势图7

神奇"逃顶"的秘诀

在漫漫熊途中,在一场又一场的"顶灾"中,他为何能神奇地一次次逃脱,保住了牛市带给他的硕果?奥秘究竟在哪里?他判断顶部的"五大要诀",揭示了其中的秘密!

顶部,演奏着"交响乐"

"在2008年的熊市中,你能准确地判断顶部,8次吹响撤退的'集结号',并胜利逃顶,的确令人赞叹。常言说:'会买的是徒弟,会卖的是师父。'你真是股市中一个高明的师父啊!"我听着君山"逃顶"的故事,万分感慨。

"对股市里流传的这句话,我不敢苟同。因为我感到它多少会误导一些投资者,给人一种误解,很容易诱导投资者买股票时采取草率的态度,但这从另外一个侧面倒是反映出'卖'字的重要性。换句话说,就是预测顶部在整个操作过程中,占据着极其重要的位置。"

君山接着说:"在股市里,能够成功地判断出底部,可以先人一步,提前布局;能够成功判断出顶部,则可以把握先机,落袋为安。把握了底部而没有把握顶部很有可能'坐电梯',纸上富贵将成为苦涩的回忆。只有将顶部和底部同时成功把握才可以稳操胜券,赚取超过市场的利润。因此,预测市场底部重要;预测市场顶部,从某种意义上讲,更为重要。"

"在实际操作中,谁都知道逃离顶部的重要性。如果事先知道了,到时肯定都会跑的。但,凡在股市高位吃套的,一般都是'顶'在眼前,却浑然不知,不认识它就是顶部。看来,判断顶部的确是件不易的事情啊!"我说。

"的确如此。顶部是诸多因素共振的结果,空间和时间会在顶部完美结合。空间达到目标位之后,如果时间窗口不到位,股价就可能以震荡方式进入整理形态,构筑头部,等待时间周期的到来。

"基本面和技术面在顶部同样也需要高度一致。股价出现泡沫并不代表股价就会下跌，往往还会出现出人意料的涨幅。只有技术形态确认顶部出现，才意味着泡沫的破裂。

"还有，人气在顶部形成中，也占据着一席之地。在成功投资者的眼中，人气是见顶时的一个重要风向标。在股价严重透支疯涨，大多数人乐观地认为股市就是提款机时，聪明的人就会意识到顶部的来临和风险的到来。这时，他们会时刻准备离场。在大多数人仍然陶醉回味着天堂的欢乐时，他们却没有任何狂喜，而是选择悄然离开喧嚣之地。"

"看来，判断顶部，真是一个综合的过程。"

"是这样的。可以说，顶部演奏的是一部'交响乐'。在我看来，判断顶部，空间、时间、技术形态、基本面分析和人气指数这五种要素，缺一不可！一个完美的顶部往往是多个方面的结合体。事实上，顶部具有很多明显的特征。空间、时间、形态、基本面和逆反指数，在顶部来临时都会发生明显的变化。聪明的投资者会将这些特征有机地结合在一起，轻松、准确地判断出顶部。"

"是否可以结合实战，具体地谈一下你是怎样运用你讲的五大因素判断顶部的？"我请求道。

"可以。"君山爽快地答应道。他打开电脑，结合实战案例，向我一一袒露他那神奇的逃顶秘籍。

预判行情未来"运行空间"是逃顶的第一要素

这是"君山股道"逃顶的第一秘诀。

君山说，之所以说预判行情未来"运行空间"是逃顶的第一要素，是因为做多的动能往往在达到目标位时已消耗殆尽，而做空的动能却在此目标位超越做多的动能，最终导致趋势逆转。

那么，对于行情目标位能否进行准确预测，便是能否逃顶的一大关键。在具体实战中，君山主要是运用技术压力位和黄金分割法则来做出判断。

黄金分割在判断顶部的运用

黄金分割是大自然给我们投资者的恩赐，可被用于宇宙中一切完美的东西。希腊雅典的帕提侬神庙、达·芬奇的著名绘画《蒙娜丽莎》中蒙娜丽莎的脸以及《最后的晚餐》的布局等都是黄金分割的体现，就连那神奇无比的斐波纳齐数列也源于黄金分割。黄金分割在生活中运用更加广泛。细心的观众会发现，舞台上的报幕员并不是站在舞台的正中央，而是偏在台上一侧，因为站在舞台长度的黄金分割点的位置最美观，声音传播得最好。就连植物界也可发现黄金分割——如果从一条嫩枝的顶端向下看，就会看到叶子是按照黄金分割的规律排列着的。

君山十分珍视人类2000多年前发现的黄金分割这一世界文化瑰宝，曾把它多次运用于股市实战中。他运用黄金分割预测目标位，就是其中一种方法。他说，运用黄金分割判断顶部，在牛市和熊市中方法不尽相同。牛市应用倍数，熊市应用比率，具体用法如下：

黄金比率的用法

0.382的用法。在下跌行情的反弹中，0.382位是反弹的第一目标位。如果反弹至本轮下跌行情跌幅的0.382位遇阻，代表跌势未尽，做空动能依然强大，新一轮下跌将马上展开。

比如，上证指数自2008年7月28日从2924.45点的高位下跌后，于8月20日强劲反弹，但当反弹到下跌幅度的0.382位时，遇阻，次日继续下跌。（图6.9）

0.5的用法。在下跌行情的反弹中，0.5位是反弹行情的第二目标位。如果行情反弹至本轮跌幅的0.5位遇阻，代表新一轮下跌还要创新低。

比如，上证指数下跌至2008年9月18日，产生一波反弹。当反弹5个交易日后，于9月25日到达此轮下跌幅度的0.5位时，股指遇阻折返，9月25日的高点即形成下跌中的一个"顶部"。（图6.10）

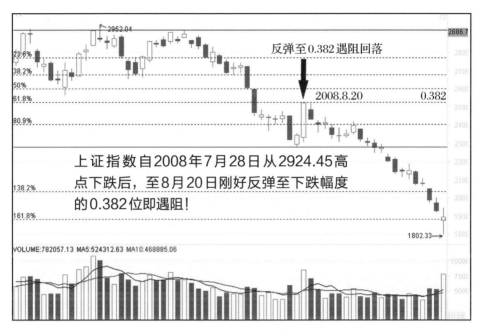

图6.9　上证指数走势图8

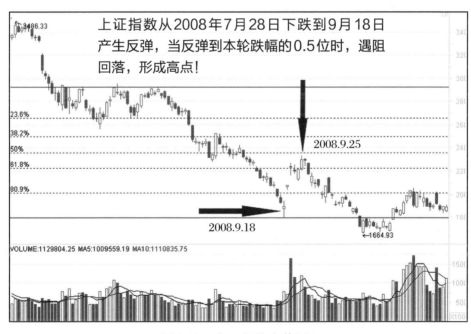

图6.10　上证指数走势图9

0.618的用法。在下跌行情的反弹中，0.618位是反弹行情的第三目标位。如果行情反弹至本轮跌幅的0.618位，代表新一轮下跌将难以创出新低。

比如，2008年大盘下跌至10月28日创出1664点新低后，产生一波反弹，但2008年12月11日，当大盘的反弹高度达到跌幅的0.618位置后，便遇阻回落，此后便继续下跌。0.618位一带便成了下跌途中的一个阶段性"顶部"。（图6.11）

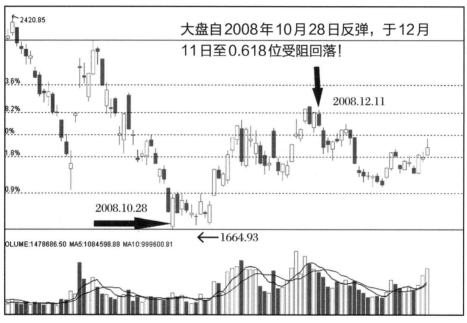

图6.11　上证指数走势图10

黄金倍数的用法

1的用法。1就是我们经常说的"等长原则"。一般情况下，第一轮趋势上涨或下跌幅度会和前一轮趋势等长。等长原则是股市测量目标的基本原则，技术形态分析对股价运行目标的测算基本是运用了等长原则。

比如，2006年8月7日，大盘从1541点上攻，至2007年2月27日最高攻至3050点，本轮行情上攻了1509点。大盘于2007年2月28日从2732点上攻，用测量尺可以测出新一轮上攻行情的第一目标位应在4241点。大盘最终于2007年5月28日攻克此点位，5月29日再涨一天，然后就产生一轮暴跌。（图6.12）

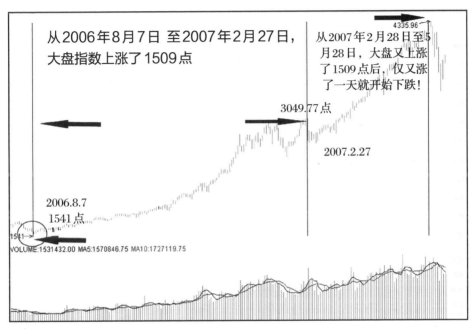

从2006年8月7日 至2007年2月27日，大盘指数上涨了1509点

从2007年2月28日至5月28日，大盘又上涨了1509点后，仅又涨了一天就开始下跌！

4335.96

3049.77点

2007.2.27

2006.8.7
1541点

1541

VOLUME:1531432.00 MA5:1570846.75 MA10:1727119.75

图6.12 上证指数走势图11

1.618的用法。只有在趋势运行非常强劲的情况下，未来一轮行情的长度才有可能是前一轮趋势涨幅的1.618倍。

比如，自2007年3月5日大盘从2723.06点发起了一轮涨势，至5月29日涨至4335.96点，这轮行情共上涨了1612.90点。"5·30"暴跌后，大盘再步入升势，那么下一波将涨到何处？高点又在哪儿？这里可用1.618的方法进行测算：3404.15点（2008年6月5日，即"5·30"暴跌后的低点）+1612.90点×1.618=3404.15点+2609.67点=6013.82点。

也就是说，这轮行情的目标位高点应为6013.82点。这也正是2008年的"顶部"所在区。（图6.13）

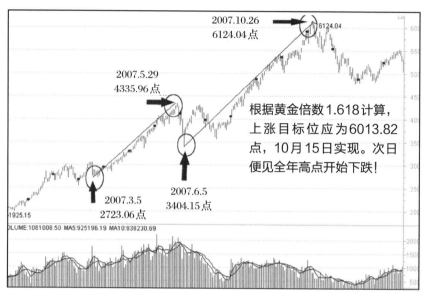

图6.13 上证指数走势图12

压力位在判断顶部过程中的运用

压力位形成原理。压力位的形成基于筹码分布原理。股价在形成技术形态的过程中，会聚集大量的筹码。

当形态向下突破颈线之后，颈线就构成了以后股价反弹的压力线。形态形成越大，构筑的压力越强烈，在压力线产生的反压也越强烈。因为在形态的形成过程中，投资者认可颈线位置以上的股价，所以当股价重新回到颈线位置时，大量套牢筹码会选择卖出。股价的压力线有很多种，特别是一些大的压力线，是我们卖出的良机。

压力线分类。通常压力线可分为以下几类：

颈线。当股价向下突破技术形态的颈线后，往往会形成一轮下跌趋势。当趋势运行完结之后，股价会在抄底盘的推动下反弹确认颈线位，很多情况下，股价会重新触及压力线。此时，就是我们短线卖出的良机。而该颈线位即为"顶部"。（图6.14）

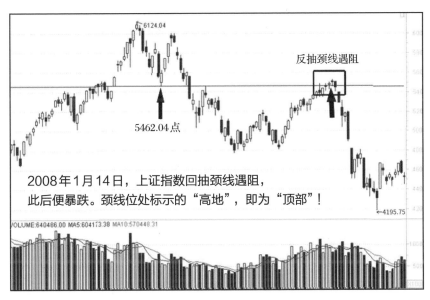

图中标注：
- 6124.04
- 反抽颈线遇阻
- 5462.04 点
- 2008年1月14日，上证指数回抽颈线遇阻，此后便暴跌。颈线位处标示的"高地"，即为"顶部"！
- ←4195.75
- VOLUME:640486.00 MA5:604173.38 MA10:570448.31

图6.14　上证指数走势图13

趋势线。股价在下跌时会形成一条下降趋势线，当股价每次反弹到这条趋势线遇阻，即为顶部，此时就是卖出的最佳点位。

比如，大盘从2008年5月6日的3786.02点下跌后，形成一条清晰的下降趋势线。2008年9月18日，大盘在三大利好刺激下强劲反弹，但于9月25日反弹至下降趋势线时遇阻回落，形成新一轮的下跌。遇阻的压力线位，即为"顶部"。（图6.15）

缺口。股价在下跌趋势的运行过程中，受到利空消息刺激，往往会形成向下的跳空缺口。缺口代表做空的动能比较强烈，也代表投资者对后市非常悲观。当股价再次反弹至缺口时，持有股票的投资者多会选择离场，此处极易形成顶部。

比如，大盘在下跌过程中，于2008年9月5日，出现了一个跳空向下的缺口。此缺口对此后的走势形成了巨大的压力。"9·18"反弹行情就在此缺口处"夭折"。这时就意味着新的"顶部"确立了。（图6.16）

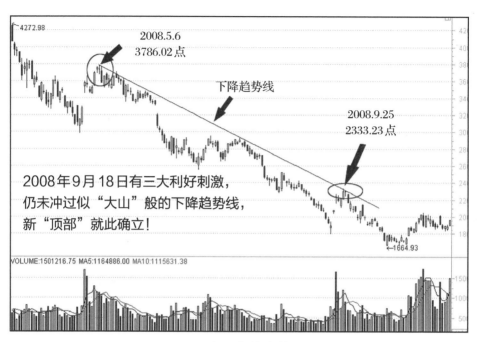

图6.15 上证指数走势图14

图6.16 上证指数走势图15

用"周期理论"预测行情"顶部"

"在实际操作中，我们不但要知道趋势运行到何处，还需要知道趋势运行到何时。"君山说，"周期理论是预测行情顶底的一个有力武器。而对这一理论，我用得最多的则是它的时间循环和中国传统的二十四节气的转换。它们对我多次准确预测顶底的到来，起到非常重要的作用，尤其是在熊市中助我成功逃顶立下了汗马功劳。"

神奇的"时间循环"周期

"你是怎样应用时间循环周期来预测大盘顶部的呢？"采访中，我问。

"我在运用时间循环来预测顶部，主要用的就是斐波纳齐数列这一神奇的工具。"君山说，"看起来，1，1，2，3，5，8，13，21，34，55，89，144，233，377，…，它只是简单的一组数列。可是，就是在这些简单的数字里，却藏着神奇的天地啊！"

"我常听一些高手谈起过，也在一些书本上看到过斐波纳齐数列。它真的那么神奇，对你成功逃顶有那么大的作用吗？"我问。

"这个数列的每一个数字都是一个时间窗口。在每一个时间窗口，趋势都会产生异动。数字越大，产生异动的幅度越大。如果这种异动最终导致趋势出现反转，这个日期就是反转日。"君山说，"当然，这种逆转可能是短期的，不一定是对整个趋势的反转，可能只是一个中期的休整。准确地对这些反转日进行预测可以让我们提前做好准备，在行情到来之前做好一切计划。能够对未来的反转日进行精确把握，赚取丰厚的利润，是每一个投资者梦寐以求的事情。这在很多人看来有点玄，但事实证明，如果掌握了时间循环的规律，成功预测行情反转时间，那么，做到成功逃顶并不是一件非常困难的事情。"

"以这种数列做依据用在股市中预测大盘趋势，有科学性吗？"我问。

"有。"君山认真地回答道，"科学证明，人类的活动中，大多数人的行为都具有一定的重现周期。股市作为一个很多人参与的市场也同样具有一定周期性，特别是在近几年投资人数大幅度增加后，股市运行周期性也越来越有规律性。通过对股市行情进行研究，我发现沪深股市周期性极强。"

说到这儿，他打开沪深股市历年的走势，一一举例说明：

1992年11月24日，上证指数从410.81点开始上涨，到1993年2月10日的1528.51点，运行周期正好是55个交易日。这轮波澜壮阔的上攻行情运行周期，正好符合时间循环理论。当然，此轮上涨周期的结束，也预示着顶部的来临。之后大盘果真开始演绎一轮反转行情，从此进入一轮漫长的熊市行情。

1994年7月29日，上证指数从325.89点开始上涨，运行到1994年9月14日的1052.94点见顶，短短一个半月内暴涨了两倍多，运行周期共34个交易日，正好符合时间周期。

1995年5月18日，大盘受利好消息影响大幅扬升，正好用了3天，符合时间循环周期。

1996年1月26日，大盘见底回升，从515点运行到1996年4月29日的阶段性高点运行了57个交易日，和55个交易日的时间窗口误差只有2天。

1996年5月30日，大盘从634点见底回升，运行到1996年8月12日的894点，用了53个交易日的时间，和上一轮上攻的时间基本相同，和55个交易日的时间窗口相差只有2天。

1996年9月19日，大盘从754点上攻运行到1996年12月11日，用了56个交易日的时间，和时间窗口误差只有一天，同上两次主升浪的时间基本相同。

1997年2月20日，上证指数从870.78点开始上涨，运行到1997年的5月12日的1510.18点，运行周期共55个交易日，之后见顶形成了新一轮行情的高点。

1998年3月23日，大盘在1178点见底，上攻到1998年6月4日的1422点见顶，共运行53个交易日，和时间窗口相差了2天。

1998年8月31日，大盘从1072点探底成功，上攻到1998年11月18日的

1292正好运行55个交易日，和时间窗口完全对应。

1999年2月8日，大盘探底成功，从1064点运行到1999年4月9日的1210点，共用了33个交易日，和时间窗口34天相差只有1天。

1999年5月17日，上证指数从1047.83点开始上涨，到1999年6月30日的1756.18点，共运行了33个交易日，和时间窗口34天差1天。之后，见顶回落。

1999年12月28日，深成指从3284点调整到位展开上攻，这轮上攻持续到2000年8月11日见顶，共运行了147个交易日，和时间窗口144天误差只有3天。

2000年9月26日，深成指从4424点反弹，运行到2000年11月23日创下反弹最高点，时间运行了38个交易日，可以看到在34个交易日已基本见顶，和时间窗口也是基本吻合的。

2001年2月22日，深成指见底后展开一轮上攻，攻到最高点5091点用了39个交易日，和时间窗口34天误差了5个交易日。

2001年10月22日，上证指数从1514点开始反弹，运行至2001年12月5日的1776点，时间上是32个交易日，且从第34个交易日正式开始下跌。

2002年1月23日，大盘从1345点开始反弹，运行到2002年3月21日的1693点，运行了34个交易日之后见顶。

2003年11月19日，大盘从1083点展开一轮跨年度的反攻行情，运行到2004年4月7日的1783点见顶，只运行了92个交易日，和时间窗口89天误差了3天。

2005年12月6日，大盘从1074点见底反攻，在2006年3月2日的1308点见顶回落，运行周期正好是54个交易日，和时间窗口55天误差只有1天。

2007年3月6日，大盘从2840点开始反攻，运行到2007年5月29日的4334高点，运行了56个交易日，和时间窗口中的55天误差只有1天，和上一轮大盘的上攻时间基本相等。

2007年2月6日，深成指从7341点见底反攻，运行到阶段性高点2007年

6月20日的14107点，正好运行了88个交易日，和时间窗口中的89天误差只有1天。

2007年11月18日，大盘从4800点反弹至2008年1月14日的5500点，历时32个交易日（与时间窗口34天仅差两天）开始回落，5500点成了2008年的"最高峰"。2008年10月28日，大盘从1664点开始反弹，至12月11日的2100点，见短期"顶部"，历时33个交易日，与时间窗口34天仅差1天。（图6.17）

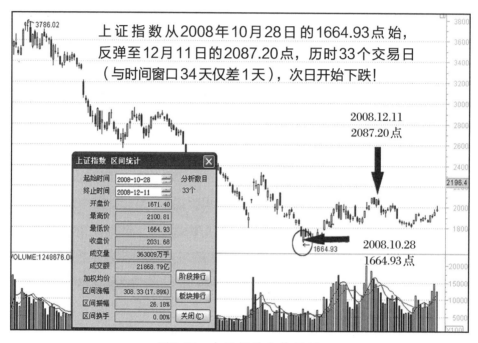

图6.17　上证指数走势图16

…………

"别看是简单的一个数列，应用在股市还真是神奇啊！"君山一边回放记载着沪深股市走过18年"历程"的K线图，一边列举一个个真实发生的案例。我听着看着，不禁称奇。

"那么，运用时间循环理论，操作中需要注意些什么呢？"我问。

"有两点要强调，"君山说，"一是这一时间循环，仅仅是预测顶部的一个重要信号。到了这一天，不一定就变盘见顶，也可能早一点，也可能会晚一点，有时可能不变盘。假若到了时间之窗，没有筑头下跌，而是再创新高，则证明这个时间窗口是无效的，可能一个更大的循环又将展开。而我在这里强调的是，但凡遇到时间之窗，投资者一定要慎之又慎，切不可掉以轻心。顶部的形成有着诸多因素，因此，我们在判断时，要综合其他因素考虑，这样判断起来，准确率会更高。二是这一方法在实战中主要侧重于对大盘走势的分析，而对个股高点判断的准确率，较之大盘顶部的判断要差一点。因为时间循环理论的前提条件是：参与的人越多，准确率越高。因而，用它判断大盘，较之个股来说，要准确得多。"

重要"节气"也藏变盘"玄机"

"在判断顶部时，你除了用时间循环，还有没有别的方法？"我问。

"判断大盘顶部的方法很多。我除了用时间循环这一方法外，还常关注中国传统的二十四节气的变化。"君山回答说。

"难道节气也与股市的涨跌有关？这听起来是不是有点玄乎了，不会是迷信吧？"听着君山的话，我有点疑惑。

"不是迷信。听起来，好像节气怎么也不能与股市涨跌扯在一起，但事实如此。"君山说，"二十四节气是中国劳动人民的文化遗产，是中国人民智慧的结晶。它能反映季节的变化，指导农事活动，影响着千家万户的衣食住行，使得中国古代能够繁荣富强。由于中国的政治活动中心多集中在黄河流域，二十四节气也是以这一带的气候为依据建立起来的。也因此，有很多人错误地认为，二十四节气在其他地方不合适，其实不然。它适用于全世界，且不但适用于农业，还适用于股市分析。"

他接着说："过去，许多人认为二十四节气是根据农历划定的。实际上，它是根据阳历划定的。即根据太阳在黄道上的位置，把一年划分为24个彼此相等的段落。也就是把黄道分成24个等份，每等份各占黄经15°。由于太阳通过每等份所需的时间几乎相等，二十四节气的阳历日期每年大致相同：上半年在6日、21日前后，下半年在8日、23日前后。有两句口诀：上半年来六、廿一，下半年是八、廿三。股市中的许多变盘点，大都在这些日子或靠近这些日子。"

"真是这样？"

"一点不假。也许，在很多人看来，运用二十四节气分析股市有点像迷信，本来两个风马牛不相及的事物根本不可能有必然的联系，其实不然。从根本上讲，二者都是宇宙的产物，都具有循环的规律。如果我们将股市重大的反转点对照一下二十四节气表，就会发现大道相通。"

这时，他把多年来汇总整理的表格展示给我。这是一张节气与大盘的关系表：（表6.1）

表6.1 节气与大盘关系表

日 期	靠近的节气名	涨跌幅	行情描述
1991 年 2 月 19 日	雨 水	−30	阶段性行情顶部
1991 年 5 月 21 日	小 满	+1325	新一轮行情底部
1992 年 5 月 21 日	小 满	−1043	牛市行情顶部
1992 年 11 月 22 日	小 雪	+1164	牛市行情底部
1993 年 2 月 18 日	雨 水	−640	阶段性行情顶部
1993 年 12 月 7 日	大 雪	−508	阶段性行情高点
1994 年 7 月 23 日	大 暑	+690	阶段性行情底部
1994 年 9 月 8 日	白 露	−470	阶段性行情顶部
1995 年 2 月 4 日	立 春	+157	反弹行情底部
1995 年 5 月 6 日	立 夏	+358	新一轮行情底部
1995 年 5 月 21 日	小 满	−316	阶段性行情顶部
1995 年 7 月 7 日	小 暑	+178	阶段性行情底部
1995 年 10 月 24 日	霜 降	−253	阶段性行情顶部
1996 年 1 月 21 日	大 寒	+1000	牛市行情的起点
1996 年 5 月 21 日	小 满	+264	新一轮行情底部
1996 年 7 月 22 日	大 暑	−142	阶段性行情顶部

日　期	靠近的节气名	涨跌幅	行情描述
1996 年 9 月 23 日	秋　分	+500	新一轮行情底部
1996 年 12 月 7 日	大　雪	−395	阶段性行情顶部
1997 年 2 月 18 日	雨　水	+640	新一轮行情底部
1997 年 5 月 5 日	立　夏	−475	阶段性行情顶部
1997 年 9 月 23 日	秋　分	+398	阶段性行情底部
1998 年 3 月 21 日	春　分	+244	阶段性行情底部
1998 年 6 月 6 日	芒　种	−280	阶段性行情顶部
1998 年 11 月 22 日	小　雪	−253	阶段性高点
1999 年 5 月 21 日	小　满	+700	新一轮行情底部
1999 年 9 月 8 日	白　露	−354	阶段性行情底部
2000 年 1 月 21 日	大　寒	+714	新一轮行情底部
2000 年 8 月 23 日	处　暑	−240	阶段性行情顶部
2000 年 9 月 23 日	秋　分	+251	阶段性行情底部
2000 年 11 月 22 日	小　雪	−102	阶段性高点
2001 年 1 月 5 日	小　寒	−238	反弹行情顶部
2001 年 2 月 18 日	雨　水	+352	新一轮行情底部
2001 年 10 月 23 日	霜　降	+240	反弹行情底部
2001 年 12 月 7 日	大　雪	−437	阶段性行情顶部
2002 年 3 月 21 日	春　分	−238	阶段性行情顶部
2002 年 6 月 5 日	芒　种	+293	反弹行情底部
2003 年 1 月 6 日	小　寒	+338	新一轮行情底部
2003 年 11 月 19 日	小　雪	+470	新一轮行情底部
2004 年 4 月 7 日	清　明	−785	阶段性行情顶部
2004 年 9 月 24 日	秋　分	−498	阶段性行情顶部
2005 年 6 月 8 日	芒　种	+225	阶段性行情底部

日　　期	靠近的节气名	涨跌幅	行情描述
2005 年 9 月 20 日	秋　分	−156	阶段性行情顶部
2005 年 12 月 6 日	大　雪	+5050	牛市行情的起点
2006 年 3 月 8 日	惊　蛰	+440	阶段性行情底部
2006 年 7 月 5 日	小　暑	−216	阶段性行情顶部
2006 年 8 月 7 日	立　秋	+1453	阶段性行情底部
2007 年 2 月 6 日	立　春	+3683	新一轮行情底部
2007 年 6 月 5 日	芒　种	+2720	新一轮行情底部
2007 年 7 月 6 日	小　暑	+2670	新一轮行情底部

"从上面这张表我们可以看到，股市绝大多数的反转点都发生在二十四节气附近。有了这个规律，我相信大家再去抄底和逃顶时会多了些胜算。不过，运用二十四节气只是分析方法中的一种参考，并不可生搬硬套。一年有二十四个节气，趋势不可能在每一个节气都发生重大变化。只是当节气到来时，趋势具备发生变化的可能性。据此，再结合其他的分析方法，如果与这些方法得出的结论相吻合，那就会产生共振，趋势发生重大变化的可能性就会大增。"君山总结道。

看着眼前的表格，听着君山讲述着表中"节气与大盘"那一个个奇妙的故事，我不禁怦然心动：他下这么大的功夫，连节气都研究到了，难怪连在熊市中他都保持不败。这一切，是他多年的心血之作，同时，不也袒露出了他准确判断大盘的绝技吗？

透过"技术形态"判断顶部

透过"技术形态"判断顶部，是"君山股道"逃顶的又一招。

君山说，股价长期进行没有趋势的震荡整理所形成的价格图表就是形态。事实证明，这些形态本身虽然不能给投资者创造利润（基本是浪费投资者时间），但却可以帮助投资者预判未来趋势的运行方向。在逃顶的过程中，形态的利用也是重要因素之一。

技术形态在逃顶的用法主要有三种：

用"技术形态目标位"预测顶部

很多形态本身具备测量功能，例如，双底、三重底、头肩底等。如果在大趋势不变的情况下，这些形态的目标位往往就是反弹的顶部。

如深成指在19600点下跌后，构筑了一个W底。按照技术形态目标位来预测顶部，可这样计算：用2007年12月11日的高点（17222.22点）减12月3日的盘中最低点15189.42点，差即此后反弹的幅度。那么，用17222.22点加上这个反弹的幅度即为未来顶部的点位。用公式可表达为：

顶部点位=17222.22点+（17222.22点−15189.42点）=19255.02点。

2008年1月14日到达基本目标位（仅相差35点）。当日最高点位为19219.89点，即为这波反弹的顶部。（图6.18）

图6.18 深成指走势图1

通过"技术形态压力区"预测顶部

技术形态形成的时间越长，成交量越大，对后市反弹所形成的压力越大。如果反弹时股价一旦难以突破形态压力区而回返，压力区一带便自然形成了"顶部"。

例如，深成指自2008年1月14日的19219点跌下后，在3月下旬和4月初，在13888点一带横盘整理，形成了一个交易密集区。这一技术形态对于2008年4月22日以后的反弹，成了"压力区"。然而，尽管这波反弹强劲，且借助了降低印花税的重大利好，但当反弹到达13888点时，遭遇了前期形态压力区的强烈阻挡，多日冲击未果，最后只能折返。它上冲"牺牲"的"高地"便形成了新的顶部。而"君山股道"在股指反弹冲击前期压力区"厮杀"过程中，就预测到了若攻不破前期技术压力区，这一"壮烈沙场"必将是未来的"顶部"！（图6.19）

图6.19　深成指走势图2

通过"持续性技术形态"判断顶部

所谓"持续性技术形态",也称"连续性平台"。它是指时间相隔较短的两个(或两个以上)平台形态,大致上可以分为上升趋势和下跌趋势连续性平台。2003年12月2日～12月19日和2003年12月23日～2004年1月2日就是属于上升趋势中的连续性平台形态。而2005年上证指数(9月27日～10月25日和10月28日～11月11日)则属于下跌趋势中的连续性平台(图6.20、图6.21)。

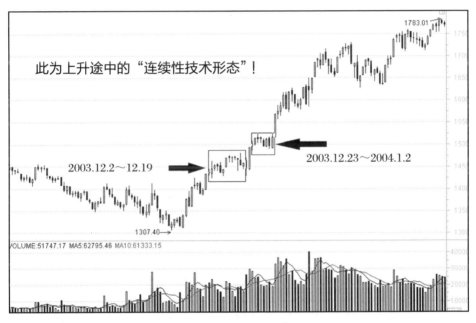

图6.20　上证指数走势图17

一般情况下,下跌趋势中的连续性平台不属于常见形态,历史上比较著名和典型的下跌趋势中的连续性平台形态出现在2001年8月6日～8月24日和2001年8月28日～9月25日(大级别形态),2005年4月25日～4月29日和2005年5月16日～5月20日则是属于小级别的两个平台形态。

从历史统计的情况来看,下跌趋势中的这种连续性技术形态(或称连续性平台)尚未出现过能够"翻身"的情况,也就是说此类形态基本上是下跌为主。因此，在熊市中，只要出现了这种连续性的技术形态，即可明确地判断为"顶部"。而且，这种形态的出现，往往是暴跌的前兆，必须高度警惕！

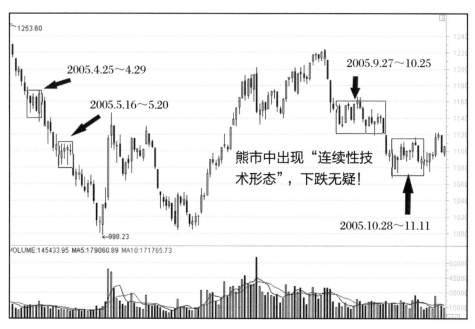

图6.21　上证指数走势图18

从"基本面变化"判断顶部

君山认为，趋势具有惯性，如果没有外力的作用，趋势很难改变。因此，一轮行情的顶部必须是基本面发生变化，基本面变化是产生顶部的基础和前提。

因基本面变化导致出现"顶部"的情况有两种：

基本面相对变化。就是股市本身的基本面并没有发生太大变化，但是连续大幅上涨的指数会使股指脱离基本面的支撑，虚高的股指严重透支着上市公司的未来。这种情况多是流动性造成的泡沫，一旦资金面出现问题，股指就会迅速崩溃，大盘在6000点和5500点一带的运行状态就是如此。

基本面本质变化。 股市基本面出现变化的情况有两种：

影响到上市公司经营的政策发生的变化。比如加息等，使上市公司经营情况出现恶化，业绩整体下降，这种情况的基本面变化对股价的压力巨大。

它并没有影响到上市公司经营情况本身，只是对证券市场有影响。我们通常所说的"基本面变化"主要是指这种情况的变化，如降印花税。

对于股市基本面发生本质变化的情况，具体分析时还是应用技术分析的基本原理——市场消化和包容一切。在实战的具体应用中，可将基本面变化分为两类：

朦胧消息。朦胧消息就是利好还未完全兑现，投资者仍对利好充满期待。如：2008年8月8日之前的奥运题材，2008年12月11日之前的中央经济工作会议。靠朦胧消息引发的行情，往往会在消息兑现之时出现"头部"。

终结消息。利好已完全消化，如加息、降印花税等。终结性利好消息，往往是股价见顶的强烈信号。

采用"人气指数"判断顶部

顶部是乐观的天堂，人们沉浸在赚钱的喜悦之中，对未来充满憧憬，忘记了危险已逼近。此时，各种小道消息满天飞，投资者蜂拥入市，经常有些个股的涨幅难以想象。他们哪里知道，盲目乐观，追梦"天堂"，正是通往"地狱"的通行证。

股市有句格言："大多数人总是错的。"基于此，"君山股道"特编制建立了"人气逆反指数"。它在判断市场顶、底部时具有神奇的作用。股市疯涨中，若人气逆反指数（就是看涨指数）达到90%以上，十有八九可以判定顶部已到来。如果配合其他因素，将大大提升判断的准确率。

　　例如2004年9月13日，沪指跌破前几次的政策底1300点，最低下探1259点，大盘再次处在危险境地。这时，管理层再次出手，总理直接出面强调，要求抓紧落实年初就提出来的"国九条"。大盘也一路上攻至1496点。2004年9月23日，市场人气极其狂热，机构看涨占了95%，之后股指见顶回落。（图6.22）

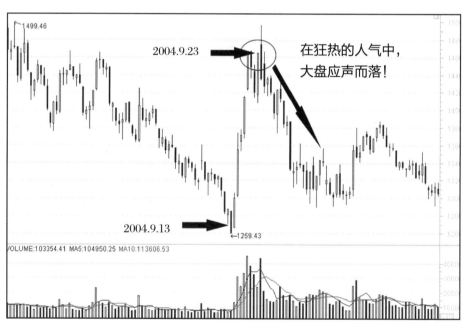

图6.22　上证指数走势图19

逃顶操盘感悟

　　不可盲目乐观。盲目乐观是人们在行情到达顶部时最易犯的一种错误。整日陶醉于赚钱的喜悦，忘记风险的来临，是不能及时出场、保住胜利果实的最大一忌。

忍受孤独，知行合一。逃顶意味着将浮动盈利转化为现实，只要股票没有卖掉，所有的盈利都是纸上富贵，随时可能随风而去。逃顶后，持有现金意味着回避风险、意味着拥有了更多机会。顶部充满诱惑，有相当一部分投资者都认识到风险的存在，对自己的股票进行减仓，但是往往股价还没有下跌却又被引诱进去。因而，逃顶不是简单的分析，还要做到知行合一，将分析结果在操作中体现出来，禁得住市场的诱惑，不要被狂热的气氛所迷惑。成功的投资者是孤独的。

综合分析判断概率高。空间、时间、形态、基本面和逆反指数五个方面是判断市场顶部时必须综合分析的一些因素。历史经验告诉我们，顶部往往会同时具有以上几个方面的特征，这些因素形成的合力会造成股价的共振，形成股价的反转。当然，不可能所有的市场顶部同时具有以上几个特点，以上任何一点都可能引发一轮熊市的到来，但是一个市场顶部包含以上几点的情形越多，这个顶部形成的概率越高。

22次"抄底"实录

大盘自2007年10月创下6124高点最后坠落至2008年1664点的深渊，许多投资者在这波72.8%的巨大跌幅中，损失惨重。而君山却带领着他的"幸福一家人"凭着娴熟的操盘技艺，22次抄底，成功率达95%以上，堪称熊市一绝！

熊市的下跌是可怕的。但在成功的投资人眼里，在其下跌过程中，同样也蕴藏着种种机会，只要能把握住，照样可以赚钱获利。

采访中，君山和他的学生"码头"及"隼"等，对着盘面和当时买卖股票的交割单，讲述了他们在2008年熊市中22次抄底的故事。现实录如下：

颈线位处贱买"便宜宝钢"

买入时间：2007年11月12日

买入价格：13.74元

买入理由及分析过程：

2007年5月至7月，宝钢股份（600019）用两个多月进行蓄势整理，然后实施突破，形成一轮上攻趋势。股价从10元左右开始飙升，至2007年10月16日大盘创6124高点时，该股股价已实现翻番，最高价达22.12元。

之后，大盘开始下跌，而宝钢股份在下跌中，充当了"急先锋"。其调整速度之快，幅度之深，远超于大盘。大盘从10月16日的6124点调整到2007年11月12日的5200点，跌幅为15%。而同一时间，宝钢股份从22.10元跌至13.50元，跌幅高达39%，相对于大盘来说，此时宝钢股份的股价是"太便宜"了。

况且这天，宝钢股份的股价恰巧向下打到前期13.50元的颈线位，受到强烈的支撑。因此，此日买入宝钢股份，是恰逢其时。（图6.23、图6.24）

图6.23　宝钢股份走势图

图 6.24　宝钢股份成交截图

"弹坑"里面买"中铁"

买入时间：2007年12月3日

买入价格：7.43元

买入理由及分析过程：

在血肉横飞的战场上，到处都可能被击中，但人们经过总结发现，前面出现过的弹坑重新被击中的可能性非常小，反而是战场上最安全的地方；相邻的两发炮弹打在同一个坑里的可能性更小。根据这一著名的"弹坑理论"，君山看到中国神华（601088）上市后大涨特涨，一发冲天的炮弹，创造了沪深股市的"神话"后，误导了人们：中国神华大涨，此后上市的中国石油（601857）必然也会大涨。而当时君山根据弹坑理论却判断：中国石油上市必跌无疑！

果然，2007年10月5日中国石油隆重上市，瞬间冲至48元的天价，企图跟随中国神华的足迹，再创"神话"。然而，它再未落入中国神华那颗"神炮"炸出的那个"弹坑"，成了一颗"臭弹"和"哑炮"，不仅没涨，反而一路暴跌不回头。

早已预测到这一点的君山，在中国石油上市当天，就和他的学生一起抛弃了中签的中国石油。

那么，仅隔一个月，于2007年12月3日上市的中国中铁（601390）会不会重蹈中国石油暴跌的覆辙？"不仅不会，相反一定会大涨！这是弹坑理论告诉我们的！中国中铁是中国石油上市后的另一发重型炮弹，命运会完全不同！"君山在课堂上公开这么讲，并号召大家大胆买进。（图6.25、图6.26）

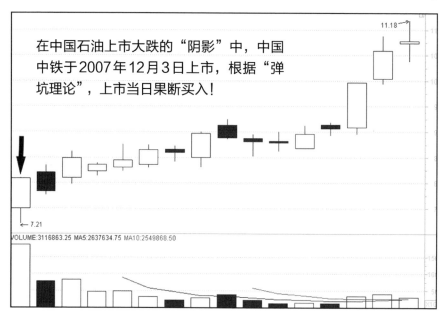

在中国石油上市大跌的"阴影"中，中国中铁于2007年12月3日上市，根据"弹坑理论"，上市当日果断买入！

图6.25　中国中铁走势图1

买入[F1]	查询日期	2007-12- 3 ▾	至	2007-12- 5 ▾	确定	常用
卖出[F2]						
撤单[F3]	成交日期	证券代码	证券名称	操作	成交均价	
双向委托	20071203	601390	中国中铁	证券买入	7.436	
市价委托	20071205	601390	中国中铁	证券卖出	8.270	
查询[F4]						
📄 资金股票						
📄 当日委托						
📄 当日成交						
📄 历史成交						
📄 资金明细						
📄 交 割 单						
📄 配 号						

图6.26　中国中铁成交截图1

人弃我取二进"中铁"

买入时间：2007年12月19日

买入价格：8.97元

买入理由及分析过程：

2007年12月19日，君山在UC课堂上大讲中国中铁是只"爱国股"（因它是第一只H股发行价高于A股的股票）。但中国中铁上市以来，遭到多方质疑，说它"虚构利润"包装上市，许多人看空它、抛弃它。然而，中国中铁的股价却在一片质疑声中走出了"上升三角形"的形态。抱着这种"爱国"热忱，看到"上升三角形"形态面临突破之势，再参照人气指数，君山做出再次买入中国中铁的决定。（图6.27、图6.28）

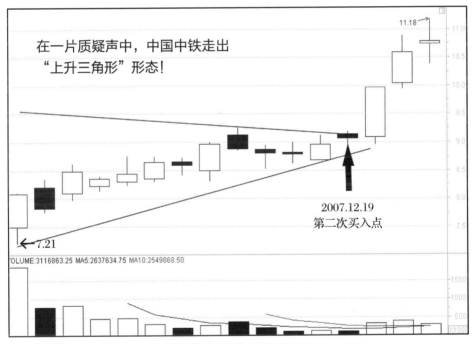

图6.27　中国中铁走势图2

图6.28　中国中铁成交截图2

主动"吃套"买"太保"

买入时间：2008年1月22日

买入价格：36.98元、37.22元

买入理由及分析过程：

2008年1月21日，中国平安（601318）受巨额融资消息影响暴跌，向下突破了几个月的盘局，当日巨量封于跌停板。在它的拖累下，同一板块个股，都未能逃脱暴跌厄运。中国太保（601601）就是其中一员。

君山之所以要买太保，就是看到它在中国平安跌停的当日，并未跌停，只跌了8%，明显强于中国平安。而再分析一下：它的下跌，完全是被动的，是受中国平安的拖累而下跌的。

"大胆吃进受板块拖累而下跌的股票！"这在君山的实战中应用得非常多，成功率也最高。他认为，这种理论的基础是逆向思维。恐惧是人天生具有的禀性，是人性的劣根，是投资的天敌之一。当看到同板块的一只股票暴跌时，特别是板块中有影响的领头羊下跌时，很多投资者担心"城门失火，殃及池鱼"，往往会抛出手中持有的同一板块股票。其实，板块中有一只股票下跌时，其他个股本身的运行趋势并没有下跌的要求，只是板块股的下跌引发了一些恐慌性的抛盘将股价打低。这期间主力机构并没有任何出逃的迹象，抛盘全部来自散户的恐慌。在同板块带头下跌的个股暴跌时，它不跌或跌得少，一旦企稳，常会率先启动。这种股票不应被抛出，反而是买入的最佳对象。

　　基于这种选股思维，君山在2008年1月22日，在中国太保股价受中国平安拖累继续下跌时，向学生"隼"和"码头"发出号令：跌6个点就吃太保！当日中国太保封于跌停，全部"吃套"。

　　次日，中国平安企稳，当日小涨1.16%，而中国太保却大涨了6.26%。（图6.29、图6.30）

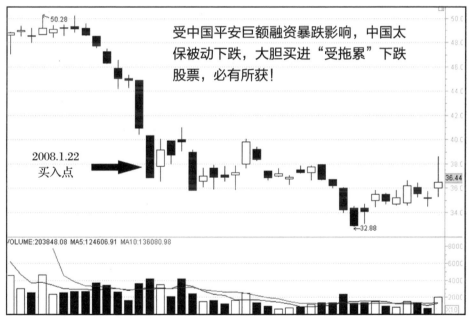

图6.29　中国太保走势图1

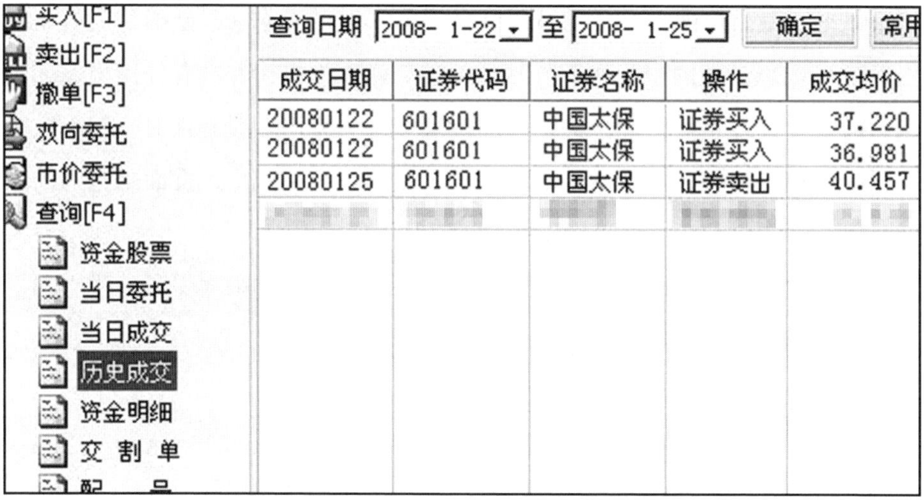

成交日期	证券代码	证券名称	操作	成交均价
20080122	601601	中国太保	证券买入	37.220
20080122	601601	中国太保	证券买入	36.981
20080125	601601	中国太保	证券卖出	40.457

图6.30　中国太保成交截图1

在利空的“异动”中，进兴业银行抢“银子”

买入时间：2008年2月1日

买入价格：39.77元

买入理由及分析过程：

2008年2月1日，双重利空袭击了兴业银行（601166）。其一，这一天是兴业银行“大小非”的解禁日；其二，大盘上午一开盘就高开低走，直往下栽，跌势十分吓人。然而君山带领他的学生却在这一天下午一开盘就进入兴业银行，开抢“银子”！

“为什么在这时买？”我问君山。

他回答道：“面对上市公司的利空消息时，人类的天性往往会让很多投资者惊慌失措，做出一些错误的决定。其实，利空消息带来的不全是灾难，有些时候还会创造短线的机会。上市公司突然遇到一些利空袭击时，按常理来讲，一般股价会下跌，但是有些情况下，上市公司出现利空消息时，股价不跌反涨。这样的个股一般短线都会启动，可以积极介入。在当日双重利空消息的袭击下，兴业银行不仅没有下跌，反而走得十分坚挺。这种异动引起了我的关注。"

"大小非解禁，对它来说，这么大的利空，为何没有暴跌？"

"这种利空应该说已提前消化了。你看它的K线图，从2008年1月14日的最高价61.95元至1月31日的39.50元，跌幅已达36%，比其他银行股都跌得要凶。根据我的实战经验，利空消息出来之后股价不跌反涨，一般情况下可以确定买入的是主力机构，绝不会是散户所为。这时介入就相当于与机构站在同一战线上，买进胜算非常大。如果介入的是主力，我们可以把该股上个交易日的收盘价作为基准点，若当天股价突破了上个交易日的收盘价，并且大盘涨幅并不大，就可以确定是主力在吸货，短期内股价拉升的可能性极大。在解读了大盘跌、兴业银行遇利空反涨的原因后，我们果断于当日下午开盘后介入。果然，买入后的第二个交易日，兴业银行就大涨了8.13%，给我们的口袋装了不少银子。"（图6.31、图6.32）

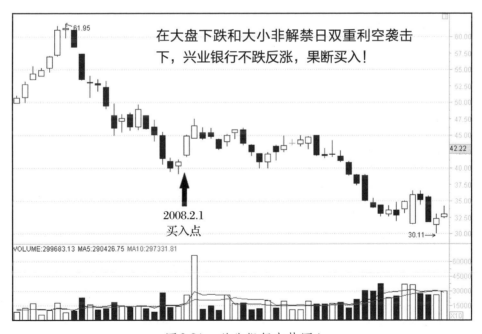

图6.31　兴业银行走势图1

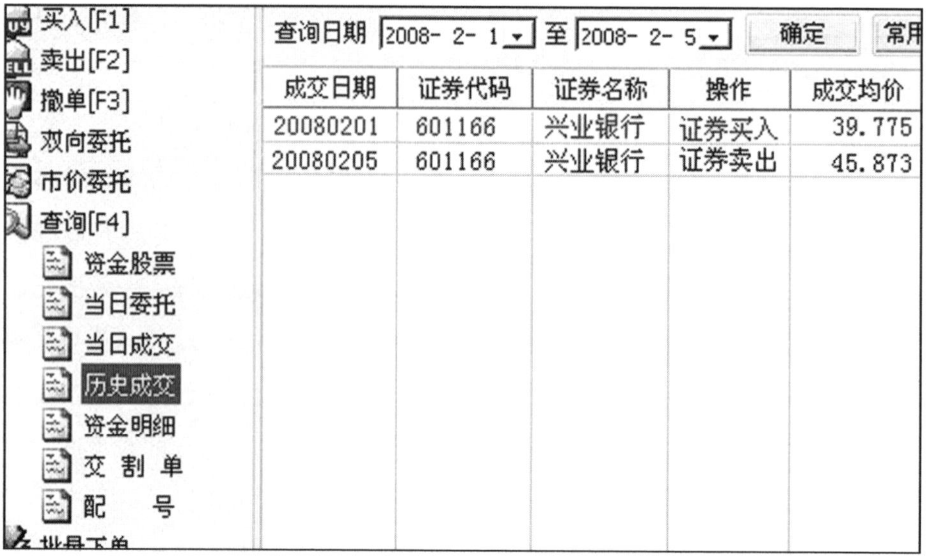

图6.32　兴业银行成交截图1

咬紧主力买"中煤"

买入时间：2008年2月13日

买入价格：21.88元

买入理由及分析过程：

这是君山在实战中跟踪主力动向，买进股票的一个案例。

他说，很多人天天研究跟庄技巧，天天听小道消息，却忘了主力其实就在我们身边。跟随主力动向，把握主力的意图，对于短线操作非常有用。有些主力通过盘面难以判断，但是通过公开信息却一目了然。现在交易规定公布涨幅榜前五位的席位成交情况，我们可以从中发现主力运作的一些动向。

2008年2月1日（周五），中煤能源（601898）上市，2月4日（周一）即以涨停报收。君山从公开信息中，发现有三家大的机构介入，引起了他的密切关注。2月13日，是春节长假后的第一个交易日，他立即介入了这只有主力进场的股票（图6.33、图6.34）。

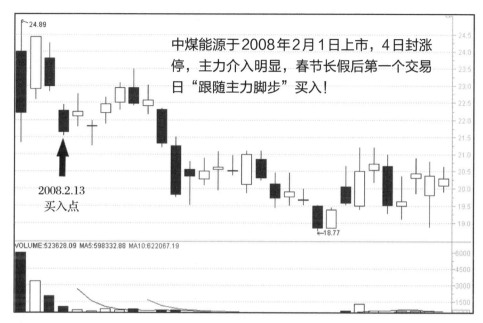

中煤能源于2008年2月1日上市，4日封涨停，主力介入明显，春节长假后第一个交易日"跟随主力脚步"买入！

24.89

2008.2.13
买入点

←18.77

VOLUME:523628.09 MA5:598332.88 MA10:622067.19

图6.33　中煤能源走势图

买入[F1]
卖出[F2]
撤单[F3]
双向委托
市价委托
查询[F4]
　资金股票
　当日委托
　当日成交
　历史成交
　资金明细
　交　割　单
　配　　号
批量下单

查询日期 2008- 2-13 ▾ 至 2008- 2-20 ▾　确定　常用

成交日期	证券代码	证券名称	操作	成交均价
20080213	601898	中煤能源	证券买入	21.889
20080220	601898	中煤能源	证券卖出	23.113

图6.34　中煤能源成交截图

"三阳开泰"买"华帝"

买入时间：2008年2月29日

买入价格：10.89元

买入理由及分析过程：

这是运用"三阳开泰"的K线组合买进股票的一次操作。

三阳开泰，在易经中解释为冬去春来，阴消阳长，寓意吉祥。这在股市之中具有异曲同工之妙。三阳开泰形态指在蓄势整理行情的末期或者是行情启动的初期，出现三根连续放量攀升的日K线组合。

这种形态的组合，预示着股价将脱离整理格局，进入一轮主升浪行情。这种三阳开泰的形态组合在日K线形态中出现的概率相当大，如果量价配合理想，其预测未来的准确率非常高。量能的持续放大是三阳开泰形成的一个前提条件，三根日K线的长度最好是越来越长。如果K线实体呈现越来越短，那么这种三阳开泰组合预示着股价未来走势有可能继续休整，但仍然具有预测未来的意义。

2008年2月27日、28日、29日，华帝股份（002035）在历经了一个月横盘整理后，K线图中形成可喜的三阳开泰形态，且阳线长度一根比一根长，同时放出巨量。29日，华帝跳空高开，放量向上突破盘局，意味着当日股价会大涨。在这一瞬间，君山立马下单介入，当日股价死死地封于涨停！（图6.35、图6.36）

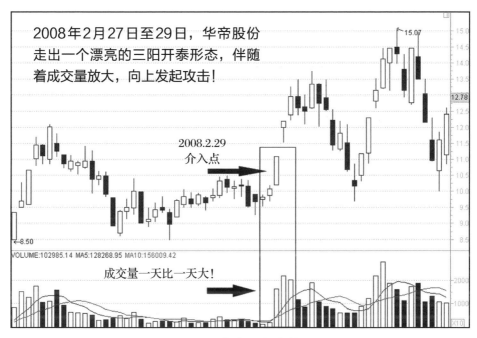

图6.35 华帝股份走势图

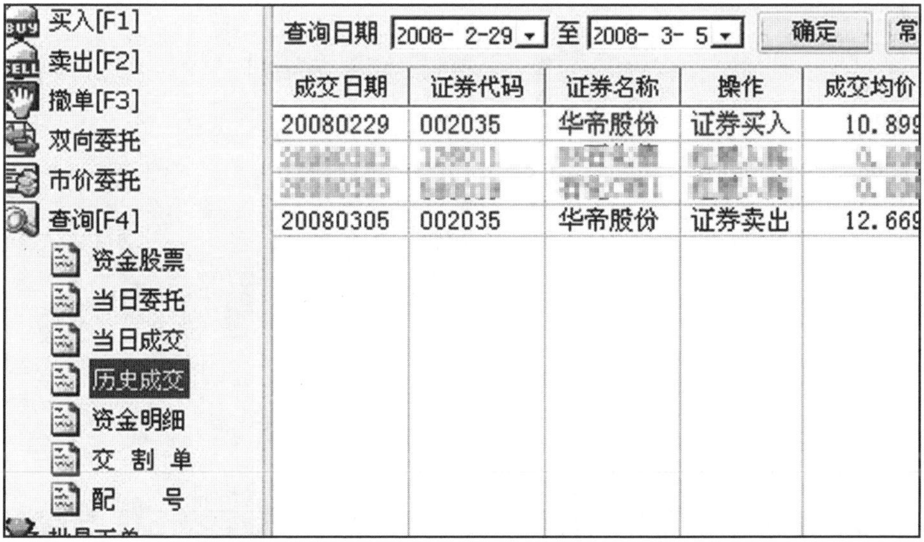

· 271 ·

图6.36 华帝股份成交截图1

灵活应变买"人寿"

买入时间: 2008年3月5日

买入价格: 36.19元

买入理由及分析过程:

2008年3月6日是中国平安（601318）的解禁日。鉴于利空消息已提前消化，判断解禁日会涨，故君山想在解禁前一日即3月5日提前买入中国平安。但是，没想到，3月5日这天中国平安因停牌而无法买入。因此，他就灵活应变买入了同一板块的中国人寿（601628）。当晚，君山在他的博客中写道：我劝天公重抖擞，不拘一格拉中阳！"三保"（三只保险股）带队！

果然不出所料，3月6日，三只保险股齐涨，中国平安大幅飙升，盘中一度冲击涨停，中国人寿盘中最高曾涨了9%。提前介入的人均有所获。（图6.37、图6.38）

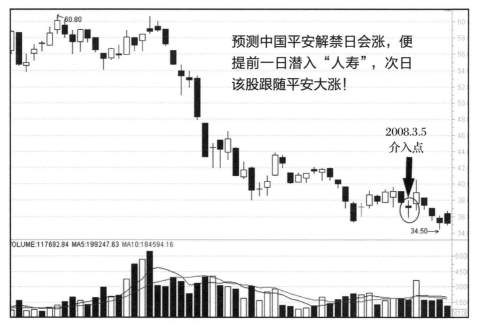

图6.37　中国人寿走势图

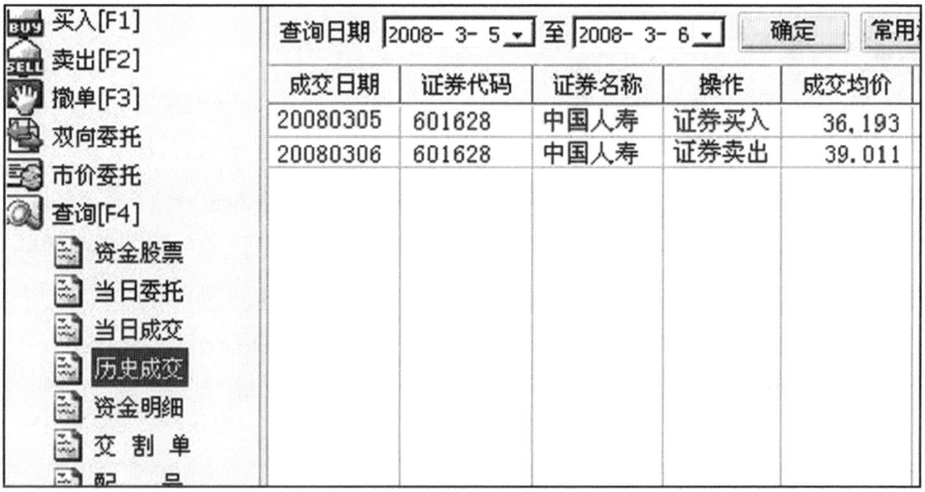

成交日期	证券代码	证券名称	操作	成交均价
20080305	601628	中国人寿	证券买入	36.193
20080306	601628	中国人寿	证券卖出	39.011

图6.38　中国人寿成交截图

在大盘暴跌中二买“兴业”

买入时间：2008年3月25日

买入价格：30.66元

买入理由及分析过程：

2008年3月中下旬，大盘暴跌。3月17日、18日连续出现两根巨阴。而提前于大盘暴跌的兴业银行（601166）此时已经企稳。19日，该股拉出了涨幅6.24%的阳线，表现出强势特征。

20日，该股大幅低开，但很快拉起，阴线变大阳线，收盘涨2.84%。君山判断，此乃主力所为，但当日低点错过了。3月24日，主力故伎重演，将股价几乎砸至跌停，当日至收盘跌幅竟高达9.37%。“千金难买牛回头”！看到“牛回头”的机会，君山没有再放弃，便于次日（3月25日）不失时机地第二次买入兴业银行。（图6.39、图6.40）

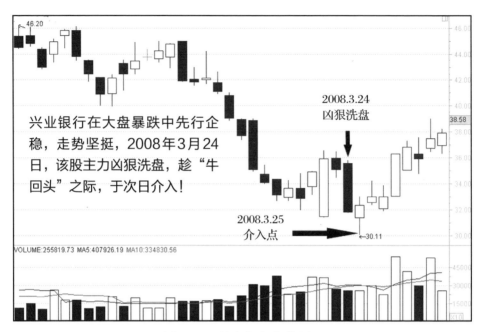

图6.39　兴业银行走势图2

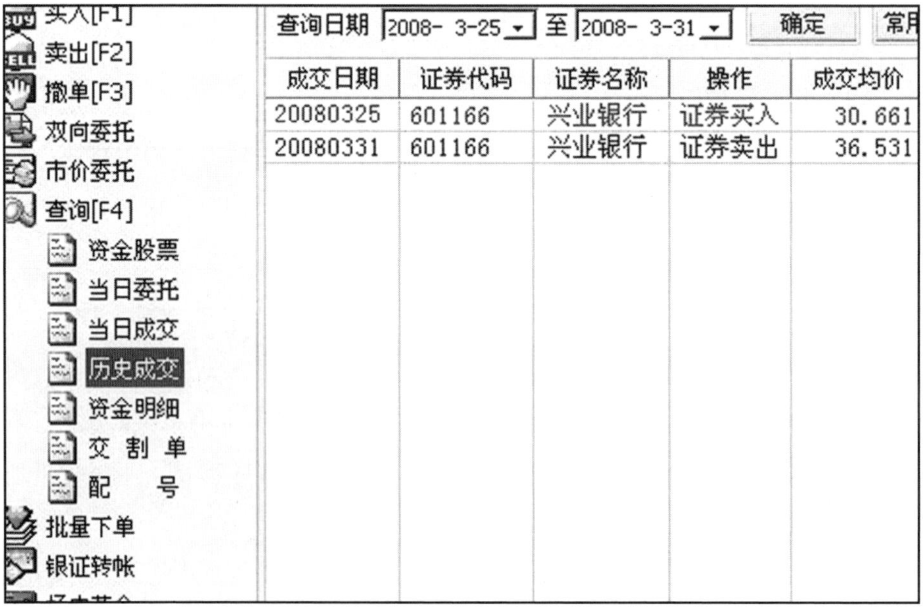

成交日期	证券代码	证券名称	操作	成交均价
20080325	601166	兴业银行	证券买入	30.661
20080331	601166	兴业银行	证券卖出	36.531

图6.40　兴业银行成交截图2

趁洗盘三进"兴业"

买入时间： 2008年4月15日

买入价格： 32.89元

买入理由及分析过程：

第三次买入兴业银行（601166）的理由有三：

一是2008年3月28日，兴业银行放量涨停，4月2日，再度放出巨量，说明有主力机构吃货。但紧接着，股价上涨，幅度并不大，主力没有获利空间。

二是除4月2日放量外，此后几日向上拉升的量没有再放出，说明主力没有出逃。

三是4月14日，大盘暴跌，个股大面积跌停，恐慌盘蜂拥而来，正是买入股票的好时机。于是，君山于次日第三次买入兴业银行。（图6.41、图6.42）

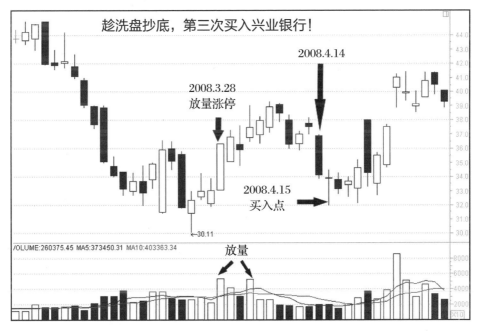

图6.41　兴业银行走势图3

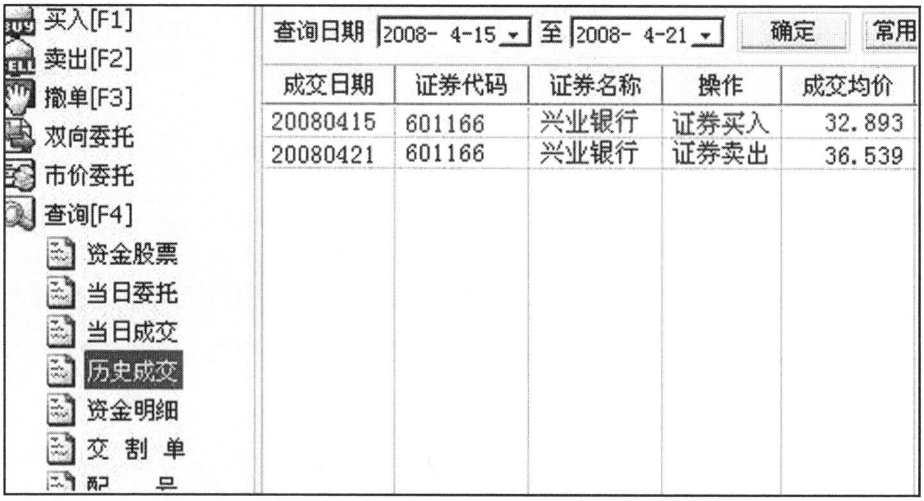

成交日期	证券代码	证券名称	操作	成交均价
20080415	601166	兴业银行	证券买入	32.893
20080421	601166	兴业银行	证券卖出	36.539

图6.42　兴业银行成交截图3

从“A+H”板块中选便宜“鞍钢”

买入时间：2008年4月22日

买入价格：16.58元

买入理由及分析过程：

2007年1～2月，大盘在3000点曾盘整了两个月，然后突破上攻。2008年4月22日，上证指数从6124点高峰跌落，跌至3000点，股指被腰斩，遇到了2007年3000点颈线位一带的有力支撑，大盘反弹在即。于是，君山便在“A+H”板块挑选了一只当时比H股股价还要便宜约10%的鞍钢股份（000898）买入。（图6.43、图6.44）

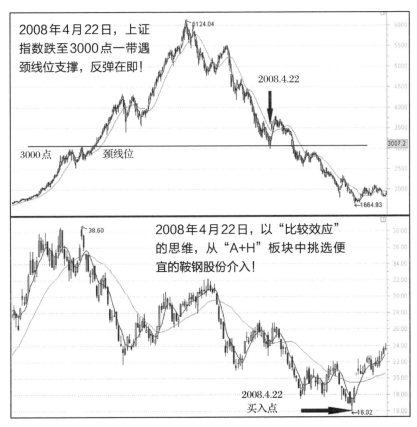

2008年4月22日，上证
指数跌至3000点一带遇
颈线位支撑，反弹在即！

6124.04

2008.4.22

3000点　　颈线位

3007.2

←1664.93

38.60

2008年4月22日，以"比较效应"
的思维，从"A+H"板块中挑选便
宜的鞍钢股份介入！

2008.4.22
买入点

←16.02

图6.43　上证指数与鞍钢股份走势对比图

买入[F1]	查询日期 2008- 4-22 ▼	至	2008- 4-25 ▼		确定	常用
卖出[F2]						
撤单[F3]	成交日期	证券代码	证券名称	操作	成交均价	
双向委托	20080422	000898	鞍钢股份	证券买入	16.587	
市价委托	20080425	000898	鞍钢股份	证券卖出	21.112	
查询[F4]						
资金股票						
当日委托						
当日成交						
历史成交						
资金明细						
交割单						
配　号						
批量下单						

图6.44　鞍钢股份成交截图

首次失手买"交行"

买入时间：2008年5月15日

买入价格：9.73元

买入理由及分析过程：

这是君山在2008年22次抄底中唯一失手的操作，也是他要求我必须浓墨重彩记录的一次"本不该发生的失误"。

2008年5月15日，是交通银行（601328）大小非的解禁日。君山根据经验判断，这天会涨，便买了进去。结果当日开盘，交通银行高开低走，出乎意料。

"这是一件不该发生的事，是我的经验主义造成的。世界上的万事万物是变化的，没有一成不变的规律，股市更是这样。我低估了交行大小非解禁的压力。本来，前不久浦发银行大小非解禁时大涨，按'弹坑理论'，交行的大小非解禁日就不会涨。但我被这次操作的成功冲昏了头脑，忽略了重要的一点。不仅我自己错了，'交行大小非解禁并不可怕'的判断也影响到了一些学生的操作，至今都让我感到很歉疚。虽然大家都很快止损出局，但这一失利的教训永远不可饶恕，经验主义要不得！骄兵必败！这是用亏钱的代价再次交的学费和换取的宝贵教训！"（图6.45、图6.46）

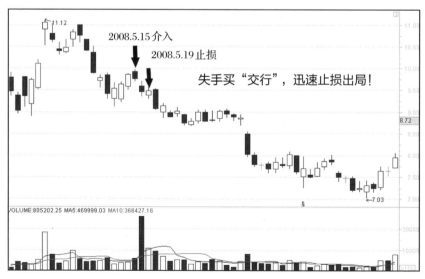

图6.45　交通银行走势图

图6.46　交通银行成交截图

"十连阴"后二买"华帝"

买入时间：2008年6月18日

买入价格：7.44元

买入理由及分析过程：

2008年6月3日始，大盘从3400点开始一波非常凶猛的暴跌，不仅很快破了3000点，而且出现了"十连阴"，这是中国证券史上所罕见的。此时的大盘，聚集着随时反弹的动能。

那么，如果反弹，哪些股票是攻击目标呢？君山判断，跌幅巨大的股票是首选。当时，由于奥运会尚未召开，人们对奥运充满着希望和期待，再加上具有奥运题材的华帝股份（002035）连日暴跌的走势，给抄底带来极大的机遇。因此，他于2008年6月18日第二次买进华帝股份，实现了成功的抄底。（图6.47、图6.48）

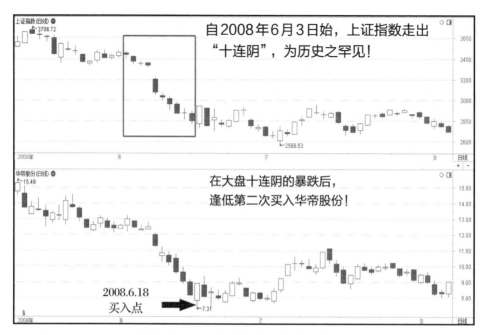

图6.47　上证指数与华帝股份走势对比图

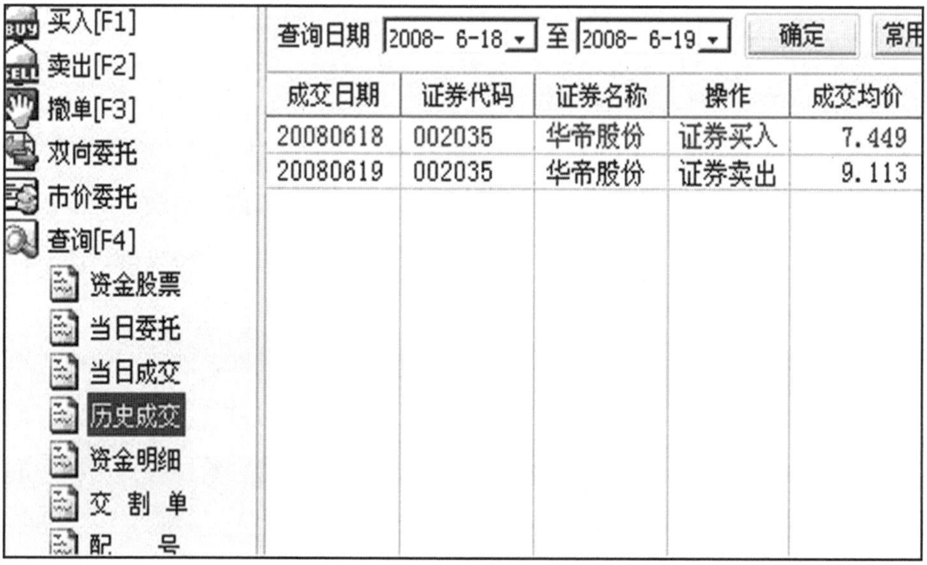

成交日期	证券代码	证券名称	操作	成交均价
20080618	002035	华帝股份	证券买入	7.449
20080619	002035	华帝股份	证券卖出	9.113

图6.48　华帝股份成交截图2

回抽"小双底"，买入五粮液

买入时间：2008年6月27日

买入价格：17.69元

买入理由及分析过程：

这是根据回抽"双重底"的颈线买入股票的一个案例。双重底作为反转形态是一种常见的技术形态。在下跌趋势中，市场确立了第一个低点，通常其交易量开始出现萎缩。

然后，股价上攻，形成一个高点，这时成交量出现温和放大。接下来的一轮下跌，确立第二个低点后，收市价格无力穿越前一个低点。

接着，股价开始回升，此时，一个潜在的"双重底"便跃然纸上。之所以说是潜在的，是因为这才是所有的反转形态成立的必要条件。而只有收市价格突破前一个高点时，这个反转形态才得以真正成立，否则，价格可能仅仅是处于横向延伸的调整阶段中，为原先趋势的恢复作蓄势整理。

在很多情况下，到目前为止所形成的形态都是持续形态，股价不会构成底部，反而会持续下跌。真正的反转形态，必须是价格有效地突破前一个向上的反弹高点，才能表明双重底成立。

根据"双重底"技术形态买入股票，有两个机会：

◆一是当股价有效突破高点所处的颈线位时。

◆二是当股价回抽颈线位时，也不失为又一个买点。

君山对五粮液（000858）的操作正是后一种情况。

2008年6月18日和19日，五粮液在其走势中构筑了一个明显的"小双底"形态，有效地向上实施突破。6月27日，股价刚好回抽到颈线位，他便伺机买入。（图6.49、图6.50）

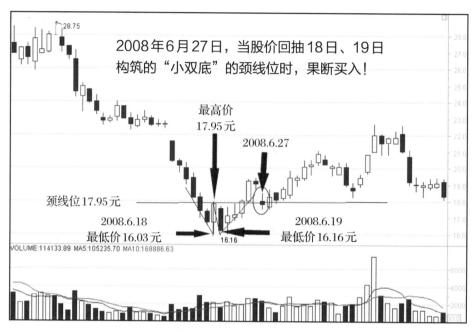

图6.49　五粮液走势图

成交日期	证券代码	证券名称	操作	成交均价
20080627	000858	五粮液	证券买入	17.693
20080707	000858	五粮液	证券卖出	19.857

图6.50　五粮液成交截图

在"迟来的爱"中拥抱"金地"

买入时间：2008年7月8日

买入价格：8.79元

买入理由及分析过程：

君山把他于2008年7月8日买入金地集团（600383），幽默地称为"迟来的爱"。那是因为，在此之前的7月4日（周五），是金地集团巨量增发股的上市日。

这一利空在前期早已提前消化，这天，应是一次最佳的买入机会，但君山没有注意到它。

7月7日（周一），即第二个交易日，该股放巨量涨停。一根巨阳线吞没了前一日的阴线，这是一个非常明显的主力拉升信号。于是，他在第二天股价下打之时，果断买入。

尽管这份"爱"来得有点迟，但他说，他在这份"迟来的爱"中却享受了甜蜜！（图6.51、图6.52）

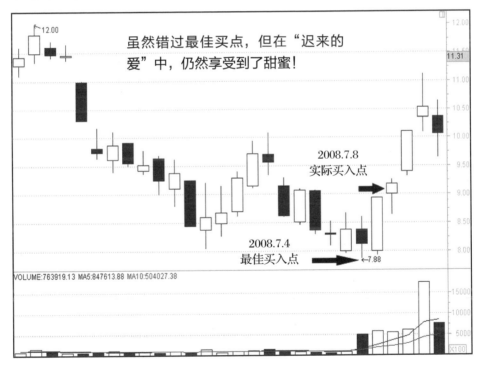

图6.51　金地集团走势图

图6.52　金地集团成交截图

高位"玩火"买"北游"

买入时间：2008年7月9日

买入价格：23.89元

买入理由及分析过程：

君山说在2008年7月9日买入北京旅游（000802，现名：北京文化），完全是一次"高位玩火"行为，虽然只以极少的筹码进行操作，也赚了钱，但从买点上来看，只能算作是一次"败笔"。

当时，北京旅游从6月份的11元启动，至7月7日25.87元的高点，已翻了一倍多。君山认为，奥运开幕之日尚未到来，对奥运的企盼还在人们心中，具有奥运会题材的重点股票北京旅游的涨势不会就此结束，因此不妨试试"在高位玩一次火"的盘口感觉。

于是，他在2008年7月9日开盘后以少量筹码尝试性买入该股。当天下午他感觉有点不妙，于是，第二天当该股上冲之际，以极小的盈利，果断抛出。（图6.53、图6.54）

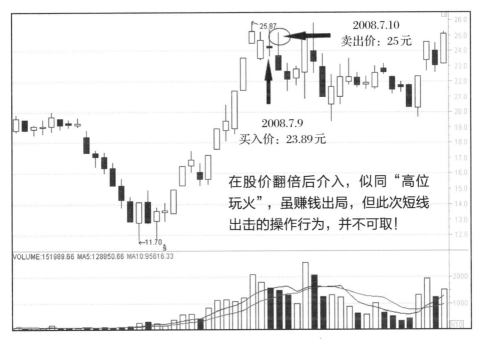

图6.53　北京旅游走势图

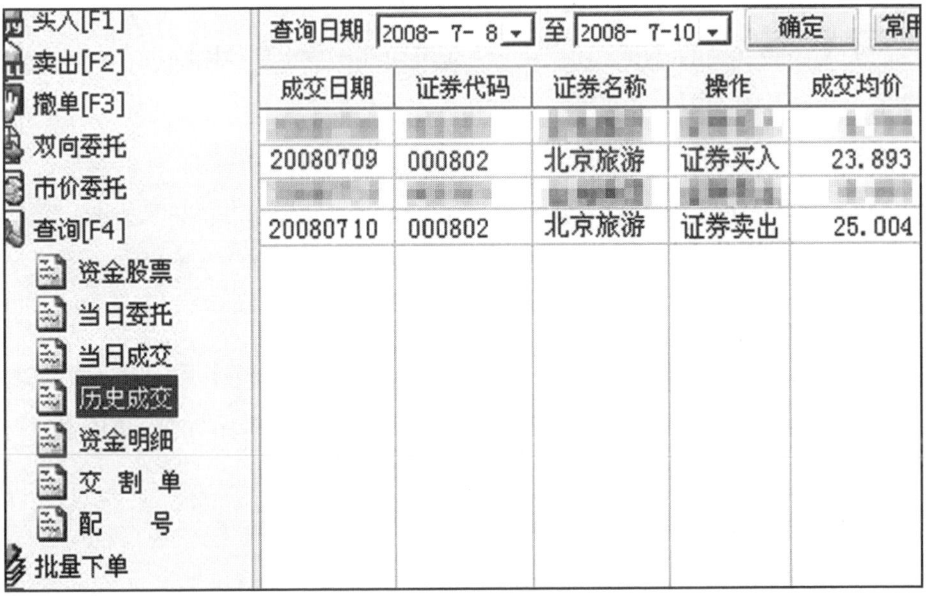

成交日期	证券代码	证券名称	操作	成交均价
20080709	000802	北京旅游	证券买入	23.893
20080710	000802	北京旅游	证券卖出	25.004

图6.54　北京旅游成交截图

对于这次操作，君山称之为"走麦城"，不值得提倡。

"虎口拔牙"买"中体"

买入时间：2008年8月22日

买入价格：9.52元

买入理由及分析过程：

中体产业这只北京奥运题材的领头羊，在2008年8月8日奥运会开幕当天，利好兑现，从昔日的"宠儿"一下变成了市场的"弃儿"，遭遇了连续跌停的厄运。

但从8月14日开始，君山发现它的盘面走势发生了一种"奇怪现象"：头天跌停，第二天反弹；第三天跌停，第四天再反弹。他揣摩着，等它再次如此"表演"时何不伺机"咬"它一口，来它个"虎口拔牙"！

8月21日，中体产业再次跌停，次日"老戏"能否再上演，君山拭目以待。22日一开盘，君山预测它会有反弹，他做好了"虎口拔牙"的准备。但当天上午，股价一反常态，没有反弹，一路走低。但决意要"赌"一把自己的判断力是否准确的君山，还是决定"吃定它"！没想到他刚吃进，中体产业似有意与他作对，下午开盘不久，就步入了跌停。

此时得到君山"买入指令"的苏州学生"码头"回答："君山老师，我不敢买！""大胆买入，亏了算我的，不买，就踢出'群'（指'幸福一家'群——作者注）！"最终，"码头"还是相信老师的判断，咬着牙勇敢地买了进去。

下午1点20分跌停终于打开；下午1点45分，奇迹发生，分时图上清晰可见，一根冲天大阳线拔地而起，从9.16元最高一下冲到10.70元。（图6.55、图6.56）

"码头"从喜到惊，直呼"老师高明，真有眼光！"但在我写稿时，君山让我提醒投资者：从操作的稳健度考虑，这种"虎口拔牙"的"特技动作"，还是不要模仿为好。

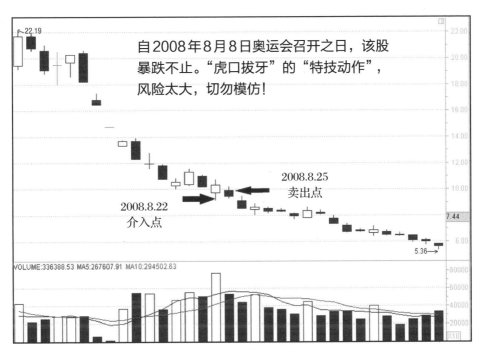

自2008年8月8日奥运会召开之日,该股
暴跌不止。"虎口拔牙"的"特技动作",
风险太大,切勿模仿!

22.19

2008.8.25
卖出点

2008.8.22
介入点

VOLUME:336388.53 MA5:267607.91 MA10:294502.63

5.36→

图6.55　中体产业走势图

买入[F1]	查询日期 2008- 8-22 ⏷ 至 2008- 8-25 ⏷	确定	常用

卖出[F2]

撤单[F3]

双向委托

市价委托

查询[F4]

成交日期	证券代码	证券名称	操作	成交均价
20080822	600158	中体产业	证券买入	9.529
20080825	600158	中体产业	证券卖出	9.991

资金股票

当日委托

当日成交

历史成交

资金明细

交 割 单

配 号

图6.56　中体产业成交截图

战略出击四买"兴业"

买入时间：2008年9月16日

买入价格：15.14元

买入理由及分析过程：

对兴业银行（601166）的第四次买进，君山事先就有一个详细的战略布局。他计算着，大盘从6124高点下跌后，至9月22日共233天，是循环理论的一个重要的"时间窗口"。他选定兴业银行作为出击目标。

为了稳妥，他打算采用"一二三四"的买入法，提前行动。即于9月12日买入一成仓位，16日买入两成仓位，19日和22日（即时间窗口当天）分别买入三至四成，12日、16日按计划实施。当时在张家界旅游的他通知留守人员随时准备大批量买入兴业银行。但受9月18日突然而至的重大利好消息的影响，大盘反弹比时间窗口提前三天到来，19日、22日兴业连续涨停，致使后续买入计划落空。（图6.57、图6.58）

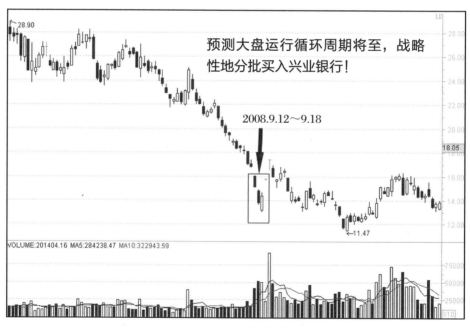

图6.57　兴业银行走势图4

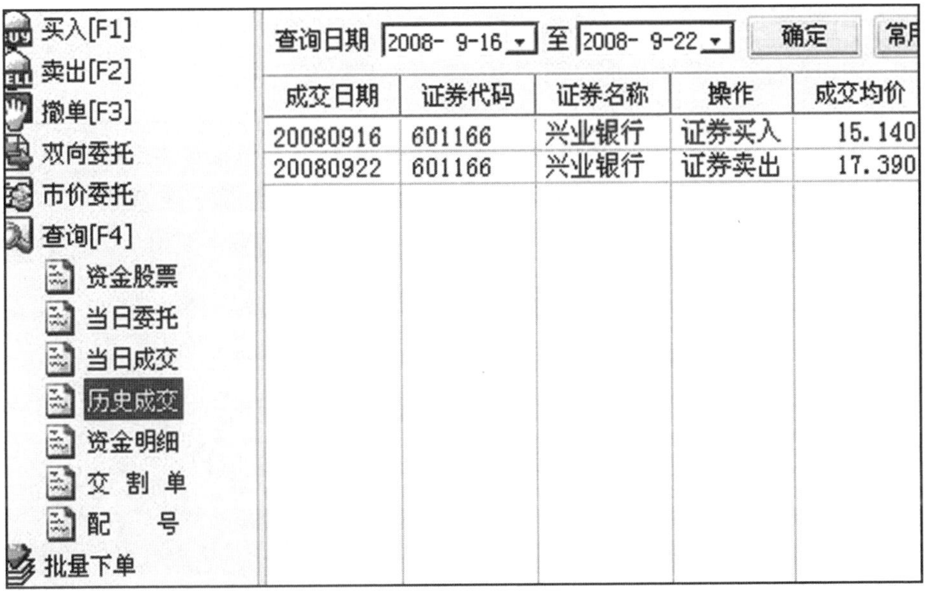

图6.58　兴业银行成交截图4

君山说，这次行动，没能完全按计划行事，是一次"不完美"和"可惜"的操作。

"风险"之中买"平安"

买入时间：2008年10月28日

买入价格：20.19元

买入理由及分析过程：

2008年9月下旬，中国平安（601318）第三季度预亏的消息弥漫整个市场。在重大利空消息影响下，"平安"踏入"险途"，股价跌势不止。谁碰"平安"谁"倒霉"。

10月18日，中国平安对欧洲富通集团238亿元的投资进行减值准备的会计处理公布，发生157亿元的巨额亏损，致使第三季度业绩严重预亏。10月28日，中国平安第三季度报告发布，从每股盈利0.97元，到第三季度为每股亏0.10元。在这一利空的风险中，许多人逃离"平安"。而在这一天，君山却以一贯的逆向思维，买入了人们抛弃的“平安”。此后，“平安”以连续的上涨，回报了他在“危难之时”的“忠诚”！（图6.59、图6.60）

图6.59　中国平安走势图

成交日期	证券代码	证券名称	操作	成交均价
20081028	601318	中国平安	证券买入	20.196
20081030	601318	中国平安	证券卖出	23.400

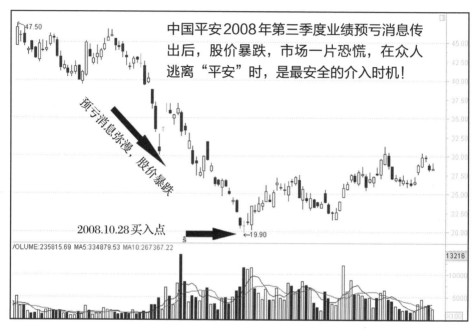

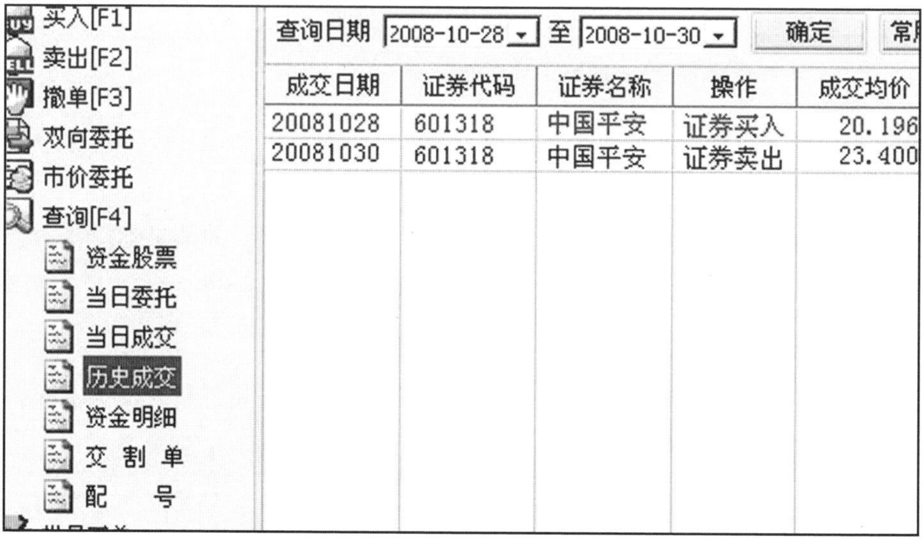

图6.60　中国平安成交截图

跟着主力入"香江"

买入时间：2008年11月12日

买入价格：2.92元

买入理由及分析过程：

2008年11月7日，香江控股（600162）在下跌企稳后，突放巨量上涨，且连续三日，量一天比一天大，呈现出典型的"三阳开泰"的技术形态。君山认为，值得一提的是，2008年11月11日，大盘下跌，而香江控股盘中逆势上涨8%。谁所为？主力！跟着主力进"香江"，准赚！于是，次日他果断入驻"香江"，当天即涨停；13日，又是一个涨停。跟着他做的学生们，都乐得合不拢嘴。（图6.61、图6.62）

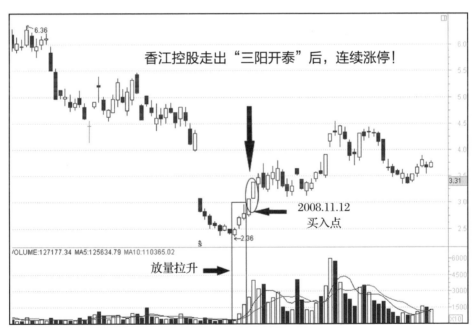

图6.61　香江控股走势图

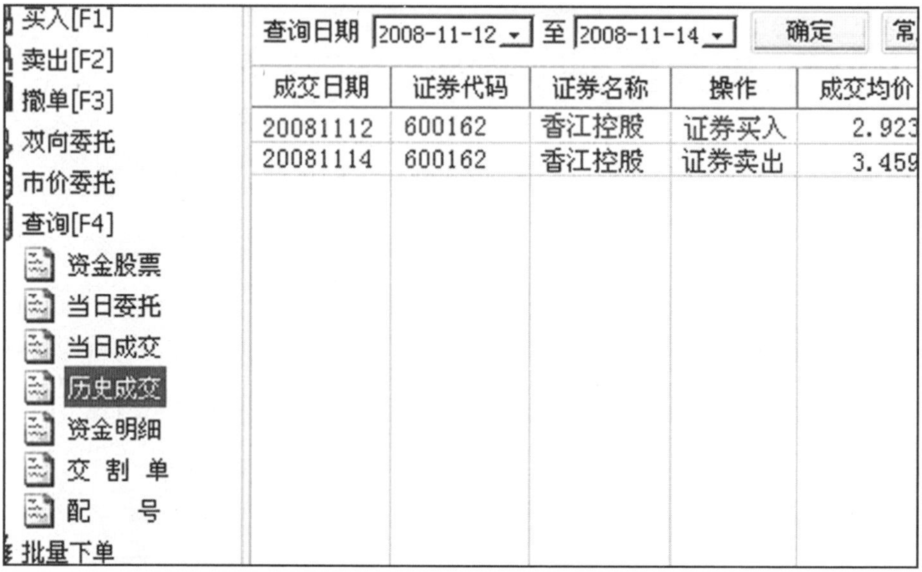

成交日期	证券代码	证券名称	操作	成交均价
20081112	600162	香江控股	证券买入	2.923
20081114	600162	香江控股	证券卖出	3.459

图6.62 香江控股成交截图

“颈线位”处五买“兴业”

买入时间：2008年12月1日

买入价格：13.27元

买入理由及分析过程：

君山是多次光顾兴业银行（601166）的“老客户”。2008年12月1日，他第五次买入。理由仍然是遇到前期颈线位的强劲支撑。2008年9月18日股价的最低点为13.05元。10月10日，最低点是13.11元。此后股价下跌，然后对13元一带的颈线进行突破。12月1日，当日股价的最低点，正好回踩这根颈线，是极佳的一次买进机会（图6.63、图6.64）。

2008年12月1日，兴业银行当日股价最低点回踩前期颈线位后反弹！

颈线位

←11.47

VOLUME:164608.23 MA5:235416.25 MA10:201729.19

2008.12.1
介入点

图6.63 兴业银行走势图5

买入[F1]
卖出[F2]
撤单[F3]
双向委托
市价委托
查询[F4]
资金股票
当日委托
当日成交
历史成交
资金明细
交割单

查询日期 2008-12- 1 ▾ 至 2008-12-10 ▾   确定   常用

成交日期	证券代码	证券名称	操作	成交均价
20081201	601166	兴业银行	证券买入	13.277
20081210	601166	兴业银行	证券卖出	16.380

图6.64 兴业银行成交截图5

在二次解禁的"弹坑"中再买"太保"

买入时间：2008年12月25日

买入价格：10.20元

买入理由及分析过程：

2008年12月25日，君山对中国太保（601601）第二次抄底。理由有二：

其一，"弹坑理论"。2008年3月26日，是中国太保大小非的第一次解禁日。当日暴跌了8.11%；第二天，又暴跌7.47%。第一次的大小非解禁，构筑了第一个"弹坑"。那么，这次的解禁，将成为"第二个弹坑"。根据"弹坑理论"，它不会重蹈覆辙，再落入暴跌的第一个弹坑中。

其二，在12月25日，大盘处在相对比较平稳的状态下，由于各大媒体铺天盖地大造"中国太保巨量解禁，对市场将形成强大冲击力"的负面舆论，致使当日股价创出10.02元的年度新低。然而，君山坚信"市场可以包容和消化一切"，乌云不会永远遮顶。凭着"弹坑理论"加上"利空出尽是利好"这条屡试不爽的经验，他再次出击中国太保。事实证明了一切！（图6.65、图6.66）

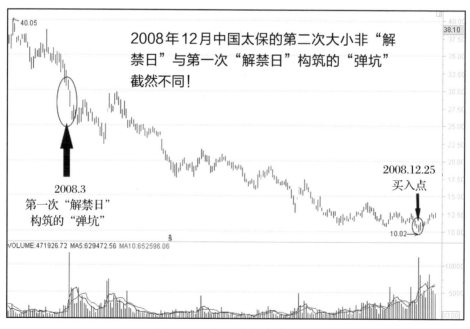

图6.65　中国太保走势图2

图6.66　中国太保成交截图2

神奇的"抄底"秘诀

在暴跌的熊市行情中，他数十次狙击目标成功，原因何在？抄底的秘诀又在哪里？准确预测底部和把握抄底时机的六大秘诀，是神奇抄底的关键。

底部，是百花齐放的季节

"在2008年的熊市里，你22次抄底，成功率达95%，真不容易啊！"在采访中，我看着君山一次次抄底的实战案例和他当时的交易单，说，"抄底和逃顶一样，是每一个投资者的梦想。但常见许多投资者要么恐惧下跌，不敢抄底；要么一抄就被套。你能否讲讲你是如何判断底部的呢？"

"能准确预测市场底部、成功抄底，的确是很多投资者梦寐以求的事情，也是一个成功投资者必备的素质。如果能够成功地预测出底部，先人一步，提前布局，就可以稳操胜券，赚取超越市场的利润，既可获得收获的喜悦，又可以得到成功的快感。"君山说，"在成功投资者眼中，底部是如春天般百花齐放的季节，遍地黄金；而在不懂技术的投资者眼中，底部是满目疮痍，哀鸣一片。面对底部，他们惶恐之心油然而生。可悲的是，当底部来临时，大多数投资者都是悲观失望的。"

"为什么会这样呢？"

"这种现象的发生，主要是因为投资者对底部的判断有两种极端的认识。首先，有一些投资者认为底部不可预测。这种错误认识会使投资者面对底部不知所措，导致底部来临时无所作为，失去很多良机。其次，一些投资者则把底部的预测看作一件很容易的事。这些投资者往往会盲目抄底，造成无谓损失，回头一看，自己所谓的'抄底'只不过是抄了个'腰'。这些投资者往往会用一些非常简单的指标作为研判底部的标准。在实际操作中，这种行为有点可怕！"

"看来，能准确判断底部确实是一件不容易的事。"

君山对我说："事不预则不立。没有事前详尽的分析和预判，抄底成功的概率可以说是微乎其微。在行情的每一个发展阶段，我们事先都要综合各方面因素进行详尽分析，对行情的发展进行预判，然后再根据行情的发展和各种因素的变化，对预判结果进行不断修正，才能成功抄底。其实，在我看来，这也并不是一件很难的事。底部比起行情的其他运行区间相对更容易把握。它有很多明显的特征，如果将这些特征有机地结合在一起，就可以轻松、准确地判断出底部。"

当然，并不是在下跌途中随时都可以进行抄底。抄底之前，首先要认清楚熊市的风险和机会所在。根据熊市运行特征，君山将整个熊市分成三个部分：

> **一是连续下跌阶段。** 这个阶段绝大多数个股轮番下跌，属于高风险时期，基本没有操作价值。处在这个阶段，最好的方法就是空仓

等待、按兵不动，很多投资者亏钱也是由于对这个阶段预判错误。

二是反弹阶段。这个阶段绝大多数个股表现比较活跃，是熊市最容易操作的阶段，但这个阶段非常短暂，往往稍纵即逝，需比较成功预测出大盘反弹的时机才可以。

三是盘整阶段。这个阶段是结构性调整时期，有些个股上涨，有些个股继续下跌，是考验一个投资者技术水平的阶段。在这个阶段里，并没有系统性风险，可以根据个股特征进行操作。"

接着，君山讲述了他根据熊市三个阶段的特点，判断底部和在下跌中如何抄底的六大秘诀。

大盘呈现"海飞丝"，是抄底的重要信号

"在熊市中要想抄底，摆在首位的是大盘反弹带来的机会。一般情况下，90%的个股行情是紧跟大盘的。大盘反弹，绝大多数的个股就会反弹。因此，预测大盘的反弹点，紧扣大盘进行操作是熊市抄底的主要方法之一。"这是君山抄底的第一秘诀。

"那么，怎样预测大盘的反弹点呢？"我问。

"和顶部一样，底部的形成也是诸多因素共振的结果。通过对多年熊市运行特点进行研究，我发现熊市每一次反弹都会出现明显的信号，那就是我讲课时经常戏称的'海飞丝三合一'（止痒、去屑、滋润）的广告语。'海飞丝三合一'的特点表现在盘面，主要体现为三个方面：时间循环、恐慌盘大量涌出和蓝筹股止跌。"君山回答。

时间循环

运用时间循环来预测底部，用的仍然是斐波纳齐数列这一神奇的工具和二十四节气。

妙用斐波纳齐数列判断底部。"1，1，2，3，5，8，13，21，34，55，

89，144，233，377，…"，斐波纳齐数列的每一个数字，都是一个时间窗口。和预测顶部一样，一般在重要的时间窗口，趋势都会出现异动。数字越大，异动也越大。在一轮熊市的下跌过程中，大盘在时间窗口出现异动，反弹的可能性极大，这是我们进行抄底的重要出击日。这可以从以下大盘见底的事实证明：

1993年2月16日，上证指数从1558.95点见顶回落，进入沪深股市第一次熊市。这轮下跌持续到1994年7月29日的325点，跌了近一年半，跌幅高达75%，共用了369个交易日，和时间周期的377天相差8天，误差只有2%。

1994年9月14日，大盘从1052.94点再次见顶回落，进入漫漫熊途，到1996年3月29日大盘真正进入牛市，正好用了377天，和时间周期正好对应，并且和上次下跌的时间周期正好等长。

1998年6月4日，大盘从1422点回落到1998年8月18日1043点，用了54个交易日，和时间窗口的55个交易日只相差了1天。

1998年11月18日，大盘从1292点见顶回落，这轮下跌运行到1999年2月8日的1064点，共用了59个交易日，和时间窗口55个交易日相差了4天。

1999年2月8日，大盘探底成功，从1064点运行到1999年4月9日的1210点，共用了33个交易日，和时间窗口34个交易日的误差只有1天。

2000年8月11日，深成指在5062.28点见顶回落，跌到2000年9月26日的4424.01点，时间正好共用了33日，和时间窗口中34个交易日的误差只有1天。

2000年11月23日，大盘从5011开始回落，到2001年2月22日的4318点见底，正好运行了55个交易日，和时间窗口55个交易日完全吻合。

2001年6月14日，上证指数从2245点开始下跌，运行至2001年10月22日的1514点，时间上正好是89个交易日。

2001年12月5日，上证指数从1776点开始下跌，运行到2002年1月23日的1345点，时间上正好是34个交易日。

2001年6月14日，上证指数从2245点开始下跌，运行到2003年1月6日的1311点，总共运行了377个交易日。这个时间周期引发了一轮300多点的跨年度的反攻行情。

2003年4月17日，上证指数从1649点开始下跌，运行到2004年11月18日，大盘总共运行了144个交易日，之后便激发了一轮近5个月的跨年度的行情。

2004年9月24日，大盘从反弹的高点1496.21点开始回落，大盘在2005年2月1日创下了阶段性低点，共运行了87个交易日，和时间窗口89个交易日只差了2天。

2005年3月9日，大盘从1326点的阶段性高点开始回落，到2005年6月6日的998点最低点，运行了58个交易日，和时间窗口55个交易日的误差只有3天。

2001年6月14日，大盘从当日创下的2245高点，运行到2005年7月19日1014点（牛市行情的启动点），正好运行了988天，和时间周期中的987个交易日仅差1天。这次是历史上最长的一次周期共振。从后期走势我们可以看到共振出一个超级大牛市。

节气，在判断底部时不可忽视。用时间循环来判断底部时，中国传统的二十四节气也不失为一个重要的参考因素。在前文提到的表中我们已经看到，除了顶部出现在一些重要的节气附近外，许多底部也都在一些重要的节气附件出现。这已被无数次的事实证明：

1994年7月的大底，发生在"大暑"附近。

1996年的大牛市启动点就发生在1月份的"大寒"附近。

1999年著名的"5·19"行情启动，发生在"小满"附近。

2000年春季攻势的启动，发生在1月17日的"大寒"附近。

2001年2月22日，在"雨水"附近，大盘见底，新一轮行情启动。

2003年1月6日，"小寒"这一天，新一轮行情底部显现。

2005年12月6日，在漫天"大雪"来临之际，一轮波澜壮阔的牛市行情启动。

2007年6月5日，"芒种"来临之际，新一轮行情底部显现。

2007年7月6日，"小暑"来临之际，新一轮行情底部显现。

2008年4月22日，刚下了"谷雨"，一波反弹即起。

2008年9月18日，在"秋分"来临之际，上证指数从2007年10月16日创出6124高点之后一路暴跌，已运行了231个交易日，离2008年9月22日233的循环时间窗口仅差2天，"秋分"节气和233的时间窗口将产生共振，大盘随时可能反弹。后由于9月18日受重大利好的刺激，结果大盘提前两天强烈反弹。（图6.67）

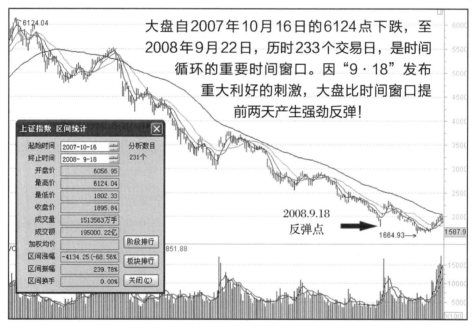

图6.67　上证指数走势图20

2008年11月7日，在"立冬"时节，大盘从低位启动，再燃"一把火"，引发了一波反弹。

此类案例，举不胜举。它充分说明了二十四节气在时间循环中的重要性，也是我们判断底部不可忽视的要素。

这是底部出现的又一个明显特征。股市有句格言："大多数人总是错的。"在熊市中，每一波反弹行情出现前夕，常常是"惊涛骇浪""乌云密布"，盘面上会出现大面积的跌停。这种现象，是恐慌性杀跌盘做空动能宣泄的结果。而随着股指下跌，股票内在价值相对在提高，做空动能的减弱和做多动能的增强，将预示着反弹一触即发。

蓝筹股止跌

这是底部显现的第三个重要信号。蓝筹股的参与者往往是市场资金的主力，是先知先觉者。这些主力看出来要下跌往往会提前行动。所以，每一轮的下跌往往是蓝筹股带队。后知后觉的散户看着蓝筹股的下跌越来越恐慌，最终会引发恐慌盘出现。随着股价的下跌，原来退出来的先知先觉的主力，又会趁市场恐慌时提前行动。蓝筹股的止跌就代表主力在建仓，反弹将随之而来。

如上所述，大盘只要出现"海飞丝三合一"，就预示着反弹的来临，是抄底的绝佳机会。比如，2008年4月22日，大盘出现"海飞丝三合一"重要信号：时间周期逢重要节气、日前连续暴跌及当天破3000点恐慌盘大量涌出和蓝筹股率先止跌。在此三重要素产生共振的情况下，大盘产生强劲反弹。君山说："凡大盘遇此机会，即使你不会选个股，只要介入，就能稳稳赚钱！"

狙击，在"目标位"处打响

"君山股道"的抄底绝技，除了紧紧抓住大盘反弹带来的机会外，还可以抓住在盘整阶段个股独立行情带来的机会。这个阶段主要依据个股技术特征进行操作。在下跌的"目标位"处打响抄底的狙击，便是他的短线赚钱一绝。

他说："我们将繁杂的股价波动进行解剖，会发现股价波动分为两个部分，一部分是形态，一部分是趋势，这两个阶段相辅相成。形态为趋势之母，股价的趋势是由形态演变产生的。通过对技术形态的分析，可以对股价趋势的未来目标进行测算。大多数投资朋友过分重视上涨的目标位，却忽视了下跌的目标位测量带来的机会。"

他对我说："利用目标位进行逆市短线操作手法有很多。比如双头形态、三重顶形态、箱形整理形态等，都可以在股价下跌目标位进行短线操作。"

他以"双头"为例加以说明：当"双头"形态出现后，首先测算股价下跌的目标位，然后等股价下跌到目标位，便可在此处逢低吸纳，进行狙击，成功的概率很大。但对于这种手法，要求个人的盘面感觉非常强，心态和手法也都要极佳才能做到。

实战案例：目标位狙击——上证指数

2007年10月16日，大盘见顶回落，用了一个多月构筑了标准的"双头形态"。此形态从顶点的6124点到颈线位置的5462点直线距离为662点，我们可以测算出大盘下跌的目标位在4800点。

事实已经验证了对这一目标位预测的准确度。大盘在跌破4800点之后，马上展开一轮反弹。这一轮的行情，可以说是典型的教科书式的下跌，跌破颈线位，反抽的高度，都呈现出完美的状态。如果在4800点进行抄底，就可以成功把握住一轮反弹行情。（图6.68）

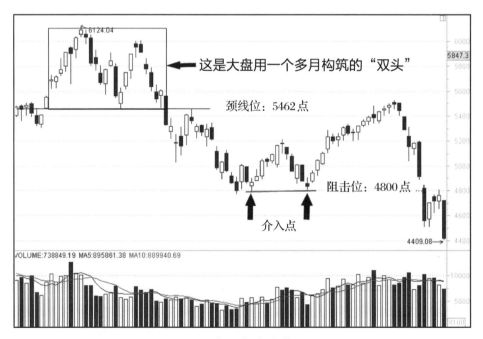

图6.68　上证指数走势图21

实战案例：狙击中国石油

2008年11月10日～12月19日，中国石油（601857）的股价一直在11～12元的箱体中震荡。

11月18日（A点）、11月20日（B点）、11月27日（C点）和12月8日（D点）形成了四个高点，也可以称"四重顶"。箱体的最低价与最高价相差1元。那么，据此很容易就可以算出，中国石油下跌的目标位是10元左右。2008年12月29日、31日与2009年1月12日、13日、14日均为最佳介入时机，买入均可获利。（图6.69）

图6.69 中国石油走势图

遭遇强"支撑线"，是短线出击的好时机

众所周知，支撑线的形成原理是基于筹码分布原理，股价在形成技术形态的过程中，会聚集大量的筹码，当形态向上突破颈线之后，颈线就构成了以后股价回调的支撑线。形成的形态越大，构筑的支撑越强烈，在支撑线产生的反弹也越强烈。因为在形态的形成过程中，投资者认可颈线位置以下

的股价，所以，当股价重新回到颈线位置时，大量原来踏空的资金会选择买进。同时，一些在高位获利了结的资金又会重杀回来，反弹必然会产生。这正是短线出击的好时机。

股价的支撑线有很多种，特别是一些大的支撑线，会给我们提供很多的短线机会。支撑线分类大致有三种：

第一种：当股价突破技术形态的颈线后，往往会形成一轮趋势，当趋势运行完结之后，股价会在获利盘的打压下进行回调确认，很多情况下，股价会重新回到支撑线。如果大趋势还没有被破坏，在这个支撑点我们可以进行短线操作。

实战案例：招商银行

在2007年初，经过4个月的盘整，招商银行（600036）向上突破1月29日的19.96元后，形成一波涨势。自2007年10月31日创出46.33元的股价后，步入漫漫下跌路途。2008年7月3日，当股价回调到前期向上突破的颈线位时，获强支撑，产生反弹，也是一个最佳买点。（图6.70）

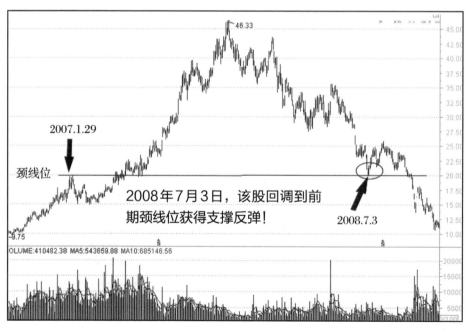

图6.70　招商银行走势图

第二种：股价在上升时会形成一条上升趋势线，当股价每次回调到这条趋势线时，就是一个好的短线介入点。

实战案例：中金岭南

在2007年初，中金岭南（000060）形成一轮上攻，这轮上攻就形成了一条趋势线。这条趋势线对中金岭南股价趋势形成保护作用，每一次股价回调至趋势线时都被多方拉起，每一次股价回到趋势线就是我们短线介入的良机，每一条趋势线都可以给我们提供多次短线机会。（图6.71）

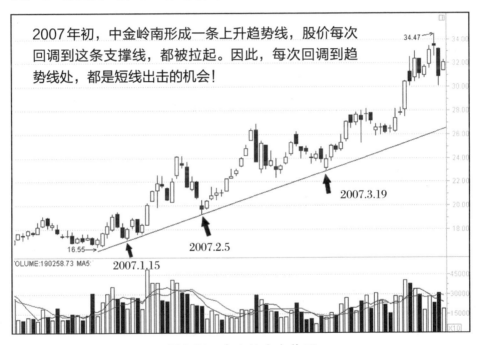

图6.71　中金岭南走势图

第三种：股价在运行的过程中，受到利好消息的刺激，往往会形成缺口。缺口代表趋势运行比较强烈，代表投资者对后市非常乐观。当股价再次回调至缺口时，乐观的买盘会重新介入。

实战案例：上证指数

上证指数在2007年9月28日和2007年10月8日形成两个向上跳空缺口，这两个缺口并没有马上回补，具有明显的支撑作用。大盘在见顶回落之后，可以发现，2007年10月23日大盘的反弹正好是在第二缺口的中间位置，10月26日的反弹正好是在9月28日所形成的缺口位。二次反弹的起点都是上一轮上攻行情留下的缺口。两个缺口位置就是短线买进的机会。（图6.72）

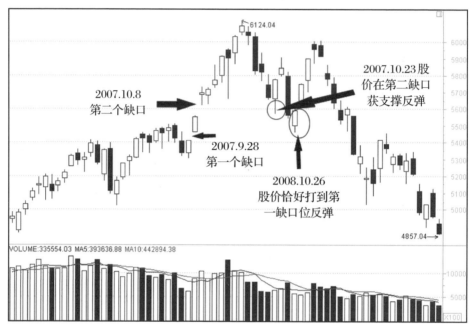

图6.72　上证指数走势图22

猎击大盘下跌中"受拖累"的"无辜"股票

在大盘下跌中，有许多股票是受大盘的拖累而下跌的。这些股票的下跌，是被动的，有的股票质地还相当优良。当大盘下跌，特别是在暴跌中，大量的恐慌盘涌出之时，狙击这类因受拖累而跟着下跌的"无辜"股票，成功率会极高。"黄沙吹尽始见金"，大盘的每一次下跌，都会给经验丰富的投资者提供绝佳的短线良机。如果能够掌握这种选股方法，选取短线拉升的股票在大盘下跌时最容易实现。

当大盘出现急速下跌时，一些基本面优良的个股，会受到主力的关照。这些个股本身的运行趋势并没有下跌的要求，只是大盘的下跌引发了一些恐慌性的抛盘将股价打低。这期间，主力机构并没有任何出逃的迹象，抛盘全部来自散户的恐慌，尤其是在大盘暴跌的情况下股价不下跌的股票，可以基本确定是主力在建仓，一旦大盘稳定，这类个股往往会率先启动。

这种选股技法，在每次的大盘下跌时都可以用，最适用的就是大盘急速暴跌。如2007年2月27日的暴跌，2007年5月30日～6月5日大盘的连续暴跌，都是短线猎击这类"受拖累"股票的良机。

受大盘拖累而下跌的个股种类：

第一种：受大盘拖累而下跌，但是跌幅明显小于大盘，下跌是被动的。下跌幅度小于大盘，证明有主力照顾，其下跌的过程明显是由于大盘拖累所致。

第二种：受大盘拖累反而不跌，证明机构和主力对后市非常看好，在大盘暴跌的情况下如果不跌，可以基本确认是主力在建仓。浦发银行在"5·30"的表现就是最好的例证。

第三种：受大盘拖累而下跌，跌幅小于大盘，但是基本面优良，是被"错杀"的一类。

实战案例：粤高速A

2007年2月27日，关于股市泡沫的争论导致股市罕见暴跌，绝大多数个股出现跌停。粤高速A（000429）在早盘一直是红盘，尾市在大盘暴跌的带动下，出现恐慌性抛盘。由于大盘暴跌，导致接盘减弱，直线跳水行情出现在粤高速A尾市行情之中，但是由于主力护盘，粤高速A没有跌停板，表现相当坚挺，也符合选股的三个附加条件：前期涨幅不大、基本面优良、前期趋势向好。对于这样的个股，尾市就是介入点，很多情况下第二天会高开，或者上涨速度非常快，容易错过机会。（图6.73）

实战案例：浦发银行

2007年"5·30"的连续暴跌行情，曾让很多投资者夜不能眠。当时，有不少投资者想的是如何逃命，却忘记了"乱世"的机会。我们可以看看浦发银行（600000）的卓越表现。当天该股在大盘暴跌中，逆势上行，放量至21亿，收盘上涨3个点。当日，大盘暴跌281个点，近千只个股跌停，浦发银行可谓"万绿丛中一点红"！这种逆势而为的独特个性，作为一只大盘股，显然不是在大盘暴跌中难以支撑的小机构所为，更不可能是散户的买盘。

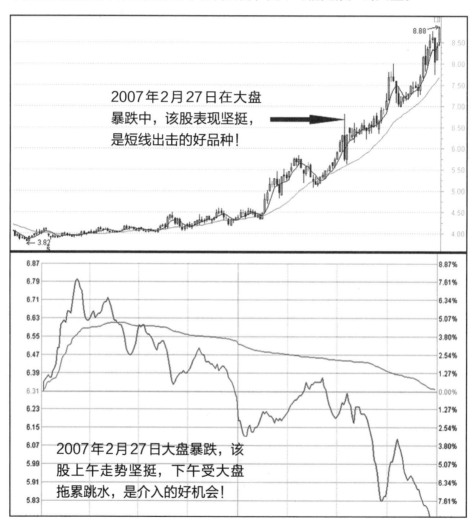

图6.73　粤高速A走势图

据此，可以肯定地说，这必是超级大机构在疯狂地吃进浦发银行股票的一种果敢行为。敢于在大盘暴跌的情况下，疯狂地吃进浦发银行股票的机构也绝对不是小机构，而是如狼似虎的贪婪主力。仅此一点，可以断定浦发银行的走势已经非常明朗和清晰。我们可以做的事情就是买进！买进！买进！（图6.74）

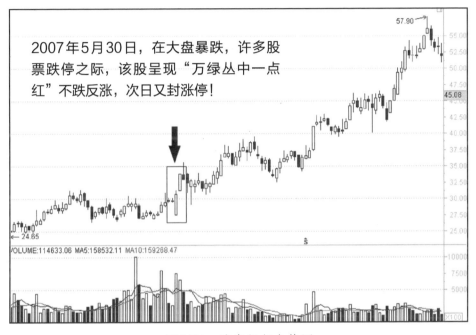

图6.74　浦发银行走势图

实战案例：粤电力Ａ

2007年5月29日深夜，财政部公告印花税由1‰提升至3‰。第二天，在床上做着美梦的投资者发现这个重大利空消息后纷纷选择夺路而逃，很多个股连续封于跌停。但对于一个成功的投资者来说，下跌就代表机会，"5·30"行情同样如此。君山在这波大盘连续下跌的第一天，就在讲课时"表扬"了走势坚挺的浦发银行，并把视线同时瞄向了被"错杀"的老绩优股粤电力Ａ（000539）。他看到，粤电力Ａ每天的下跌都是勉强冲击跌停板，说明有主力一直在盘中吸纳，这样的个股只要大盘稍微反弹就会被快速拉升。下跌的第四天，他在博客中明确表明可分批抄底。第五天，相当一批

个股由跌停直奔涨停，目标股粤电力A就是其一，当天最大振幅达到19%。（图6.75）

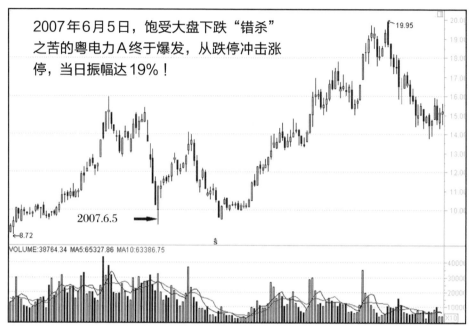

2007年6月5日，饱受大盘下跌"错杀"
之苦的粤电力A终于爆发，从跌停冲击涨
停，当日振幅达19%！

2007.6.5

VOLUME:38764.34 MA5:65327.86 MA10:63386.75

图6.75　粤电力A走势图

操作注意事项

　　猎击"受大盘拖累而下跌股票"这一招，并非放之四海而皆准。对于每一次的杀跌，都要针对市场的状况，加上附加的条件，才能增加成功概率。

　　如在2007年2月27日的大盘暴跌中，君山在猎击粤高速A时，就加入了四个附加条件：前期涨幅不大；基本面优良；前期趋势向好；被大盘拖累而下跌，不是主动下跌。

　　同样，在2007年"5·30"暴跌行情中，选取浦发银行时，君山也附加了四个条件：一是前期涨幅不大，不存在巨大的获利盘；二是大盘股，这么大的大盘股，在大盘暴跌的情况下不下跌，可以百分之百肯定是超级机构在吸纳；三是基本面优良；四是被大盘拖累却不跌。

在"5·30"暴跌末期，选中粤电力A附加了三个条件：基本面优良、前期并没有疯涨、在最后两个跌停板明显有主力介入。

操作"受大盘拖累而下跌"的股票，并不代表所有被拖累而下跌的股票都可以介入。有一些个股是大盘下跌期间，主力判断失误，错误地认为大盘不会凶猛下跌，而拒绝调整。等连续下跌之后，主力无可奈何，只能认输。这时股价会出现补跌，中粮屯河（600737，现名：中粮糖业）便是一例。

实战案例：中粮屯河

2001年6月14日大盘见顶回落，进入连续下跌之中，德隆系股票却逆流而上。随着大盘的下跌，高高在上的德隆系股票无人问津，只能靠自拉自唱来维持。但是，持续的熊市让德隆资金链断裂，股价出现雪崩式的下跌，一泻千里，从高山之巅，一下坠入深渊，硬是被大盘拖累而死。这里的下跌同样是被大盘拖累的，但并不是买进的信号。如果错误地认为此类下跌为买进信号，就犯下了致命的错误，这时的下跌要果断离场。这是被大盘拖死的典型案例，也是我们在操作中应该十分警惕的风险。（图6.76）

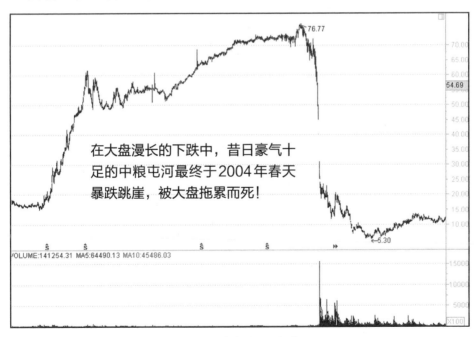

图6.76　中粮屯河走势图

抄在利空出"尽"，"靴子落地"时

在股市中，上市公司有时会公布一些利空消息，这是常有的事。一般没经验的投资者，见出利空就恐慌万状，夺路而逃。而有经验的投资人则认为出利空不全是坏事，反而有机可乘，尤其是出利空而股价不跌反涨的股票，更是短线启动的一种信号，后势必涨无疑，积极介入，胜算非常大。

通常，利空有两种情况：

第一种情况，利空消息在所有人的意料之中。这样的利空对上市公司后期的发展并不构成负面的影响，只是例行公布而已。一般在消息公布之前，投资者都对这样的股票持一种观望态度。消息一旦公布，相当于靴子落地，压抑已久的做多热情马上就会像火山一样爆发，股价应声而起。这时，就可以积极介入。比如，城投控股就是典型案例。

实战案例：城投控股

2007年4月11日，该公司刊登公告：上海市原水股份有限公司本次有限售条件的流通股4.3亿股，将于4月16日起上市流通。这个所谓的利空消息对公司基本面不构成任何的影响，而且市场提前预期，在高位进行横盘之后已消化完毕。所以，4月16日利空出台之日，正是"靴子落地"之时，也是该公司股票城投控股（600649）的买点。事实正如所料，该股股价一路强攻。（图6.77）

第二种情况，普通投资者难以提前预知的利空消息。有些利空消息对于大部分投资者来说是突发性的，但对于机构来说可能已在其意料之中。这类消息一旦公布，散户就会夺路而逃，机构则会趁机吸纳。此类利空消息出现后产生的行情，多数情况下不只是简单的短线行情，有时还孕育着更大的行情启动。

实战案例：白云山A

2006年12月26日，白云山发布公告，预计2006年度净利润将同比下降50%～100%。业绩变动原因：公司近期对下属企业进行摸查，发现下属企业广州白云山侨光制药有限公司及广州白云山光华制药股份有限公司由于受医药市场大环境影响，四季度经营业绩持续下滑，进而影响公司整体利润水平。受此利空消息影响，白云山A（000522，现已退市）抛盘如潮，但是主

力却趁此良机逢低吸纳。之后白云山A股价一路飙升，属于典型的利空出尽的案例。（图6.78）

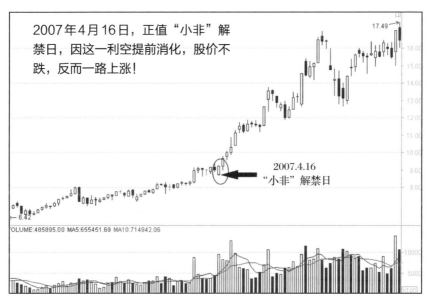

2007年4月16日，正值"小非"解禁日，因这一利空提前消化，股价不跌，反而一路上涨！

2007.4.16
"小非"解禁日

图6.77　城投控股走势图

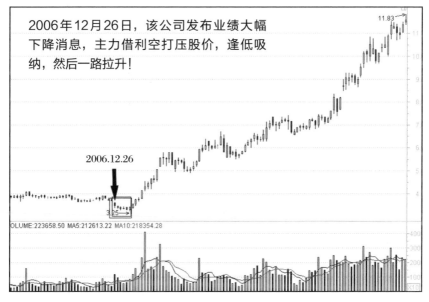

2006年12月26日，该公司发布业绩大幅下降消息，主力借利空打压股价，逢低吸纳，然后一路拉升！

2006.12.26

图6.78　白云山A走势图

君山在向我讲述这一抄底秘诀时强调，发布利空会给投资者带来一定的机会，但切不可错误地认为所有的利空出来都是利好。在这里，他特别提醒广大投资朋友，所谓"利空出尽是利好"，有个重要的前提是利空出"尽"。有些利空消息导致的基本面变化不可能在短期内消化完毕，例如当年的东方电子、银广厦（现名：西部创业）之类事件会导致上市公司毁灭性的灾难，利空的出台可能只是上市公司厄运的开始。如果错误地把利空出台不分青红皂白当利好，后果将不堪设想。对于大部分投资者来说，最好的办法就是看盘面的变化，依据盘面变化来做决定。因此，在对待基本面出现利空的情况下，切不可简单地把"利空出来就是利好"拿来套用。

实战案例：数源科技

数源科技（000909）进入2007年之后一路狂升，受小道消息刺激，股价从4元多一路飙升至18元多。2007年5月28日，公司刊登澄清公告：

"在东方财富网股吧论坛上有关于数源科技将被浙江广电重组，或被德力西借壳上市的传闻。对此，数源科技进行了核实，现就有关事项做出如下澄清：

"前述传闻不实，公司目前无重大重组方案和计划，公司控股股东未与其他方协商股权转让、向公司进行重大资产注入和整体上市安排等事宜，公司及控股股东均未以重组或其他可能对公司有重大影响的活动为目的与传闻公司或其他公司进行接触洽谈。

"公司目前经营情况基本正常。受整个行业影响，公司2007年第一季度营业利润、利润总额、归属于母公司所有者的净利润分别比上年同期下降35%、37.07%、45.79%，但由于存货、设备及人员的因素，公司在相当长一段时间里仍将以电视机等视频产品为主营业务。事实上，公司目前市盈率已上千倍，股价严重偏离价值，也已不可能进行企业重组。

"经自查，公司和控股股东目前没有应披露而未披露的重要信息。"

之后，公司股价逆市大跌。这时的下跌并不能说明是利空出尽，因为，这里的利空否定了前期上涨的理由。面对此类利空，我们应果断离场。（图6.79）

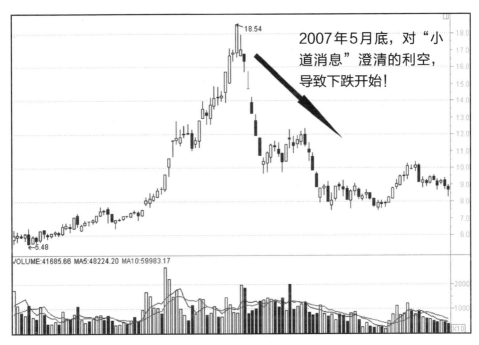

图6.79　数源科技走势图

安全的"弹坑"里，是抄底的好"战场"

这是君山在抄底中运用较多的一种战法。此前的实例中已简述了弹坑理论的原理：在枪林弹雨的战场上，人们经过总结发现，前面出现的弹坑重新被击中的可能性非常小，反而是战场上比较安全的地方；相邻的两发炮弹打在同一个坑里的可能性更小。

君山说："这个理论运用在股市之中可以让我们获得很多投资良机，同时又能避免很多无谓的损失。那些在48元以上为中国石油站岗的投资者就是不懂弹坑理论的典型。其实，弹坑理论并不是我们的独创理论，在前人的理论中都出现过类似的论断。这种理论实用价值很高，因此我在这里采用了'拿来主义'。"

他讲述了《三国演义》中一则利用"弹坑理论"的经典案例：

且说荀彧探知袁绍欲兴兵犯许都，星夜驰书报曹操。操得书心慌，即日回兵。细作报知张绣，绣欲追之。

贾诩曰："不可追也，追之必败。"刘表曰："今日不追，坐失机会矣。"力劝绣引军万余同往追之。约行十余里，赶上曹军后队。曹军奋力接战，绣、表两军大败而还。

绣谓诩曰："不用公言，果有此败。"诩曰："今可整兵再往追之。"绣与表俱曰："今已败，奈何复追？"诩曰："今番追去，必获大胜；如其不然，请斩吾首。"绣信之。刘表疑虑，不肯同往。

绣乃自引一军往追。操兵果然大败，军马辎重，连路散弃而走……刘表问贾诩曰："前以精兵追退兵，而公曰必败；后以败卒击胜兵，而公曰必克；究竟悉如公言。何其事不同而皆验也？愿公明教我。"

诩曰："此易知耳。将军虽善用兵，非曹操敌手。操军虽败，必有劲将为后殿，以防追兵：我兵虽锐，不能敌之也；故知必败。夫操之急于退兵者，必因许都有事；既破我追军之后，必轻车速回，不复为备；我乘其不备而更追之，故能胜也。"

刘表、张绣俱服其高见。

君山说："在股市上也曾出现过类似这段历史典故的情形：北京银行（601169）上市首日机构疯狂抢购，很多投资者看到后积极跟进，但是这些机构利用时间差，第二天全部又卖出，追进的投资者大多被严重套牢。时隔几天后，建设银行（601939）上市，机构同样是疯狂入市，但是投资者担心机构再次打时间差，事实是建设银行的股价一路攀升。北京银行和建设银行截然不同的走势，是上文提过的'曹操同刘表张绣作战'的翻版。"（图6.80）

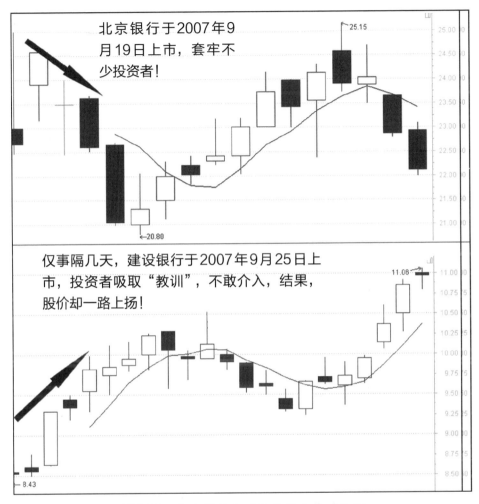

图6.80　北京银行和建设银行走势对比图

再如中国神华（601088）于2007年10月9日上市之后，股价一路狂升。有很多投资者目睹了中国神华的暴涨，总结了"不是经验的经验"，这为此后中国石油上市的操作埋下了"祸根"。他们看到中国神华上涨的风采，企盼中国石油的上市能像中国神华的涨势，再创辉煌。但他们不懂弹坑理论原理，中国石油的这发炮弹，难以再落入中国神华那发炮弹所炸出的弹坑中了，结果损失惨重。（图6.81）

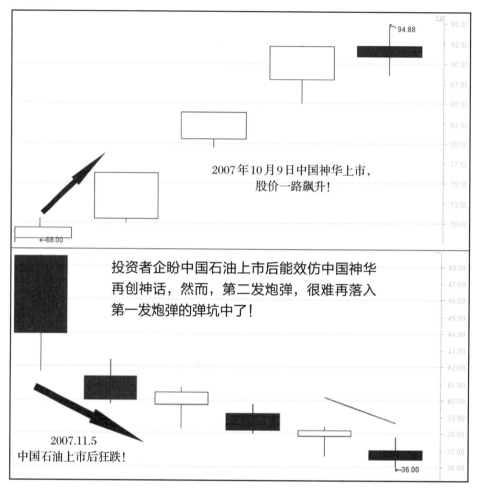

图6.81　中国神华和中国石油走势对比图

从北京银行和建设银行、中国神华和中国石油上市后的不同走势中，我们可以更加真切地体会到"弹坑理论"的实战价值！

"弹坑理论"操作注意事项

在波浪理论之中，有一个是交替原则，即往往两个相邻的形态之间会交替出现，但很难会出现简单的相同形态。扩展开来，相同的事情也很难出现相同的表现，波浪理论中的交替原则是弹坑理论在技术分析中最经典的解释。

有些投资者错误理解了弹坑理论，从而步入了另一个极端，错误地认为很多事情不可能同样发生，这其实违背了技术分析的原则。技术分析派首先必须承认历史会重演，只是历史不会简单地重演。

操作中利用弹坑理论必须有两个前提：

事情发生在同一背景下，两件事情具有可比性。例如前面举的实例中的中国神华和中国石油，都同样是资源类蓝筹股，投资者对两者抱有同样的预期，中国神华的表现让中国石油的投资者预期一步到位，错失中国神华行情的投资者把所有的希望寄托在中国石油身上，投资者所有的预期在开盘的瞬间消化完毕，股价暴跌在情理之中。

事情是众所周知的。中国神华和中国石油的影响力是所有投资者都知道的，对未来的看法也是所有投资者同样憧憬的，具有可比性。

两只个股都具有相同背景，这个背景足以吸引众多的眼球，只有以上两个前提都具备，才可运用弹坑理论。

请投资朋友记住西方的一句哲言："人不可能两次踏入同一条河流！"

熊市操作思维与制胜方略

在熊市的漫漫长夜中，如何安全度过？在防止风险的前提下，又怎样能赚钱获利？具备正确的熊市操作思维与理念，掌握熊市制胜方略，至关重要。

"投资者如何在惨烈下跌的熊市中生存、赚钱？"这是我采访君山居士时，经常与他聊的一个话题。

"在股市中，投资者最不愿看到的市道恐怕就是熊市，但是熊市却又常常不期而至，特别是在中国，股市行情具有牛短熊长的特点。"君山回答，"正确地认识熊市，了解熊市所具有的特点，并采取正确的投资策略是投资者能安然地度过熊市的前提，也是一个成功投资者所必须具有的素质。在牛市中取得的收益并不能判断一个人的操作水平，很多激进的投资者在牛市中取得了辉煌的战绩，但有一部分投资者在熊市中却亏损累累。会赚钱，还要会防守。正确认识熊市的运行特征，采取正确的投资策略才能保存牛市的胜利果实，才算是真正成功的投资者。"

熊市三大特征

成交量小。在熊市中因为操作无利可图，所以很多投资者会选择离场观望，因此熊市成交量一般极度低迷，常常出现一个又一个的地量。这时股市的流动性出现问题，投资者的参与意识很弱，可操作性极差，一些大资金更是举步维艰，进货容易出货难。

持续性差。在熊市中股指很少出现持续上涨的大反弹。一般情况下，即使出现短暂的上涨，成交量也会比较小，股指在一浪又一浪的"砍仓潮"中不断地创出新低。每一次的反弹都是一次出货的良机。

难逆转性。从中国的股市发展历程来看，大熊市一般都持续两三年，中途虽有短暂的反弹，但那些反弹其实只是在为下一轮下跌蓄势。因为多方面的因素影响，很多主力深套其中，大伤元气，积重难返，所以一般很难逆转。熊市出现逆转时一般都会出现几次反复，多以双重底或者多重底的形式出现。基本上，熊市的逆转，必须是宏观基本面出现本质的改变，否则，任何利多的因素在熊市中都是出货的良机。

这是熊市本身所具有的特性。如果不正确地认识熊市，不树立正确的操作理念，就可能蒙受惨重损失。

熊市操作思维

和牛市一样，熊市同样具有逆转期、恢复期和背离期这三个时期。每个时期行情特点不同，我们所要采取的投资理念、操作手法和管理方式也不同。在牛市中，我们的首要任务是尽量扩大利润；在熊市中，我们的主要任务是要在防范风险的基础上力争获利。

熊市逆转期特征及操作思维

熊市逆转期特征：逆转期也就是熊市的初期。因为长期的牛市存在，很多投资者存在多头情结，因此，虽然股价已高高在上，但是行情很难在短期内出现大幅度暴跌。即使出现大幅度下跌，大多数情况下也被重新拉起，出现所谓的"逃命线"。一部分个股依然存在着机会，但是大部分的个股已明显见顶回落，一些个股已开始步入漫漫熊途。这个时期操作难度明显增加。

操作思维：要改变原来的牛市操作思维，尽快树立熊市操作思维。因为牛市中激进的操作手法用在熊市中很容易蒙受损失。经历了长期的上涨，很多个股的价值被严重高估，一些先知先觉的投资者已开始离场，一些前期大牛股已开始大幅度下挫。同时，一部分投资者并不认为熊市已来临，因此，很多个股仍然会创下新高。这个时期虽然存在巨大风险，但是也存在一定的机会；风险集中在前期涨幅过大的一些个股，机会多是一些个股的补涨行情。所以要树立"坚决回避涨幅过大的个股，挖掘有补涨潜力的个股"的投资理念，以"短线为主，快进快出"的操作手法最为合适。

资金管理：只有在这个时期果断地将仓位调低，才能保住前期牛市的战果。一般地，在这个时期的仓位应调到50%以下。

熊市恢复期特征及操作思维

熊市恢复期特征：恢复期就是熊市的中期，是股市中最难操作的一个时期。这个时期大家对熊市形成了一种共识，场内资金不断地撤离，往往会出现单边下跌局面，板块会轮番出现杀跌，投资机会很少。即使有机会，也往往都是一些暴发性的利多消息带来的个股行情，可操作性极差。因此，这个时期最好不要操作，如果要操作也要以小资金量超短线为主。

操作思维：这个时期操作难度极大，一些强势股也有随时补跌的可能，下降通道中的个股有可能加速下跌，因此要树立"少动多看"的投资理念。

资金管理：这个阶段个股普跌，基本没有多少大机会，只有一些短线机会。在这个阶段应以空仓为主，最多30％仓位进行短线操作。

熊市背离期特征及操作思维

熊市背离期特征：熊市的背离期也就是熊市的最后阶段。这个时期很多个股会暴跌，人们往往会对市场失去信心，很多投资者的心态处在崩溃的边缘。在这个时期风险仍然十分巨大，但是很多有潜力的个股已悄然走强，或者正在盘出底部，中长线建仓的机会已悄然来临。

操作思维：经过长期大幅的下跌，很多个股已具有明显的投资价值，虽然不能赚取太多利润，但是这个阶段却是建仓的良机。我们要从长远的角度来看待。这个阶段可以少操作，但是却要选好股票为即将来临的牛市做好准备。因此要树立"少动多看"的投资理念。以"短线出击，长线建仓"的操作手法对待此时的行情。

资金管理：因为这个时期已存在一定的市场机会，如果之前持有的股票已开始获利，可以将仓位适当加大，可以由熊市恢复期的30％以下仓位调高至30％～50％，但是50％仓位仍然是一个最高警戒线。

熊市操作注意事项

选股方面：常言道："强势重势，弱势重质。"熊市其实也是一种价值回归的过程。一些质地较差的上市公司股价肯定会向其价值靠拢，只有那些质地优良的股票才有可能在熊市中独树一帜。因此，在弱势选股时一定要以质为主，选择那些基本面质地优良，股价表现为被动下跌的股票；对那些基本面较差，股价又出现大幅杀跌的股票最好敬而远之，且不可盲目逆市抢反弹，这样才可以控制风险。

持股方面：在弱势市场中，人气涣散，投资者追高意愿不强，很多股票的上涨只是昙花一现，出现连续上攻的概率很小，即使出现利好，也不会出现像强势中那样的透支现象。因此，在弱势操作时最好以中短线为主，切不可让自己的资金一点一点地陷入其中。

资金管理方面： 在熊市的整体战略是以守为主，管理好资金，为将来的牛市留有足够的余地。如果在熊市中仓位过重，万一被套牢，将会十分被动。在资金管理方面，要坚决地执行以轻仓为主的原则，除非大盘出现反转信号。所用资金量最多不能超过总资金的50%，这样才可以把熊市的风险尽量地降低。

总之，在弱势中要以守为主，在力争少赔钱或不赔钱的前提下，再追求利润。孙子曰："昔之善战者，先为不可胜，以待敌之可胜。不可胜在己，可胜在敌。故善战者能为不可胜，不能使敌之必可胜。故曰：胜可知而不可为。不可胜者，守也；可胜者，攻也。"

《孙子兵法》里的这段话用在熊市操作中可谓恰如其分。

抢反弹重要前提和五大原则

风险是伴随身边的无形杀手。在熊市操作中如何躲避风险，趋利避害？抢反弹如何才能做到真正获利？君山抢反弹的五大原则会给人们以启示。

君山在熊市中凭借他高超的操盘技艺和制胜攻略屡创佳绩，但他仍然认为，要战胜熊市和在熊市中取得收益，是一件极其不容易的事。

他说："沪深股市牛短熊长，做空机制尚不完美，在熊市中投资者只能凭经验去抢反弹来赚取收益。因此抢反弹成了投资者的必修课，但是抢反弹其实是不得已而为之，实乃火中取栗。因此，只有掌握到抢反弹的要诀和严格的止损原则，才能实现虎口拔牙。"

他袒露了熊市制胜的重要绝技，即抢反弹的重要前提及五大原则——

抢反弹的重要前提

根据性质，反弹可分为中级反弹和次级反弹。中级反弹是对一波大幅下跌行情的修正，次级反弹则只是下跌行情的短暂休整。反弹行情可操作性差，极其容易出现操作失误。因此，选择抢反弹的时机非常重要。除了上文所述的重要时间窗口、重要支撑位及目标位之外，一个非常重要的前提便是连续的暴跌。

暴跌下挫是产生反弹的前提，也是最佳的时机。暴跌是指大盘或个股在某种利空消息的刺激下，投资者出现恐慌性抛售，造成短期内急剧下跌的一种非理性举动。在凶猛的暴跌中，往往会使空方能量得到最彻底的宣泄，因而接下来的反弹，同样会非常强烈。在漫长的熊市中，我们要耐心等待，只要连续性的暴跌出现，便可伺机介入。

抢反弹的五大原则

原则1：切忌贪心。反弹，顾名思义，其后市仍会创新低，大部分情况之下只是在少数个股的带动下出现的短暂的上涨行情。因此，在操作上只能以短线为主，急流勇退，切忌贪心。对于中级反弹可以采取波段操作，一般情况下则以20%为盈利目标，对于次级反弹则最好以观望为宜。

原则2：捕捉龙头。因为反弹只是在少数个股带动下出现的短期行情，在选股时只能重势，只能捕捉一些领涨的龙头个股，而不能寄希望于补涨行情的出现。

原则3：坚决止损。反弹意味着后市有低点，其可操作性很差，失误率也会大大提高，因此，止损是反弹操作必不可少的风险防范措施。

原则4：果断。通常，股价具有"地球引力"，股价下跌的速度往往比股价上涨快得多，熊市中更是如此。反弹行情来也匆匆，去也匆匆，机会稍纵即逝。因此在操作时出手要快，要动如脱兔，切不可犹豫不决，否则会将到手的利润又双手奉还。如果不果断行事，则可能会"差之毫厘，谬以千里"。

原则5：心态要稳。抢反弹实乃不得已而为之，要保持平和稳定心态，切不可急于赚钱而追涨杀跌。对于中级反弹可采取买进龙头股操作，对于次级反弹则最好以观望为主。宁可错过，不可失误。

炒股的至高境界

在五彩缤纷、风雨飘摇的股票市场，每个投资人的追求不尽相同，有的人喜欢"短、平、快"赚快钱，有的人则喜欢做长线投资，但攫取最大的利润则是共同的目标。炒股的最高境界，究竟是什么？

"君山，你在股市这些年，经历了几轮牛市，也经历了几轮熊市。那么，在多年的实战操作中，你究竟追求一种什么样的境界？"

"十多年来，我一直在苦苦地追求，一直梦想发现股市秘籍。为了实现这个梦想，我进行了大量的研究。我研究了很多分析理论，研究了国内外许多成功大师的操作，发现股市投资的至高境界并不是高深莫测的技术分析，我认为炒股的至高境界就是：在合适的时机，以合理的价格买上好股票，坚定地持有。"君山回答道。他把这一至高境界包含的具体内容，解析如下：

合适的时机。把合适的时机放到第一位，显示了炒股时机的选择是最重要的一环。所谓"合适的时机"，就是股价趋势刚刚形成，正处在步入主升浪行情的初期。

能把握一波行情的起爆点，则是我们介入的最佳时机，也是每个投资者梦寐以求的。众所周知，股价经过一轮连续上攻之后，会积累庞大的获利盘。这时股价往往会进入一个休整期，这个休整期是一个蓄势过程。在这个过程中，获利的投资者会进行了结，新看好的投资者陆续加盟。经过充分的换手之后，获利盘被消化完毕，筹码重新归于稳定，新一轮行情呼之欲出。这个过程表现在股价上往往会形成一些持续形态，通过形态突破研判方法，就可以准确地判断出起爆点。

起爆点具有两个前提条件：

第一是成交量放大，股价要想重新进入一轮上攻行情，成交量必须重新放大。只有这样，才能消化长期整理形态沉淀的浮动筹码。同时，成交量放大代表新资金开始对上市公司进行关注，做多的能量重新得以聚集。

第二是突破颈线。突破颈线代表投资者已不再认可原有价格，开始以新高点进行买入。两者结合起来，放量突破颈线就形成了起爆点。这也正是我们费尽心血要捕捉的买入时机。

实战案例：招商银行

从几年来的走势可以看出，招商银行（600036）是一只公认的好股票。但如果不在合适的时机买进，并不能带来任何的收益。如果在2003年买进，在2005年卖出，并不能获利；只有在2005年突破盘局的启动初期买进，才能获取最大利润。（图6.82）

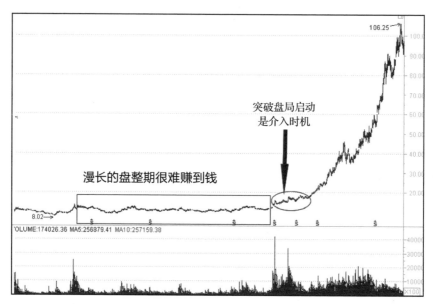

图6.82　招商银行走势图

合理的价格。合理的价格是指，必须通过基本面分析来判断上市公司股价是否合理。当股价合理时并不代表股价就要涨，很多时候股价被低估仍然会出现下跌。在短期内，股票的内在价值和股价表现并没有必然的联系，很多时候会出现没有联系的状态。也就是说，好股票并不一定会涨。合理的价格是买股票的前提条件，但并不能因为价格合理就去买进。合理的价格可定义为"低于公司的内在价值"，就是通常说的"价值低估"。值得注意的一点，就是价值低估的程度没有定式，不能用百分比来描述。因此，对于一些具有合理价格的股票，我们还要在合适的时机买进，才能获利。如中国平安（601318）是公认的好股票，但如果在140多元买进，相信你也感受不到这只股票如何好。但如果你在40多元买进，相信你会感受到中国平安作为成长性公司的魅力。

买到好股票。所谓的"好股票"主要包括两大类：

第一大类就是增长性的股票。增长率越高越好。当然，行业壁垒必须具备，否则增长的持续性将会大打折扣。

第二大类就是周期性处在行业谷底的上市公司。这些上市公司同样会出现爆炸式的增长。

值得注意的一点是，现在市场中的投资者经常简单地以好股票作为买进的理由，忘记了一个最根本的因素：好股票还要具有合理的价格。如若不然，买上好股票同样会产生巨亏。2007年11月5日，当中国石油上市时，有多少投资者看好它的优秀质地，蜂拥而上，结果被套在48元以上。这一教训非常深刻。

而中信证券（600030）这只股票，在2005年开始的大牛市，股价从最低的4.33元启动，暴涨了几十倍，攀到百元以上，成为一颗耀眼的明星。从基本面上来看，中信证券具备了大牛股的很多要素，它的上涨是必然的结果。（图6.83）

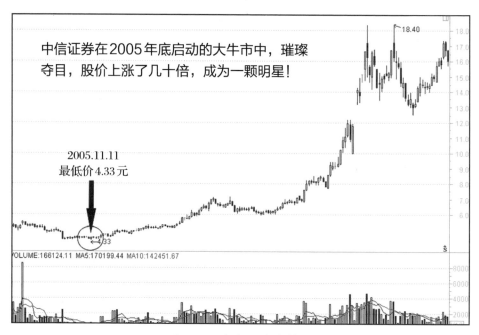

中信证券在2005年底启动的大牛市中，璀璨夺目，股价上涨了几十倍，成为一颗明星！

2005.11.11
最低价4.33元

18.40

VOLUME:166124.11 MA5:170199.44 MA10:142451.67

图6.83　中信证券走势图

　　坚定地持有。在适当的时机买到好股票，一波行情的趋势只要不改变，尤其是在大盘呈现强势时，一只股票一旦出现放量拉升走势，一般会具有持续性的特点。要坚定地持有，不要轻易抛出，尽量做到"见风驶尽帆"，把利润最大化。盲目换股不但会增加不必要的成本，而且极其容易导致踏空行情，彼得·林奇形容这样的操作是"拔掉鲜花去浇灌野草"。

　　如吉林敖东（000623）这只大牛股，从2005年底启动后，股价火辣辣地直往上蹿，从最低价5.10元最高冲至130.19元。如果坚定持有，所获会让人瞠目结舌。（图6.84）

　　当然，坚定持有并不是无期限地持有。对于长线投资的定义，从空间来讲，有时，一些好股票可能因为媒体的关注而出现透支未来的情况，未来几年的增长空间在一段相对来说非常短的时间内被股价消化完毕。面对这种情况，我们也要果断地卖出。

　　综上所述，以上四点是炒股的至高境界，也是股市赚钱的根本所在，缺一不可。没有合适的时机，买上好股票也不会获利；好股票也不是可以不考虑价格，还是要以合理的价格买进；买上好股票如果不懂得珍惜，将其抛掉，也同样不能赚大钱。

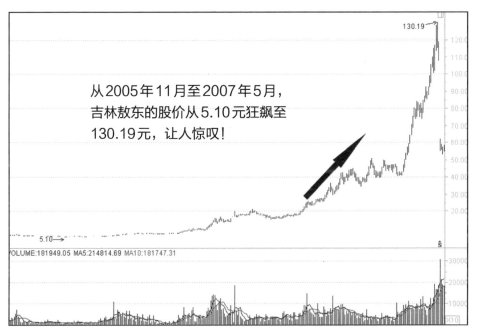

从2005年11月至2007年5月，吉林敖东的股价从5.10元狂飙至130.19元，让人惊叹！

图6.84 吉林敖东走势图

力戒"三进三出"

常言道：一着不慎，满盘皆输。股市中的一次操作失误，有时可能会带来"灭顶之灾"。只有力戒操作中的"三进三出"，才能达到炒股的至高境界！

采访中，君山对我说："投资者在操作中的失误有很多方面，但操作行为上的一些顽固的'恶习'，是最常见的败招。如果不加以克服，可能会使我们功败垂成。这些失误可概括为'三进三出',应该力戒。"

所谓"力戒三进",是指戒早进、戒晚进和戒盲进,具体如下:

戒早进: 有很多投资者都曾有过这样的经历,明明行情分析得正确,却没能赚到钱,原因何在?超前也。很多投资者依靠小道消息或基本面分析,发现某只股票具有成长性或者有主力介入迹象等,便不管该股的形态如何、价位高低,也不管大盘走势如何,抱着"是金子总会发光"的思想一味地买进,但是"等到花儿也谢了"却没见股票涨。对这样的股票,最好是先对其进行关注,等到成交量放大,股价真正有启动迹象时,再介入也为时不晚。

戒晚进: 投资者之所以会晚进,大多是中了主力的圈套。股市中的陷阱比比皆是,但是常见的有两大类:

> **基本面的陷阱:** 有些主力大户为了达到顺利脱身的目的,故意制造并散布一些莫须有的利多消息,使依据基本面分析来操作的投资者接他们的"烧火棒"。具体操作中,要对消息面做出透彻、客观的分析,不可偏听偏信。

> **技术图表陷阱:** 现在技术分析派越来越多,庄家利用其实力制造技术陷阱来暗度陈仓。犯这种错误的投资者,其买进的依据往往是股票已经放量突破历史高点,或者是突破了某个技术形态等。这种做法本身无可厚非,其失误是因为没有能够识破主力骗局,买进一只假突破的股票,后果往往是被深度套牢。

戒盲进: 前两种操作出现亏损尚情有可原,但是盲目入市只能说是"罪有应得"。这种投资者在买进股票时,往往凭借的是某些消息或自我感觉,没有一个完整的操作计划,对股价涨到哪里,有什么风险,都一无所知。一旦买进后往往是束之高阁,涨跌不管。随着退市机制的建立和完善,上市公司"金身不败"的神话已被打破,这种"盲人骑瞎马"式的投资方式,其风险自然是"夜半临深池"。

所谓"力戒三出"，是指戒早出、戒晚出和戒不出，具体如下：

戒早出：投资者大多有这样的经验，刚刚卖掉股票，股价便扶摇直上。这种失误多是投资者的短线心态所致，这类投资者的特点是只要有利润便迫不及待地卖出，把到手的大鱼又放回大海，导致错失良机。

戒晚出：有些投资者所持有的股票已出现大涨，但他们就是舍不得卖出，总认为涨了以后还会涨，属于典型的贪婪型投资者，结果常常是"坐电梯"，等股价又回到大涨前才后悔莫及；而有的投资者是所持股票已明显破位下行，已跌破止损位，才开始舍不得，最后被"逼上梁山"才不得不割肉。

戒不出：这种投资者是上涨时总认为自己赚得少，而亏损时又抱着"死猪不怕开水烫"的态度。往往是在股票经历了几个来回仍死捂住，结果白白浪费了机会和时间。这种投资者往往是市场中亏损最多的。

八大心理误区与八大戒律

为什么面前总是黑夜漫漫？为什么总是落入股市编织的种种圈套？心魔，是让经不起诱惑的人进入"地狱"的根源。只有走出心理误区，摆脱病态的、消极的投资心理，才能爬出地狱之门，走向天堂！

一天，我和君山一同登临白云山，感受那绝顶的风光。置身在云雾缭绕的高山之巅，望着笼罩在苍茫之中的崎岖山道和那些汗流浃背的爬山人，我不禁想起在茫茫股海艰难前行的人们。

"君山，山路虽然崎岖，为什么有的人能胜利冲顶，有的人却十分吃力，还有的人半路折返，竟没有登临的勇气？这和奋击在股海中的投资者多相似啊！"

"是啊！山路虽然崎岖，但是只要有勇气，肯登攀，登临峰顶并不难。可是在股海风浪中博弈，比登山要难太多了。"

"你认为最难的是什么？是风险太大？陷阱太多？"

"是心魔。它是束缚人们在股市征途上前行的最大障碍和天敌！"君山不假思索地说，"医生悉知人类的一切疾病，律师洞察人类的一切罪恶，而庄家则掌握和利用了禁锢投资者理性的心魔，对散户财富进行无情的掠夺。"

"那么，心魔是什么？它有哪些表现？怎么克服呢？"

"它是扰乱投资者心智的心理误区。有八种表现，也有八种克服办法。我称之为八大心理误区和八大戒律。人们只有战胜心魔，最终才能到达胜利的彼岸。"

八大心理误区

误区1：浮躁。这是最常见的一种心魔表征。浮躁让客观、谨慎、详细、有序的操作计划被抛到九霄云外；浮躁的心魔会让情绪战胜理智。浮躁有两个双胞胎的"儿子"，一个叫"急躁"，一个叫"冲动"。"急躁"会让你失去理智，失去耐心，失去本应属于你的完美；"冲动"会让你情绪化操作，让你失去理性、失去风险意识，失去应该属于你的一切。

常言道："财不入急门。"急躁是很多投资者的通病。投资者进入股市就是为了在最短的时间内实现最大的收益，急于赚钱、发财心切都无可厚非，关键是急躁本身不但于事无补，反而会后患无穷。很多投资者想快速实现赚钱大计，便异想天开，梦想天天能"骑黑马"，但是往往事与愿违，被摔得鼻青脸肿。当行情稳步上扬时，它可以让你提前出货，错失赚钱良机；当行情遁入漫漫熊途之时，它又会让你提前入市，惨遭套牢；当行情让人看不懂的时候，它又会让你盲目入市，如坐针毡。

古训道："风斜雨急处，要立得脚定；花浓柳艳处，要着得眼高；路危径险处，要回得头早。"当我们饱受尘世中喧闹和忙碌的干扰时，当我们面对股市中的涨涨跌跌，心情激动不已时，要为心灵留一方净土。要善于从"采菊东篱下，悠然见南山"的超然心态中，体味一下淡中真味、常中神奇。要懂得，在高风险的证券市场中，耐心和冷静是最基本的心理素质，只要有耐心就能把握赚钱的机会。

误区2：贪婪。投资股市的目的就是在最短的时间内取得最大的收益。没有贪心我们就不会进入股市，还是把钱放到银行稳当。这是投资者的一种普遍心理。其实，"贪"本身并不是坏事，没有贪心，人就没有动力。关键是"贪"也要讲究策略，否则"贪"就不再是动力，而是毁灭的催化剂。

在日常生活中，有许多骗人或者被骗的事例，往往骗子的花招并不是十分高明，而且被骗的人也并不笨，但是骗子却是一次次地得逞，原因何在？上当受骗者有一个共同的特点：贪婪。

在股市中，利用人的无知贪婪是主力设计骗局的主要手段。庄家操盘时为了麻痹中小投资者，坐庄的手法千变万化、层出不穷，但他们有一个共同点：先给中小散户投下诱饵，让贪心者落入陷阱。针对散户的贪婪，庄家们制造出一匹匹的"黑马"，让那些试图抓住每一匹黑马和每一波行情的人，在精疲力竭、遍体鳞伤之后，被迫缴械投降。另外，投资者自己不切合实际的赚钱目标，是导致贪婪的另一大原因。国外一些著名的投资基金年收益也才30%左右，但在沪深股市，却有人不切实际地将"每年翻一番、十年二十倍"作为自己的盈利目标。

误区3：恐惧。恐惧的心理误区产生后，便会使操作进入恶性循环中。投资者常常因有过一次割肉的经历，在操作时，一旦股价出现下跌，便急于抛出，结果却将股票卖在地板上；也有人常常因一朝被蛇咬，担心再次被套，对走势稳健的股票望而却步，导致错失良机。每个投资者都知道，股海有时风平浪静，有时波涛汹涌，但是不知道股海何时起风浪。如果整日提心吊胆、惶惶不可终日，时间一久，随着失败次数的增多，投资者的心理也就会越来越脆弱，变成惊弓之鸟，进入"赔钱—恐惧—赔钱—恐惧"的恶性循环之中，甚至导致心理崩溃。

恐惧虽然可怕，但是却不是不治之症。要克服恐惧，就要减少操作失误，使自己的信心不断增加。最好的办法是从根本做起，遵守操作原则，使其没有产生恐惧的根源。

误区4：懊悔。在股市中，我们经常会听到张三说："哎！前几天想买一只股票没有买，现在它涨了那么多停板，真是后悔呀！又放过了一匹大黑马！"李四说："哎！昨天本打算卖出手上的一只股票没有卖，现在跌停板了，赚的钱没了，而且又被套住了，真惨呀！一个良机又错过去了！"这些言论在股市中实在是司空见惯了。实际上，这些投资者在不知不觉中进入了懊悔的心理误区。

如果我们预测到行情出现，因为某些客观原因而没有操作，导致错过一波大行情，那实令人感到惋惜。但是在许多情况下，投资者根本就没有预测到行情，又有何理由去懊悔呢！实际上，我们不应有任何懊悔的心理，操作是自己所为，操作失败都是因为自己准备不足。有句话叫："机会是给有准备的人。"不必要的后悔只会影响我们下一步的操作。

总之，一味后悔于事无补，过去只能代表过去，历史不会重来。让懊悔影响到我们的操作，增加不必要的损失实在是错上加错。失败是成功之母，证券市场不相信眼泪，唯有总结经验，吸取教训，化失败为动力，才能把握机会，变被动为主动，不让懊悔重来。股市随时随地都有机遇，机遇的背后也充满凶险。股市中没有十全十美的事情，遗憾在所难免，但是遗憾正是股市的魅力所在。

误区5：从众。很多投资者存有从众心理，就是在自己拿不定主意的时候跟着别人走，你买我也买，你卖我也卖。这一方面说明了投资者性格方面有着缺陷，做事没有主见；另一方面主要是因为自己操作水平有限，缺乏独立见解，或者自己有一些分析也不敢肯定是对的，有一些判断但心里没底，还不如跟着别人走心里更踏实。殊不知，在证券市场中，人多不一定势众，反而与逆向思维相矛盾——顶部总是出现在大家都抢着买进的时候，底部也往往会是在大家都抢着割肉的时候现身。所以，随波逐流者往往赔钱。走出盲目从众误区，就能体会到"曲径通幽"的妙处和"众人皆醉，唯我独醒"的乐趣了。

误区6：犹豫。犹豫，实质上是没有信心的表现。犹豫让你浪费宝贵时间，犹豫让你失去很多良机。所以，抛弃犹豫，大胆果断是一个成功投资者必备的素质。拿破仑说过一句话："你知道我为什么成功吗？那就是我在做事前什么都不去想，立刻就付诸行动。"

优柔寡断乃兵家之大忌。在股票投资中，犹豫不决不仅容易坐失良机，更大的危害在于犹豫之间做出的决断往往容易发生差错。散户投资者在对涉及大势的问题有所犹豫时，不妨撇开大盘看个股；如果是长线投资，只要个股基本面能支持股价，则应坚定持股信心；如果是短线投资，则在选好个股原则的基础上，只要对每次投资都坚持设立止损点并树立适可而止的原则，一般也不会发生太大的差错。好股在手，遇事不慌；东张西望，反而容易坏事。

误区7：三心二意。很多投资者都有这样的经历：原本制订好了计划，市场风险仍未释放完毕，操作暂时以观望为宜，但是却经不住种种诱惑，草率入市；对某只股票看好，认为能够涨到某某价位，本来想好持股不动，但是却经受不住各种震仓洗盘，仓皇出逃，才发现是虚惊一场。出现这些失误都是三心二意的心理在作怪。

兵不厌诈、暗度陈仓可以说是古代兵法中的精髓，在股市操作中也被大户的操盘手们用得炉火纯青。对于散户三心二意的心理，主力心知肚明，时不时使用迷魂大法，使股民产生错觉，从而产生错误的判断，继而产生错误的行为。

看上去三心二意和犹豫不决差不多，但却是两个不同的概念。犹豫不决主要是指投资者已制订了详细的计划，而实际操作时却不能做出抉择，导致计划落空；而三心二意则是指投资者对自己的操作计划没有信心或不能坚持，随意改变投资计划。

误区8：主观臆断。"跌这么多了，该到底了吧？""已经涨了这么多，应该见顶了。"这些言语都是主观臆断的表现。

要想真正做到分析有理有据，克服主观臆断的误区，就要不断学习去充实自己，通过操作提高自己。在操作前要有耐心，对自己看不明白的股票，就坚持不介入；买入后要有信心，行情不出现反转信号就继续持有。这样，才能通过不断操作来总结经验，找到适合自己的操作方法。

八大戒律

戒律1：戒从众操作。心理误区是导致从众操作的根源。浮躁的投资心态、盲目从众和无知贪婪让很多投资者的市场化操作，成为漫无边际游走的羊群中的一员，碰上穷凶极恶的狼群时，只能任其宰割！

在市场中，心态浮躁往往会在投资者中造成紧张、兴奋、怀疑气氛，并相互诱导和传染。如果头脑不清醒，不能静而待之，盲目跟进，再止损不力的话，必遭套牢。

戒律2：戒追涨杀跌。很多投资者更是把追涨杀跌错误地当作顺势而为，其实不然。两者是截然不同的概念，千万不可混为一谈。追涨杀跌根本就没有看清势在何方，操作上处于一种盲目状态，多是随波逐流，跟着感觉走，涨起来才买，跌到底才卖。而顺势而为则是从大局出发，不计短期利益，站在一个高度去看待行情变化，操作上正好和追涨杀跌相反，是低吸高抛。

无数次的事实证明，追涨杀跌是投资者的最大杀手。它不但会把投资者引入误区，而且无形中也加大了投资风险。但是在各种心理误区的影响下，投资者又会不知不觉犯错误。要想克服追涨杀跌的习惯，就要树立正确的心态，戒急戒躁，制订详细的操作计划，让得失都在掌握之中。

戒律3：戒经验主义。经验主义分为以下两种情况：

第一种情况，有些投资者总结的经验本身有效性就不是很高。在股市里，投资者千万不能让经验主义绑住了自己。在某一只个股上总结的经验，不能套用在另一只个股上；同样，牛市中总结的经验，也不能照搬到熊市里。要明白，每一种经验都有其适用的环境。我们要把不同的经验放入不同的环境中去应用，如果张冠李戴就会犯经验主义的错误。切记：经验不是放之四海而皆准的。

第二种情况，有一些投资者的经验成功率极高，但是却会造成很大的失误。究其原因，是这些有着成功操作经验的投资者过于自负，往往把自己的经验视为神乎其神，认为是"东方不败"。当依照某些经验操作出现偏差时，他们不能理解所发生的现象，不能面对现实，结果遭受巨大损失。其实，股市没有百战百胜的经验，任何分析方法都可能会出现失误。

总之，对操作经验我们不可以不总结，但是不可把经常出现的现象总结为经验；也不可把经验奉为神明，造成迷途而不知返。

戒律4：戒做多不做空。沪深股市做空机制尚不完善，投资者只能先买入股票后卖出才有机会赚钱。于是赚钱的投资者为了赚更多的钱，便会乘胜追击；赔钱的投资者为了早日翻身，天天满仓操作。很少有人把做空当作操作的一部分。

有人认为空仓就好像是在浪费资源，不能创造效益，其实不然。当多头行情即将向空头反转，投资者应当由做多及时转为做空，在高位卖出股票，获取现金，然后离场观望，直到行情再次出现反转时再及时补仓。由于股票价格的反复下跌，同样的资金在一个较低的价位上可以买到更多数量的股票，即赚取股票。一旦股价上扬，就会获得更大的收益，这叫"做空投资"。在低迷市道中，理性的投资者应当及时做空。学不好做空的投资者在股市中只能是输家。

总而言之，做空本身就是一种顺势行为。它可以让我们能够有时间去充电，保持一份冷静去客观分析行情；可以让投资者在具体的操作上辨认行情的大致方向。在多头市场做多，赚钞票；在空头市场做空，赚股票。

戒律5：戒梦想"吃完行情"。无知贪婪是走入误区的最大原因。谁都梦想把行情赚完，但是没有人能做到，所有的投资者都一样。如果刻意去追求不现实的利润，会适得其反。一些投资者看着涨幅榜中天天有大涨的股票，便以为如果天天操作赚几个点，那么一年下来便会有不菲的收益。所以，他们热衷于天天找黑马，天天买股票，结果一年操作下来，赚的钱还不够交手续费。这类投资者往往是被股市的赚钱效应所误导，只看股票涨幅第一版，却不知股市风险所在，结果是"偷鸡不成反蚀一把米"。

常言道："一眼望不尽天下事，一网打不尽河里鱼。"股市中永远有赚不完的钱，因此保持一份平常心，克制贪心，方是制胜之道。

戒律6：戒孤注一掷。操作中常见的孤注一掷有三种情况：

第一种情况：听到了所谓的"内幕消息"，想就此一搏暴富。

第二种情况：以为胜券在握，好似遇到千载难逢的投资机会，满仓杀入。

第三种情况：因为亏了钱急于捞回来，在操作中失去理智，用全部资金放手一搏。有的为了扳本，甚至不惜代价，借贷押注，即使倾家荡产也在所不惜。

其实，股市中所谓的"内幕消息"，要么是某些别有用心的人杜撰的，要么是某些主力利用的工具。靠"内幕消息"去孤注一掷的人大多数是死路一条。而想在一夜之间暴富，为扳回损失倾其所有的赌博行为，在操作中难以准确地做出正确的判断和决策，最容易导致精神崩溃甚至毁灭的悲剧。投资者应切记：孤注一掷是风险的深渊，智慧性投资才是成功的源泉。

戒律7：戒患得患失。在市场中，投资者每天都置身于股市的风云变幻中。眼看着瞬息万变的行情变化，听着难辨真假的各式消息和言论，投资者常常感到困惑和迷惘，心情也会随着股市的跌宕起伏而起起落落。这样一来，在操作时难免患得患失。想起以前赔钱的经历，他们往往是前怕狼后怕虎：逢低吸纳时担心股价进一步下跌而被套；突破跟进时担心是骗局；逢高出货时，担心出货后股价还会继续上涨，错过赚钱良机；止损时，担心股价会重新上涨。

操作时之所以患得患失，是因为没有制订详细的操作计划，没有正确的投资理念和操作系统作指导。如果我们制订了详细的操作计划，得与失都在预期之内，患得患失自然不复存在。

戒律8：戒操作错位。操作中的错位有两种：一种是原来计划好的长线操作的策略变成了炒短线，或者原来计划的短线操作被变成长线，这是主观上的一种错位；另一种错位是市场环境变化了，应该改变操作手法了，却没有及时改变。不论哪一种错位，都将会给我们的投资收益带来重大影响。

由此观之，错位行为，乃操作中的一大戒也！

股市不败之法

在瞬息万变的股市，不论牛熊，怎样才能立于不败之地？怎样才能成为大赢家？他盈利的"四大法则"，是股市不败之法的一套组合拳。

自2005年至2009年初，沪深股市经历了牛熊转变的巨大变化。我在一线采访中深深感到这一变化形势的严峻。有许多人在牛市中赚了大钱，但在熊市中又全部交还给了股市，有的甚至在惨烈的下跌中损失殆尽。然而，沧海横流，方显英雄本色。在沪深股市这种风云突变的岁月里，也有少数英杰不仅在牛市中是赢家，熊市中照样能赚钱。君山居士便是其中之一。

采访中，我一直寻找他盈利的模式："你在牛市中赢得了巨大利润，但更难能可贵的是，你在熊市中不仅保住了牛市中取得的战果，还取得了骄人的战绩，奥秘在哪呢？"

"四大法则！"君山回答道，"它可以说是在股市中立于不败的法宝。"

法则1：顺势而为。趋势是我们投资者最好的朋友，也是一个霸道的朋友。顺应它，它能给你一切；违背它，它会严厉地惩罚你。顺势而为是成功投资的根本，不懂得顺势而为者注定是失败的投资者。

"势"不可当，这个成语在股市中体现得可谓淋漓尽致：多少投资者因为错过大势而长叹不已，又有多少投资者因为逆势操作而被套。那么，到底"势"为何物？简单来说，"势"是在政治因素、经济因素和人为因素等影响市场的内在因素作用于市场价格而产生的一种外在表现。

顺势要根据具体情况而定。势不同，操作手法也就各有迥异。从时间角度来划分，势有三种：长期趋势、中期趋势、短期趋势。我们要根据自己的操作思路去顺应趋势：长线投资者要顺应大势，只要大趋势不被破坏就可以不去理会；中线投资者则要去顺应中期趋势，有时则可违背大势；短线投资者则更多要关注的是短期趋势，对于中长期趋势则可视而不见。

炒股要想获利，首先要有个定位：你是做短线、中线还是长线？否则可能近利得不到，远利又丢掉。如果你决定用短线的炒股方式，那就要见利就跑、快进快出。如果决定长线投资，那就要沉住气、稳住神。如果买股前没有定好做短线、中线还是长线，很可能会"短线变中线，中线变长线，长线变贡献"。

顺应趋势还要坦然面对失败。不管我们花费多少心血，也不管我们掌握的理论有多么高深，失败总会不期而至。当投资方向有悖于趋势时，我们要果断修正操作思路，追随趋势而行。

法则2：大胆果断。市场中的机遇常常是稍纵即逝的，犹豫不决只会使机遇和我们擦肩而过。只有具有超人的胆识，才能够冷静地把握市场脉搏。在对行情进行了全面的分析后，要果断地采取行动，踟蹰不前带来的只能是遗憾。大胆果断的性格将有助于我们在股市中成功。据美国一个高级机构的研究结果表明，美国的军人参与股市投资的成功率远远高于其他的投资群体，这主要是由军人的大胆果断的性格所决定的。

有些投资者认为"富贵险中求"，因此从不知害怕为何物，股价连续大幅上扬仍敢追入。这种做法不是大胆果断的行为，而是一种非理性的冒险行径。大胆不等于盲目，而是在客观分析行情的基础上果断地做出决策，并非看到行情上涨就盲目追高，更不是行情下跌时便割肉出局。如果不能正确分析行情而大胆入市，那只能算是一种盲目的行为。

法则3：严格止损。止损又分为以下几种情况：

技术性止损：通过各种技术分析手段，例如：在形态分析中，"M头""三重顶""头肩顶"等形成并确认时，应坚决止损离场。如果我们的止损点设立不正确，止损以后行情又朝不利于我们的方向发展，会给我们带来不必要的损失。

基本面止损：我们买进股票肯定会依据一定的基本面作支撑。如果介入股票后，上市公司的基本面发生了变化，也就是说，买股票赖以存在的基础不存在了，这时候，我们要果断地止损。

机械止损：如果通过前面的技术止损和基本面止损都难以设定止损点，那么就要学会运用机械止损。机械止损最好以7%为限，短线投资者最好以亏损3%为止损点。如果在操作中亏损达到这些界限，就果断离场观望。

根据大势止损：有些时候，可能介入的股票没有发生太大问题，但是大势却出现了逆转，这个时候也要果断离场观望。因为如果大盘出现逆转，大部分个股都会跟随下跌，这时就要根据具体情况选择离场，等大盘趋于稳定，再行操作。

君山特别提醒，止损时，要谨防以下心理：

切勿存侥幸心理。严格止损的最大天敌是侥幸心理和犹豫不决。当股价已经达到止损点，却抱着"看看再说"的态度，希望行情会反转的侥幸心态是不可取的。同样，在股价已突破止损点，并且出现快速下跌，却优柔寡断，不采取果断行动的行为，也是致命的。这样，只会一步步陷入被套牢的深渊。

莫为止损失误懊悔。对待止损要有一种超然的态度，因为止损随时可能会出错。出错时，我们既不能因为止损所造成的损失而痛心疾首，也不能因为止损失误而懊悔，甚至让其错误影响到下一步的操作。止损失误只能说明我们对行情了解得还不够透彻，要从中找出原因，防范同样的失误再次发生。

美国前总统尼克松在《六次危机》一书中说过："往往失败较之胜利更能够给我带来较大的教益。我所希望的仅仅是：在我的一生中，胜利比失败多一次就足够了。"广大投资者是否可以从中得到某些启示呢？

法则4：长线持有。华尔街有句名言："截短亏损，让利润奔跑。"那么，怎样才能让盈利奔跑呢？

君山认为，只有长线持有才能够使利润最大化。

君山说，在目前尚没有做空机制的情况下，长期持有有两个含义：

一是在牛市里长线持股。只要上涨趋势不被破坏，持股就要学会"博傻"。所谓"博傻"，其实是经过深思熟虑之后，对自己操作计划的自信体现，是大智若愚。国内外驰骋在股市中的投资大师们，几乎没有一个是以短线成功的。"长线是金"是永恒的真理。

二是在熊市中尽量持有现金，学会做空。在熊市中空仓，可以实现风险最小化，可以在反弹或牛市到来时，拥有别人没有的机会。

投资者坚持长线持有的法则，做到牛市持股熊市持币，就能截短亏损，让利润奔跑。

磨砺铸就成功

苦难，是人生的财富。挫折，是成功的基石。16年来，他在苦难和重重挫折中磨砺意志，艰难跋涉，让失败变成财富，不断迈向人生新的目标……

近年来，随着《民间股神》系列书在全国的热销，书中民间高手的事迹激励着千万投资者。有许多读者常问我这样一个问题："为什么这些'股林高手'能走向成功？你能告诉我们，他们成功的最核心秘密是什么吗？"

"是经历失败！是失败造就了民间高手！"我几乎每次都不假思索地回答，"没有经历过失败，而且是惨烈的失败，他们是不可能走向成功的！"

君山居士也是一样。我与他在将军山共同生活了近一个月。当看到他住着五星级管理的豪宅，乘坐奔驰跑车在白云山上、珠江之畔兜风的时候，我曾多次问过他："君山，如今你所享有的这一切生活，当年你可曾想过吗？"

"想过。"他的回答有点出乎我的意料，"虽出身农民家庭，但我从小就有一种抱负，一种理想。我要想实现的，就一定要实现。可是这一切，都来得太难太难了……"

夜幕下，我看不清他的表情，但当他提起往事时，我听得出来，他的声音有些颤抖……

那段不堪回首的岁月，是他走向今日成功的心灵历程——

"败家子"梦断期市

1973年9月22日，君山出生在河南漯河市一个殷实的农民家里。上有两个哥哥、两个姐姐，他是最小的，深得父母的宠爱。父母是手艺人，开了一个小作坊，全家的日子过得还可以。唯一让父亲挂心的是，几个较大的孩子都热衷于跟着他学手艺，不想上学。他把希望寄托在小儿子君山身上。自小聪明的君山，还真没辜负父母的期望，小学、初中、高中成绩都很优秀。1991年，他考上了省城的一所大学。像中了状元似的，在全村都摇了铃——康家终于出了一个"吃商品粮的"。当时这给父母脸上增添了不少光彩。

但，两年后发生在君山身上的一件事，却彻底让他的父母脸上光彩全无，在全村人面前都抬不起头来。

那是君山在上大三时，听一位老师说炒期货能赚大钱，一天可以翻几倍。学经济专业、脑子又聪明的君山听后，立马向父母要了全家当时攒下准备盖房的唯一的4万块钱。

当天，他拿着父母用老粗布一层层包裹着的一摞钱进了期货公司开了户。

当时，他什么也不懂，听人家说美盘的猪腩要大涨，他就买了进去，结果买入后就暴跌。原来，他落入了一个陷阱——那是一个老板开的一家对赌期货公司。只三天，他的保证金亏得只剩下1300元。

他痛苦不堪。夜里，他想到父母和哥哥姐姐多年的心血让自己赔光了，泪水止不住夺眶而出……

他不死心，他不服气。

期市赔钱，他又转战股市。他省吃俭用，把家里给的生活费全砸进了股市。他买进了第一只股票——洛阳玻璃（600876），13.50元买的。结果，失败的影子紧随着他。捂了一年，股价掉到了5元多。他忍不住，在5.60元又割掉了。

失败，又一次的失败，给他以重击。盲人骑瞎马，不行。

他开始如饥似渴地学习技术，亲手画的分析图、大势走势图，成摞成摞地堆满了一屋，墙壁上全贴满了。假期，他不回家，一个人关在宿舍里把中外炒期货、股票的书一本一本地"啃"个遍。

终于，他的操作技术大有长进。1997年他进了一家期货公司做出市代表（报单的红马夹）。那时，他已经开始对期货和股票的走势周期进行循环规律的分析，这也是他后来独创的循环理论的雏形。

他开始赚钱了。炒绿豆期货，两周资金翻了7倍！业内人士开始对他刮目相看；在朋友圈里，他就是绝对的高手、红人，大家纷纷拿钱托他代理。

老天有意磨砺他。在1998年的一次操作中，他太自信，"太把自己当圣人看了"。那次，他看走眼了：他向上做多，但突发的利空，使方向来了个180度的大转变！他出现了爆仓，最后输得精光，只好被迫平仓出局。

"败家子！我们不知哪辈子造了孽，养了这么个败家子！"父母责怪他。

"家当都让你败光了！看来我们结婚的房子也泡汤了，全毁在你手里了！你咋不跳到黄河去死，真害人！"两个哥哥也怒气冲天。

"都说你是高手，我看你也真不咋的，这么让我们失望！"朋友们开始冷眼相看。

一夜之间，君山这个刚刚红起来的"高手"，被人们唾弃了。

那天深夜，在整个生活圈里已失去尊严的他，思绪万千。最终，他含泪忍痛做出一个抉择——逃离中原，离开家乡，到外面打一片天地去！

桥洞下的誓言

1999年的12月，君山来到千里之外、举目无亲的陌生城市——广州。

这年的冬天，尽管广州的天气不算冷，但对于他来说，却是最冰冷的季节。

当时，他口袋里只有230元。开始，他和13个民工挤着住在一起。别人问他，他都不敢说自己是大学生，只说自己是初中文化。每天以方便面充饥，就连方便面也不敢买贵的，只敢买一盒碗装面，其他买便宜的袋装面。吃的时候，就用前面腾出的那个纸碗泡面。早上、中午、晚上各一包。就这样，一天天地，身上的钱快花完了。怎么办呢？

就在这时，他凭借着多年积累的经验，终于在一家大型的投资理财公司找到了一份操盘工作。可是，公司要在一个月后才发工资呀！身无分文的他，无奈之下，只好到一座桥洞下睡觉。

天气一天比一天冷了，寒风刺骨。他蜷缩在桥下，思念着远方的父母，百感交集……他发誓：一切从头开始，我不仅要夺回尊严，更要出人头地！

求索，让失败变为财富

生活的折磨并没击垮他。在那段最困苦的日子里，他晚上睡桥洞，白天又判若两人，坐着公司的奔驰去见客户。

那时，公司下属有7个分公司，君山担任一个分公司的经理。凭借丰富的操盘经验，他不断取得骄人的投资业绩，有时甚至超过了其余6个分公司的总和。

昔日的失败，在他的心里刻下了深深的印记，那就是格雷厄姆告诫巴菲特时所说的：保住本金、保住本金、保住本金！他每次操作都把防范风险放在第一位，很少再失手。

他成功的概率越来越大，既是一名出色的机构操盘手，又是一个小有名气的分析师。在东南电视台、广东电视台、甘肃电视台，他都是走红的嘉宾。

2005年4月8日，他根据循环理论判断，沪深股市大的机会将要来临。这一天，他开始正式成立了自己的私募基金。6月8日，是他走向胜利的重要日子。他全仓杀入中海发展（600026，现名：中远海能）。当时，市场低迷，但他判断，中国几乎是5年一个大牛市：1992～1996年产生了一波牛市行情，1996～2000年又是一波牛市行情，2001～2005年又是一波牛市行情，牛市的曙光就在眼前了。

结果，他成功了。

在中海发展淘到一桶重金后，他分析，牛市行情起来，最大的受益者是券商股，于是他全仓吃进券商题材的吉林敖东（000623）、华升股份（002670，现名：国盛金控）和人民币升值受益股南方航空（600029）。至2007年4月，大盘到达3500点时，他投入的资金已翻了8倍！

"为了等待这一天，多难啊。我付出了太多太多！"君山回忆着自己走向成功的心路历程，感慨万千，"最让我难过和感到对不起的就是我的父母。8年了，为了专心钻研股票，我没和任何人联系，没回过一次家，没见过父母一面。"

"不想他们吗？"我问。

"人非草木，养育自己的亲生父母怎能不想呢？逢年过节，是我最怕的日子，常日夜思念家人。可我觉得没有做出点成绩，无脸见父母。直到2007年，我才把分别8年的父母接过来，真有点对不住老人啊……"说到这里，君山眼里溢满泪水。

望着他愧疚的神情，回味着他几年走过来的艰辛，顿时，一股热流在我心头涌动着：君山的胜利，他的成功，是忍受着多少人无法忍受的痛苦换来的！这也是他屡遭失败的教训送给他的最珍贵的礼物，不是吗？

尾声：菩提树下的心愿

对君山的采访即将结束时，我最想问的是他成功后的新奋斗目标是什么。

一天，我和他站在鸟语花香、繁花似锦的将军山上，问了他这个问题。他笑指正前方一座摩天大楼："我原来想自己以后也买这么一栋参天的大楼，把事业做大。可是现在变了。"

"哇，这还不够大？"

"不是。"君山说，"你跟我下山，我带你去个地方，我会告诉你。"

说着，开着他那辆红色奔驰跑车，我们一溜烟奔去。半小时后，车子竟然在光孝寺门前停下。

进入寺院，他领我来到一棵千年菩提树下，对我说："我成功后，没有忘记那些仍在股海艰难搏击的中小投资者，总想帮大家做些事。于是，我就在网上免费给大家讲课。通过讲课，我要把我多年积累的经验和君山股道的制胜绝技传授给大家。"

"你这样做，真的无所求？"

"有许多人开始也不理解。那天聚会，我的学生佳宝不是对你说过，她开始也不理解，我这样白天黑夜忙乎图个啥？其实，我做这些，有功利思想的人是不可理解的。我这些年越来越感到，人生不应全是为了获利，有时多付出一些，也有一种享受不尽的乐趣！你看了六祖慧能写的那首流传千古的诗，可能就会明白我的心境了。"我顺着君山手指的方向，抬头望着高大的菩提树下六祖慧能当年写下的著名诗句：

菩提本无树，明镜亦非台。

本来无一物，何处惹尘埃？

我久久地凝视着这首诗，心里揣摩着他的话，思考着他的追求：是淡泊名利，还是"普度众生"，抑或是过平静的生活？

后记

　　本书是应许许多多"民间股神"读者的迫切愿望，对在2008年熊市中出现的6位业绩翻倍的民间高手进行的专访。

　　2008年，对于中国，是值得永远铭记的一年。这一年，从年初百年不遇的雪灾，到汶川发生的特大地震，再到北京奥运盛事，是那么令人难忘。然而，更令上亿投资者不能忘记的，是之前从未遇到过的最漫长、最惨烈的"股灾"。成千上万对股市抱着一腔热血的投资者，在股市惨烈暴跌中，伤痕累累。惨不忍睹的情景，永远被载入了史册！

　　为受伤的投资者寻求熊市中的生存之法，帮助他们早日摆脱痛苦的深渊和地狱般的磨难，正是我写作本书时最根本的出发点。

　　记得10年前，也正是在股市最低迷的行情中，我踏上寻找民间高手的征途。整整10年，我付出了许多艰辛，克服了无数困难，寻访了数百名股林高手，有几十名收录于"民间股神"系列书中。书中的这些高手，虽然他们拥有的"武艺"各不相同，但他们在股市里执着的追求和在逆境中永不言败的精神是相同的。他们并非"神"，"民间股神"只是投资者对这些高手的一种美誉。这些高手都曾经历过失败，甚至是非常惨烈的失败。

　　在采访中，许多高手在讲他们的"绝招"的同时，也都毫不掩饰自己"败走麦城"那不堪回首的岁月，坦然地希望我记录在案，以警示投资者不再犯他们过去的错误。正是在风雨无常的股市中能面对失败，靠着孜孜不倦的努力拼搏和锲而不舍的进取精神，他们才终于走向成熟，走向成功的。因此，从某种意义上可以说，是失败造就了"民间股神"。广大投资者敬慕高手，就要学习他们这种百折不挠的精神。另外，在学习高手们的正确投资理念和操盘技艺的同时，也要不断地摸索出适合自己的操作方法和盈利模式，这才是最重要的。

在本书采写过程中，我深深地体会到，那些在熊市中不赔钱，而且能赚大钱的高手，是"含金量"最高的。他们能毫不保留地把自己在熊市制胜的绝招和技艺祖露出来，令我十分钦佩。在本书出版之际，我要首先由衷地感谢他们对全国广大投资者所做出的无私奉献。

无疑，在中国股坛之上，在熊市中能顽强生存的高手，何止6人？尽管还有不少投资朋友向我举荐他们身边的高人，但因采访时间有限，我没能亲临采访，本书只能是挂一漏万了。

在采写本书的整个过程里，我得到了许多热情读者的支持，他们向我推荐了许多熊市中的高手和采访线索。这使得"民间股神"系列的内容更加丰富、完整。在此，我要诚挚地谢谢他们！

股海博大，高手如云。最后，在热盼着本书早日与读者见面的同时，我也期待着能有更多的热心读者把身边的股市高手推荐给我，以便让他们的经验得以传播，让更多的投资者从这些高手的身上得到启迪，学到更多的东西，从而增长制胜股市的本领。

民间股神（典藏版）

第1集　股林传奇 谁与争锋

白青山 著

深圳出版社
装帧：软精装
定价：78.00元

内容简介

鲜花与泪水相伴的股海，暗潮涌动，跌宕起伏，险恶重重，迅速而无情地改变着在这个市场上博弈的每一个人的命运。如何才能走出失败的麦城？怎样才能摸准市场的脉搏，擒到耀眼飙涨的"黑马"？本集10多位股林高手奉献的智慧，是用金钱都难以买到的财富。

职业投资人施伟的操盘绝技与成功之路 ◎
股林高手冯毅在熊市中创造业绩翻番奇迹的传奇故事 ◎
证券投资英杰王笑在弱市中靠智慧赢钱的传奇故事 ◎
机构操盘手薛枫捕捉"黑马"绝技 ◎
机构操盘手刘鸿制胜股海的成功之钥 ◎
民间高手马春弟在股海博弈中精准破译主力"底牌"的绝活 ◎
"黑马王子"杜军凭借六大绝技创造年平均收益100%的传奇 ◎
职业投资经理吴海斌以独特视角透析投资成败与种种误区 ◎
股市"规律派"创始人高竹楼探索股市规律的传奇故事 ◎
民间高手聂明晖股海博弈的制胜密码 ◎
民间高手邓一伟稳健盈利的十大操盘绝招 ◎
股林短线高手邹刚龙叱咤股海的速胜秘籍 ◎
陈维钢破释股市疑云、稳操胜券的秘密武器 ◎
"短线快枪手"海洋赚快钱的操盘绝技 ◎

民间股神（典藏版）

第2集　博弈密码　跟庄神器

内容简介

火红的股市，涌现出众多鲜为人知的证券英雄：叱咤国际股坛数十载的"台湾黑马王"，道破主力做盘玄机的机构操盘手，神秘的中华股坛"小女孩"刘颖，多次荣获"全国选股冠军"的静远……他们奉献的赢钱秘技，招招实用，引你走向辉煌"钱途"。

白青山 著

深圳出版社
装帧：软精装
定价：78.00元

◎国际投资大师郑焜今的股市艺术

◎民间高手阳春阳独到的投资视角与操盘绝技

◎私募基金高手江汉擒拿黑马独门绝技

◎深圳职业投资人杨帆的操盘技艺

◎机构操盘手刘颖的股市传奇

◎"桌球老板"束伟平的操盘绝技

◎深圳专业投资者蒋政制胜股海秘籍

◎"全国选股冠军"静远相"飚马"的创新经典战法

民间股神（典藏版）

第3集　擒牛绝技　招招致胜

白青山 著

深圳出版社
装帧：软精装
定价：78.00元

内容简介

"得一金受惠一时，得掘金术获益一生！"中国股神林园的独特选股秘籍，"黄金K线大师"李丰的神奇制胜法，"躲"在乡下捉"飙马"的"田园股神"，"涨停王"组合的绝杀技，顺手黑马赢在股市的法宝……众多高手的百般神器，定能助你获利不断，笑傲股林。

林园从8000元起家到掌管300多亿基金市值的股市传奇◎
"黄金K线大师"李丰的操盘秘诀◎
职业投资人刘磊、俞斌杰捕捉涨停板九大绝招◎
私募资金操盘手王伟半年狂赚300%的传奇◎
民间高手何谦益在短兵相接激战中的十八种短线绝技◎
职业投资人王雷的操盘八大神技◎
民间高手"顺手黑马"彭乃顺捕捉市场主流板块龙头流程纪实

民间股神（典藏版）

第4集　赢家技艺　操盘必备

内容简介

坎坷征途，熊气漫漫。在罕见的"暴风雪"肆虐下，路在哪里？博弈在"狼的世界"里的制胜法则，"山城股侠"的70倍传奇及从千元到亿万富豪的神话故事，在这本书里，一一为你揭秘。

白青山 著

深圳出版社
装帧：软精装
定价：　78.00元

◎ "猎庄大鳄"钟麟的股市传奇

◎羊城"小黎飞刀"股市生存赚钱的6大法则9大绝招

◎重庆职业投资人徐蓓22月狂赚7000%的股市传奇

◎ "深圳推手"、私募基金经理王先春的操盘绝技

◎著名投资家安妮的投资哲学及制胜之道

◎ "股市神算"赵中胜的"价格DNA"神奇预测术

民间股神（典藏版）

第5集　顶尖高手　熊市翻倍

内容简介

如果说，在牛市中赚到大钱的人是高手，那么，这些不仅在牛市中赚到大钱，而且在熊市中同样赚到大钱的人，才是真正的顶尖高手，是名副其实的股市英豪！

白青山 著

深圳出版社

装帧：软精装

定价：78.00元

落升：熊气弥漫，抓住市场热点，业绩何止翻倍◎

东莞小文：采用"麻雀啄食"的策略，熊市屡创佳绩◎

阿杜：狙击飙涨牛股，在熊市实现利润翻番的佳绩◎

翻倍黑马：4年间夺得12次炒股大赛冠军◎

麦挺之：在熊步沉沉的年份创造了收益翻倍的奇迹◎

君山居士：准确预测熊市"大顶"，吹响"集结号"，成功抄底◎

民间股神（典藏版）

第6集　股市奇人　鉴股密码

内容简介

五位民间高手，从创业板中淘金、在期指
战场上以小博大、在守望价值中拥抱低价
股、在炒"新"中赚取快钱。

白青山 著

深圳出版社

装帧：软精装

定价：78.00元

◎彭大帅：价值投资和趋势投资相结合，"新股天地"硕果累累

◎李扬：专注于香港恒指期货的交易，利剑鏖战期指

◎张卫东：理学博士设计投资公式，探寻"股市基因"

◎何学忠：以巴菲特式的价值投资理念，挖掘被严重低估的小盘股

◎安阳：准确判断指数趋势，揭示新股炒作的九大秘籍

民间股神（典藏版）

第7集　草根英杰　惊世奇迹

白青山 著

深圳出版社
装帧：软精装
定价：78.00元

内容简介

他们都是风险控制的高手，尤其深深地懂得，"把钱留住"对于"活着"是何等的重要；他们勤奋、执著，都拥有一套适合自己的操作方法和"独门暗器"。

李旭东："中原股神"6年创造翻倍奇迹的神奇密码◎

黄志伟：从1.8万"滚"到500万的传奇故事◎

安农："股市农民"滚雪球，从十万到千万的投资故事◎

冯刚、邹刚：江城"草根双杰"的超短线技艺◎

硝烟："军工黑马专业户"的传奇◎

李华军：躲在渔村中净捕"大鱼"，身处弱市资产翻番◎

张斌：快乐"背包客"，屡次预测"大顶""胜利大逃亡"◎

李永强：身怀绝技的"期市奇人"3个月盈利940.63%◎

民间股神（典藏版）

第8集　寒夜亮剑　砥砺辉煌

内容简介

他们在股市里都曾赔得一塌糊涂，穷困潦倒、妻离子散，甚至沦为"天桥乞丐"。然而，他们最终却都不屈地站立了起来，业绩翻了千倍甚至万倍之多！

白青山 著

深圳出版社

装帧：软精装

定价：78.00元

◎炼就"成长股千里眼"的丘建棠跻身亿万富豪行列的传奇故事

◎杭州杰出的"交易天才"添博从2万到3亿的股市传奇人生

◎"价值投机"高手杨济源在"股灾"中连拉"光头大阳"的传奇故事

◎股市奇才田建宁创造从3万到1亿的财富裂变传奇

◎技术心理学盈利模式创始人程万青，10年创造千倍业绩的传奇